U0895263

# 城市居家养老服务资金保障研究

张歌 著

中国社会科学出版社

**图书在版编目(CIP)数据**

城市居家养老服务资金保障研究/张歌著.—北京:中国社会科学出版社,2016.9

ISBN 978-7-5161-9006-7

Ⅰ.①城… Ⅱ.①张… Ⅲ.①养老—社会服务—研究—中国②养老保险基金—研究—中国 Ⅳ.①D669.6②F832.21

中国版本图书馆CIP数据核字(2016)第227384号

出 版 人　赵剑英
责任编辑　田　文
特约编辑　张　红
责任校对　季　静
责任印制　王　超

出　　版　中国社会科学出版社
社　　址　北京鼓楼西大街甲158号
邮　　编　100720
网　　址　http://www.csspw.cn
发 行 部　010-84083685
门 市 部　010-84029450
经　　销　新华书店及其他书店

印　　刷　北京明恒达印务有限公司
装　　订　廊坊市广阳区广增装订厂
版　　次　2016年9月第1版
印　　次　2016年9月第1次印刷

开　　本　710×1000　1/16
印　　张　13.75
插　　页　2
字　　数　241千字
定　　价　55.00元

凡购买中国社会科学出版社图书,如有质量问题请与本社营销中心联系调换
电话:010-84083683

# 摘　要

居家养老是为弥补家庭养老功能弱化而出现的一种以社区服务为主的养老方式，它利用家庭、个人、国家、非营利组织和市场的共同参与，为居住在家的老年人提供生活照料、康复护理和精神慰藉等方面的服务。居家养老是发达国家应对老龄化危机而选择的一种养老方式，对我国来说也是最好、最为经济的一种养老方式。与发达国家不同，我国是在经济不发达的情况下进入老龄化社会，在时间上比发达国家晚，社会化养老意识不足，养老服务产业发展缓慢。对我国而言，居家养老不仅仅是一个关系民生的社会保障问题，从更深层次的角度来说，而是一个如何发展老龄产业的经济问题。在当前的国情下，寻求民生保障与经济发展的共赢是我国全面推广居家养老服务工作的初衷。

2008 年的《关于全面推进居家养老服务工作的意见》，明确我国的养老方式由家庭养老、社会养老转变为居家养老，然而居家养老方式只是在少数几个城市进行试点，整体性全国范围的居家养老服务体系尚未建立起来。通过对上海市居家养老服务的实践情况来看，居家养老得到了政府的大力支持，居家养老服务也受到了老年人的肯定与欢迎，然而，由于没有制度化的资金保障机制，目前的居家养老服务受惠面小，服务类型单一、资金遭遇短缺，严重影响了居家养老模式的可持续发展。本书试图从居家养老服务资金的角度来研究居家养老模式的可持续性。选择这一主题，在理论上有助于探讨我国居家养老服务资金发展体系的理论，完善我国老年福利制度和社会保障制度的理论研究，在现实上也有利于我国应对人口老龄化危机、有利于形成规范化的居家养老服务资金发展体系以及有利于促进养老服务产业的发展和增加老年人的社会福利。

本书分为理论阐述、实证分析和对策探讨三个部分，除第一章导论、第九章结论以外，其中理论阐述部分为第二章和第三章，实证研究部分是第四、第五和第六章，对策探讨部分是第七章和第八章。

第一部分是理论阐述部分，是本书的理论出发点。首先，本书综述了居家养老服务资金的文献研究，分别从养老保障的经济学论述、居家养老服务资金的研究综述和居家养老服务资金可持续发展的理论依据三个层次进行了梳理；其次，本书构建了包含政府资金、社会资金和家庭资金的家庭效用模型，通过效用最大化条件，求解出不同收入类型家庭的居家养老服务的消费决策，进而得出居家养老服务资金发展的微观机制、中观机制和宏观机制；最后，在居家养老服务资金作用机制的研究基础上，根据上海市的人口数据和上海市居家养老服务资金的相关数据，预测了上海市居家养老服务资金的发展趋势，为后面章节的实证分析提供了理论前提和依据。

第二部分是实证分析部分，重点分析了政府资金、社会资金和家庭资金在居家养老服务支持上的现状和困境，有助于理顺各方资金在居家养老服务作用机制上的体现。首先，政府财政对居家养老服务资金总量较小、资金的构成不合理、人均居家养老服务资金补贴水平较低，福利彩票公益金用于居家养老服务资金的规模较小等；其次，社会资金中，居家养老服务市场组织的公益性、产品的单一性和从业人员的非专业性，阻碍了社会资金向居家养老服务产业的流动，从长期看，居家养老服务行业未形成规模、未能与其他产业形成联动和其人力资源不足以支撑行业发展都影响了社会资金在居家养老服务产业发展中的作用；最后，老年人的收入约束导致居家养老服务的支付困境、家庭规模缩小导致老年人家庭比重增大、子女向父母进行转移支付的渠道减少和父母向子女转移支付增大，同时，金融产品发展的不完善也导致了家庭资金跨期配置的困境。

第三部分是对策探讨部分，着重针对实证分析部分的困境进行对策思考，也是前述理论应用于现实的具体探讨。本书认为，应该充分发挥政府在居家养老服务工作中的主导作用，构建政府资金投入长效机制和可持续发展的居家养老服务资金体系。在构建政府资金投入长效机制的对策研究中，应当将居家养老服务资金纳入财政预算、优化政府资金的投入结构、形成稳定的资金投入比例、建立规范的资金转移支付制度、加大福利彩票等公益事业对居家养老服务资金的支持力度，并且在市场化促进居家养老服务产业发展时，政府应当明确居家养老服务的产业规划、培育公平竞争的市场环境、完善政府对市场组织的税收优惠机制等。在构建可持续发展的居家养老服务资金体系的对策研究中，重视家庭资金对居家养老服务的支持，加强从个人一生的消费规划上跨期配置养老费用，提倡家庭成员的非正式照料。短期内，充分发挥政府资金的引导作用，中期内，激励社会资金的高效运作，长期内，协调政府资金、社会资金和家庭资金的综合力量，通过制度安排的形式保障居家养老服务资金的可持续发展。

本书的主要目的是为我国的人口老龄化解困提供思路，通过分析研究，得到了一些基本结论与认识。

一是从理论阐述的角度看，构建的居家养老服务资金的微观理论模型揭示了家庭的居家照料决策，进而阐发出养老事业与养老产业之间的关系，明确了政府资金、社会资金和家庭资金在居家养老服务上的作用机制。从微观到宏观的机制传递加深了对居家养老服务可持续发展的认识。

二是从实证分析和对策探讨的角度看，推行居家养老服务工作仍是政府主导的责任，然而以市场化的思路来配置社会资金资源发展养老服务产业却是根本。本书通过分析研究，主要的结论与建议是居家养老是应对人口老龄化的重要举措、政府应当尽快建立与养老服务相关的立法以利于居家养老服务的推动、构建政府对居家养老服务资金投入的长效机制以利于积极发挥引导作用、完善金融市场以助推居家养老服务资金的长期发展、以市场化的方式促进养老服务产业的发展和建立规范的可持续发展的居家养老服务资金体系，在养老保障关系民生的工作上与经济长期增长上找到平衡点，实现老年福利增长与经济繁荣的双赢局面。

**关键字：** 居家养老服务资金　家庭资金　政府资金　社会资金　养老服务产业

# 目　　录

# 第一章 导论

我国人口老龄化趋势日益加重，在未富先老的特殊国情下，如何在保障民生、维护老年人的福利权益和经济增长上找到平衡点，是解决我国当前养老问题和经济发展的关键所在。本书试图在这一问题上做出一点理论研究的突破。在这一章节主要介绍选题的背景、选题的理论意义和现实意义，以及主要的研究内容和方法，从中可以看出全书的基本轮廓。

## 第一节 选题背景

当前世界人口的发展特点是人口老龄化，以国际上通行的老龄化标准——60岁以上人口数量占总人口数量比值达10%，或65岁以上人口数量占总人口数量比值达7%来判断，我国早在1999年就已经进入了老龄社会。随着我国20世纪人口政策作用的显现，老龄化程度在逐步加深。据国家统计局公布的2013年国民经济和社会发展统计公报显示，2013年中国60岁以上的老年人口已达2.0243亿，占总人口的比重达14.9%，60岁及以上老年人口抚养比22.01%，较2012年上升了1.32个百分点。中国65岁及以上的老年人口达1.3161亿，占总人口的比重达9.7%，与2010年第六次全国人口普查相比，上升了0.83个百分点。65岁及以上老年人口抚养比为14.31%，较2010年年末上升了2.44个百分点[①]。预计中国60岁及以上的老年人口2053年将会达到4.87亿峰值，人口老龄化水平将由目前的14.9%逐年增加到21世纪中叶的35%左右，人口老龄化形势越发严峻。据全国老龄工作委员会办公室公布的数据，目前我国城乡空巢家庭超过50%，部分大中城市达到70%，其中近一成的老年人单身。

---

① 人口数据来自《2013年国民经济和社会发展统计公报》，其他数据经过计算获得。

预计到21世纪中叶，即2050年，我国80岁以上的高龄老年人将会达到1.08亿，无子女赡养的老年人将达到7900万左右，生活不能自理的老年人将达到1亿左右，其中54%以上的老年人是处于独居状态，无子女照顾。

我国从20世纪70年代实行的计划生育政策加速了人口出生率的降低，“4—2—1”家庭结构逐渐成为主流。根据测算，2010年我国家庭的平均人口数量为3.1人，预计2030年家庭平均人口数量将缩小到2.6人，2050年这一数值将会进一步缩小，将达到2.51人。占到家庭总数比重37%的独生子女家庭，其父母在年老时将步入空巢期。在家庭伦理中，子女对年老父母肩负着情感、道义和法律上的责任。然而，对于一对独生子女夫妇而言，在照顾未成年子女的同时还要担负起四位老年父母的赡养责任，生活压力之大可想而知；而对于独生子女的老年父母而言，当子女成家以后，必然会面临空巢期，这一定会导致家庭内部赡养行为的部分缺位，传统的家庭赡养将难以发挥作用，家庭养老功能严重弱化。社会化养老是当今世界大多数国家选择的养老方式，也是必然的趋势，但是与发达国家不同，我国是在经济不发达、人民生活还不富裕的情况下进入老龄化社会的，不仅家庭的老年抚养压力大，而且老年人的社会保障制度还不健全，我国的社会养老服务体系还不能应对当前巨大的养老服务需求，并不能很好对家庭养老功能进行有效地补充。按照国际上对养老服务机构床位数的标准，每千名老年人拥有30张床位是一个较为合理的数值。然而，截至2012年年底，全国各类养老服务机构总床位数为381.0万张，每千名老年人拥有养老床位仅有19.65张，远达不到30‰的国际标准。其中的原因在于：一方面我国的养老机构在容纳老年人方面存在巨大的缺口，另一方面不同档次的养老机构所提供的养老服务质量良莠不齐，高档的养老机构提供的养老服务质量高但是收费过高，一定程度上阻碍了老年人的进入，而中低档的养老机构收费较低但是服务质量较差，老年人也不愿意入住。总体来说，老年人从生活习惯和精神意愿上更倾向于居住在家里养老。以国际30‰的标准来看，3%的老年人通过机构养老，97%的老年人就只能居住在家养老。

2000年国务院发布了《关于加强老龄工作的决定》，2001年民政部启动了“全国社区养老服务星光计划”，依托社区养老的方式，推行居家养老模式。2006年国务院发布了《中国老龄事业的发展》白皮书，明确了我国要建立以居家养老为基础、社区照料为依托、机构养老为补充的养老服务体系。2008 年，全国老龄工作委员会和民政部等十部委下发了《关于全面推进居家养老服务工作的意见》，明确我国当前的养老方式由家庭养老、社会养老转变为居家养老。2011 年 9 月，国务院发布了《中国老龄事业发展“十二五”规划》，明确指出要重点发展居家养老服务。居家养老是建立在家庭养老的基础上，将部分家庭养老的功能通过社会化服务的方式实现的一种养老方式，也就是说，老年人只需要居住在家里，就可以通过社区的养老服务机构得到上门的养老服务，或短期集中的养老服务。虽然，国家从政策上要求推行居家养老模式，但是具体实践中，目前只有几个大城市在进行试点，并没有在全国进行全面的推行。几个大城市根据自身实践的探索，因地制宜地形成了不同代表性的居家养老模式，即北京模式、上海模式、南京模式和宁波模式等。虽然居家养老服务实践的方式有所不同，但是其资金的规划和配置上都依赖于政府资金的投入、福利彩票公益金、社会慈善捐赠和家庭。由于没有制度化的资金保障机制，目前的居家养老服务受惠面小，服务类型单一、资金遭遇短缺，严重影响了居家养老模式的可持续发展。

## 第二节　问题的提出

怎么来实现居家养老模式的可持续发展？居家养老是面向居住在家的老年人，为其提供养老服务以保障老年人的生活质量和合法权益的一种养老方式。从目前我国的老龄化程度和养老模式的转变来看，居家养老已成为养老方式的必然趋势。由于家庭内部子女向父母进行赡养行为的部分缺失，使得作为家庭养老功能有益补充的社会化养老服务的作用就显得尤为重要。居家养老服务就指的是这部分社会化的养老服务。要维持居家养老模式的可持续发展，就要维持居家养老服务的可持续提供。由于居家养老服务资金是居家养老服务的保证，所以，没有资金的强力保障就没有持续性的服务提供。归根究底，要实现居家养老模式的可持续发展，就是要研究居家养老服务资金政策的可持续发展。

从目前居家养老服务供给的实践来看，居家养老服务是以生活照料为主。考虑到老年人的生理特点，居家养老迫切需要医疗护理的服务。对于老年人居家养老的资金来说，大多来自社会保障金和家庭子女的供养。我国社会保障体系中与城镇老年人老年照料有关的是基本养老保险制度和基本医疗保险制度，其中基本养老保险制度有企业职工养老保险制度、机关事业单位职工养老保险制度和城镇居民养老保险制度，基本将城镇的所有老年人覆盖。基本医疗保险制度有企业职工医疗保险制度、机关事业单位职工医疗保险制度和城镇居民医疗保险制度，覆盖到所有城镇老年人，基本医疗保险金主要用于门诊和住院。我国并没有专门的护理基金来满足老年人居家护理服务的需求。从现实的情况看，老年人的社会保障金也只能维持基本生活，尤其是家庭收入较低的老年人，一旦需要医疗护理而医院由于资源有限又不能收治的话，就不能得到正规的护理服务，而家庭成员的非正式照料由于缺乏必要的专业知识并不能提供高质量的护理服务，并且有研究表明，家庭成员的非正式照料会显著减少其工资收入水平以及获得工作的机会（Ettner，1995①；Carmichael et al.，2003）②。具体从居家养老服务供给主体上看，政府是最主要的服务提供主体，居家养老服务资金大多来自政府投入、社会捐赠和福利彩票公益金。由于我国开展居家养老服务只在几个大城市展开试点，政府的投入方式和投入量都在探索之中，不同的地区服务标准和服务范围也有所不同，由于没有规范化和制度化的安排，资金的短缺现象比较严重，并且社会捐赠和福利彩票公益金的收入具有不稳定性，所以没有长效的资金投入机制来保障居家养老服务的提供。

从居家养老服务的需求来看，城镇老年人居家养老服务的需求量非常大，而当前我国居家养老服务资金的供给量却严重不足，那么，在人口老龄化不断加深的情况下会不断加大这个缺口。所以，在这个动态过程中，如何既满足当前又满足未来老年人都能老有所养，病有所医，就非常有必要研究与人口老龄化相适应的居家养老服务资金的筹集方式，并亟待解决的。

上海早在1979年就进入了老龄社会，比全国提前了20年时间，并且老龄化程度亦最为严重。2012年上海市60岁以上人口数量为367.32万人，占总人口比例为25.7%，高于同期全国水平11.4个百分点。60岁以

① Ettner，S. L.，The Impact of Parent Care on Female Labor Supply Decisions［J］. *Demography*. 1995，32：63－80.

② Carmichael，F.，Charles，S.，The Opportunity Costs of Informal Care：Does Gender Matter［J］. *Journal of Health Economics*. 2003，22：781－803.

上人口的老年抚养比为 39.3%，高于全国水平 18.61 个百分点。65 岁以上人口数量为 245.27 万人，占总人口比例为 17.2%，高于同期全国水平 8.8 个百分点。65 岁以上人口老年抚养比为 23.2%，高于全国水平 9.64 个百分点[①]。上海市平均每户家庭人数由 1980 年的 4.06 人下降至 2011 年的 2.90 人，家庭中每一就业者所负担的人数也由 1.68 人上升至 1.84 人[②]，家庭规模的缩小决定了其养老功能的弱化。2012 年上海市养老机构的床位数量有 10.5215 万张，每千名老年人拥有养老床位数量 28.67 张，几乎达到了国际 30‰的标准。依托社区实现居家养老的老年人占 60 岁以上老年人的比例为 7.4%，约有 90% 的老年人依靠家庭子女养老，这就是上海的“9073”养老格局。随着人口老龄化的加深，此养老格局会逐渐发生变化，也就是说，社区居家养老的模式会逐渐替代家庭养老，未来居家养老覆盖面有迅速扩大的趋势。

从人口老龄化程度上看，上海市的老龄化程度高于全国的老龄化，并且上海市在早些年前也根据老龄化的情况调整了人口生育政策，鼓励独生子女夫妇生育二胎，这种调整未来人口结构格局的政策会对推行居家养老工作的方法、步骤和结果产生影响；从实践居家养老服务工作的经验上看，上海市自 2000 年实行居家养老服务已有十余年的发展历程，积累了一定的制度和政策经验；从居家养老工作的推进区域上看，目前在大城市的试点，会逐步在中小城市和农村进行推广。所以，在当前我国正全面逐步放开二胎生育政策下，上海市人口发展的轨迹会对全国未来的人口发展趋势形成重要的参考。因此，以上海市的人口发展特点和其开展居家养老服务工作的经验为基础，研究上海市的居家养老服务资金可持续发展非常具有典型性，并为今后全国逐步推广居家养老服务的开展提供借鉴意义。

## 第三节　选题意义

### 一　理论意义

1. 具有探索我国居家养老服务资金保障体系的理论价值

西方发达国家有成熟的老年照料体系，有相对成熟的理论和制度来保

① 数据来自 2012 年上海市老年人口和老龄事业监测统计信息。

② 数据来自《2012 年上海统计年鉴》。

障其居家养老服务的资金安排，而我国的研究大多集中在居家养老的基础理论，较少涉及其资金安排的研究。在当前我国这样一个“未富先老”的特殊国情下，尚没有现成的理论和国际经验可以指导和借鉴，探索居家养老服务资金保障体系只能根据实际情况进行创造性的研究，发展我国居家养老服务资金保障体系的理论对我国养老事业的推进和养老产业的发展具有重要的理论意义。

2. 具有完善老年福利制度的理论价值

居家养老是未来养老的主流模式，虽然在国外有成熟的实践，但在我国仍是一个新生事物，对其资金的发展路径仍处于探索的阶段。形成我国居家养老服务资金保障体系首要考虑的就是其公平性和效率性，实际上也是其可持续发展性，也就是说，不仅要满足当前一代老年人的养老需要，而且要满足未来老年人养老事业的发展。这对于完善我国的老年福利制度和社会保障制度都具有一定的理论意义。

3. 引入和谐社会“中国梦”的新理念

1996 年 10 月施行的《中华人民共和国老年人权益保障法》规定，应当健全老年的社会保障制度，实现老年人的老有所养、老有所医、老有所为、老有所学、老有所乐。2011 年国务院发布的《社会养老服务体系建设规划（2011—2015 年）》中将居家养老定位为社会养老服务体系的重要组成部分之一。居家养老服务体系的实现关系到每一个老年人的生活和福利，也关系到和谐社会的建设和“中国梦”的实现。开展对作为居家养老服务体系载体的居家养老服务资金发展的研究，对个人乃至国家都具有重要的理论意义。

## 二　现实意义

1. 有利于应对人口老龄化危机

2007 年全国老龄工作委员会的《中国人口老龄化发展趋势预测研究报告》表明，我国从当前至 2020 年处于快速老龄化阶段，2020 年老龄化水平将为 17. 17%，2021—2050 年处于加速老龄化阶段，2050 年老龄化将达到 30% 以上。为 2020 年实现全面小康、2050 年基本实现现代化的社会经济发展战略目标，我们要充分抓住未来 20 年的战略机遇期应对人口老龄化的危机。通过本书对居家养老服务资金发展的研究，为我国制定应对老龄社会的中长远战略规划提供理论和实证依据具有重要的现实意义。

2. 有利于形成规范化的居家养老服务资金保障体系

上海始终走在全国推进养老事业发展的前列。从2000年居家养老服务试点开始，通过整合上海市各级政府和社会的人力、财力和物力的资源，强力扶持居家养老服务的开展，经过十余年的发展，积累了一定的实践经验。本书通过对上海居家养老服务资金的研究，从政府、社会和家庭三方面入手，分别以政府的财政投入、社会资本对养老事业和养老产业的投入和家庭对养老服务的资金支持形成居家养老服务资金的保障机制，期望以更规范化的居家养老服务资金体系来保障居家养老服务的连续性，这对全国范围内推广居家养老服务具有典型的现实意义。

3. 有利于促进养老产业的发展

未来养老产业的发展是我国经济发展的又一个增长点。上海市推行居家养老服务时结合了上海市的万人就业项目，一方面解决了"4050"人员的就业问题，另一方面也为养老服务业培养和储备了大量的人力资源。作为朝阳产业的养老产业在我国刚刚起步，其发展一直受到养老社会化的影响，养老服务业的专业性也受到质疑。在当前国家重点发展居家养老服务的契机下，社会资本作为居家养老服务资金的有机组成部分，其投入对加大促进我国养老产业的发展，对老年人养老权益的保障，社会福利的提升，更是对经济发展的重大推动。

4. 有利于增加老年人福利，完善老年福利制度

实现"中国梦"就是要人民过上美好的生活，在我国当前人口老龄化日益加重的情形下，占人口比重相当比例的老年人更应该得到更好的生活，尽管他们已经退出劳动力队伍。然而，家庭养老功能逐渐弱化使得老年人不得不更多地依赖政府和社会提供的养老服务，相对于机构养老，更加经济的居家养老是绝大多数老年人的养老选择。研究居家养老服务资金发展体系，从而明确政府、社会和家庭对居家养老服务资金保障的责任、方式和比例，对不同收入阶层的老年人给予相应的居家养老服务提供，这对增加老年人福利，完善我国的老年福利制度和社会保障制度具有重要的现实意义。

## 第四节　内容与方法

本书的研究思路是在居家养老服务资金的理论分析下开始的，首先，

本书通过检索大量文献，明确居家养老服务资金与家庭资金、政府资金和社会资金三者之间的理论关系，并通过构建居家养老服务资金的微观模型，由其均衡条件得出不同收入类型家庭对居家养老服务的消费决策，从而得出居家养老服务资金的微观机制、中观机制和宏观机制，并在人口预测的基础上对居家养老服务资金的发展趋势进行了展望。其次，详细分析了上海市居家养老服务资金的现状以及造成家庭、政府和社会对居家养老服务资金支持的困境。最后，针对家庭资金、政府资金和社会资金在居家养老服务中的困境进行了对策研究，并提出了建立可持续发展的居家养老服务资金体系的构想。

### 一　研究内容与框架安排

本书的研究内容按照研究思路的逻辑链条，大体分为理论阐述、实证分析和对策研究三个部分。除第一章引言以外，第二章和第三章是理论阐述部分，第四章至第六章是实证分析部分，第七章和第八章是对策研究部分，第九章是结论。具体内容如下：

第一章是导论，是对全篇论著的提纲挈领。这一章主要分析论著的研究背景、研究意义、研究内容和研究方法等。

第二章是居家养老服务资金问题的文献综述，是论著的理论溯源，也是理论出发点。这一章的文献主要梳理了三个层次的文献内容。第一个层次是不同经济学流派对养老保障的论述以及居家养老的经济学论述；第二个层次是居家养老服务资金的研究综述，主要包括居家养老服务资金与居家养老服务的需求与供给、居家养老服务资金与家庭资金、居家养老服务资金与政府公共支出、居家养老服务资金与市场化的社会资金以及老年长期照料资金的测算及制度安排；第三个层次是居家养老服务资金保障体系可持续发展的理论依据，主要有可持续发展理论、市场失灵理论、第三方管理理论、福利多元理论和养老服务产业化理论等。

第三章是居家养老服务资金的理论阐述。首先，本章通过构建居家养老服务资金的微观理论模型，根据效用最大化理论，得出不同收入类型家庭对居家养老服务资金的均衡解，即低收入家庭和高收入家庭对居家养老服务的消费决策，从而得出居家养老服务资金的微观机制——家庭的居家照料决策、中观机制——养老服务事业与养老服务产业、进而延伸出宏观机制——扩大内需的可持续经济增长方式。根据模型的最优解，低收入家庭老年人的居家养老服务资金的提供者是政府，政府具有承担起居家养老事业的资金保障责任，并应该加快居家养老服务业的市场化发展，拓展居家养老服务的产业化，在宏观机制上，通过扩大内需来实现我国经济可持续健康发展的增长方式。家庭居家照料决策的微观机制决定了养老事业与养老产业发展的中观机制，而中观机制中养老产业的发展会进一步影响我国可持续经济增长方式的宏观机制。然后，在上海市人口预测的基础上，对上海市居家养老服务资金规模的趋势进行预测。通过对居家养老服务资金的作用机制的分析和未来居家养老服务资金规模趋势的预测，为后面章节的实证分析提供了理论前提和依据。

第四章是政府资金支持居家养老服务的困境分析。这一章首先分析了我国社会福利制度中居家养老服务政策的发展演进以及居家养老服务资金政策的发展演进；其次分析了上海市居家养老服务的政策以及政府资金的运作机制；再次分析了政府财政支持居家养老服务的资金总量和资金构成，以及福利彩票公益金支持居家养老服务的资金规模；最后分析了居家养老服务资金对政府财政的负担压力。

第五章是社会资金支持居家养老服务的困境分析。这一章首先分析了居家养老服务资金社会化的必然趋势；其次分析了居家养老服务的市场发展困境，主要是市场组织的特殊性、产品市场发展不足和劳动力市场发展不完善；最后分析了居家养老服务的行业发展困境，主要是居家养老服务行业未形成规模、其人力资源不足以支撑行业发展以及居家养老服务行业未能与其他产业形成联动。

第六章是家庭资金支持居家养老服务的困境分析。这一章首先分析了居家养老服务巨大的潜在需求，并结合老年人消费需求的特点来分析老年人居家养老服务的潜在有效需求；其次分析了老年人收入约束导致的支付困境，即老年人不同收入来源对居家养老服务支付的影响和基本养老保险制度的支付风险；再次分析了家庭资金对居家养老服务的支持困境，来自于老年人家庭的增多、家庭规模缩小导致的家庭内部转移支付渠道减少、子女家庭规模增大导致家庭赡养支付减少、子女家庭生活压力大导致转移支付逆流等；最后分析了商业护理保险和以房养老等金融产品发展不完善导致了家庭资金配置的困境。

第七章是构建政府资金投入长效机制的对策研究。要为政府资金和社会资金解困，就要发挥政府的主导作用，通过构建政府资金的保障机制和市场化促进居家养老服务产业来实现。首先，构建政府资金的保障机制，就要将居家养老服务资金纳入政府财政预算、优化政府资金投入结构、形成稳定的资金投入比例、建立规范的资金转移支付制度和加大福利彩票等对居家养老服务资金的支持；其次，发挥市场机制促进居家养老服务产业的发展，就要制定居家养老服务的产业发展规划，培育公平竞争的市场环境，完善政府的税收优惠机制和积极引导养老地产的发展等。

第八章是构建可持续发展的居家养老服务资金保障体系的对策研究。本书认为建立可持续发展的居家养老服务资金体系必须要有家庭资金的参与。重视家庭资金的作用，就要正视老年照料费用支出、跨期规划老年照料费用、提倡家庭的非正式照料和盘活家庭资产来支持居家养老服务。并且，从短期、中期和长期的角度对居家养老服务的资金体系进行了研究。

最后是结论，总结了本书的基本结论和不足之处，并对这一研究主题进行了展望。

图 1－1 是本书的研究内容与框架安排。

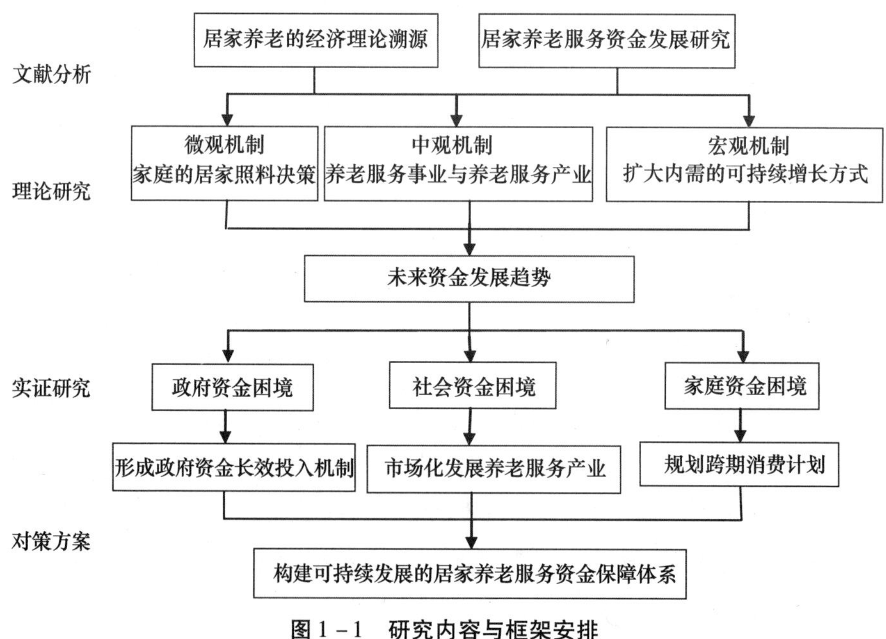


**图 1－1　研究内容与框架安排**

### 二　研究方法

1. 多学科理论结合研究

本书的研究运用经济学、人口学、社会学和管理学等学科的基本理论，在理论分析中重点采用经济学的规范研究方法，并借鉴社会学、人口学和公共管理学等多学科的理论研究方法来拓展居家养老服务资金的研究。对于居家养老服务资金这一选题而言，这一研究主题属于交叉学科，从资金角度来研究居家养老服务的问题在国内几乎还没有，本书的研究试图从经济学的角度展开对居家养老服务资金保障体系可持续发展的探讨，力图从多学科理论的综合研究下，为我国养老服务产业化以及可持续的经济增长方式的研究奠定一定的基础。

2. 理论与实证分析研究

本书的研究从经济学理论的规范研究入手，通过构造理论模型，得出居家养老服务资金运行的微观机制、中观机制和宏观机制；利用实证分析的方法，分别研究了家庭、政府和市场对居家养老服务资金形成困境的原因，进而为未来居家养老服务资金保障体系的发展提供研究方向。

3. 比较分析研究

本书的研究采取横向和纵向的比较分析研究方法。在纵向分析中，从我国居家养老服务的发展历程以及居家养老服务资金政策的发展历程入手，分析了居家养老服务资金的运作机制，比较分析了不同时期居家养老服务资金的标准和规模，为未来居家养老服务资金的发展方向奠定了研究基础；在横向分析上，研究国外发达国家在居家照料服务上与我国居家养老服务政策上的异同，借鉴国外居家照料上好的政策方法，为我国居家养老服务资金保障体系的发展提供对策建议。

## 第五节　创新点

### 一　研究视角创新

居家养老服务在国内的学术研究尚属新生事物，国内也只有几个大城市有试点，经验积累较少，适合居家养老服务研究的微观数据几乎没有，所以，学术界对于居家养老服务的研究仍处于探索阶段。目前对于居家养老服务的研究大多以定性研究和比较研究为主，主要集中于居家养老服务需求、老年照料服务体系研究等，很少有涉及居家养老服务资金的研究。本书力争为解决人口老龄化危机提出养老服务的资金方案，从可持续发展的角度整合政府资金、社会资金和家庭资金，充分发挥市场机制的作用，促进养老服务产业的发展，进而为扩大内需的可持续的经济增长方式贡献研究思路。

## 二　构建了居家养老服务资金的微观理论模型

本书构建了一个包含两代人的家庭效用模型，通过对不同收入类型的家庭所享受的居家养老服务资金来源假定不同，得出不同收入类型家庭的居家养老服务资金的消费决策，从而得出居家养老服务资金的微观机制，进而得出中观机制和宏观机制，为构建可持续发展的居家养老服务资金保障体系奠定了理论研究基础。

## 三　提出了可持续发展的居家养老服务资金保障体系

居家养老形式在我国是个新兴的事物，其开展的方法和方式仍处于探索的阶段。当前，我国在推行居家养老服务工作时采用的是社会福利制度下的资金安排方式，说明我国在居家养老服务的认知上仍认为是一个养老事业的问题，并没有把其看成是全体国民未来养老保障的问题。从福利国家的养老保障实践来看，居家养老服务资金完全依靠政府资金是不可行的。那么，我国未富先老的国情决定了在居家养老服务的推行上，就要综合考量老龄化危机给我国所带来的挑战和机遇，一方面要解决好约占十分之一人口的老年人的养老社会化服务问题；另一方面要从老龄化危机中看到商机，以市场化发展养老服务产业发展为契机，可以为我国调整经济发展方向、引导经济战略转型提供思路借鉴。

本书以家庭资金、政府资金和社会资金协调发展的综合视角，分别从短期、中期和长期来研究居家养老服务资金保障体系发展的可持续性，其中重点研究了居家养老服务资金的市场化发展。不同的发展时期，家庭资金、政府资金和社会资金的落脚点和重点不完全相同，三个主体的资金运用要相互配合、共同作用，为养老服务产业的繁荣以及我国可持续发展的经济增长方式提供发展契机。

# 第二章　居家养老服务资金问题的文献综述

本章对居家养老服务资金的文献梳理分三个部分：第一部分通过不同经济学派对养老保障的论述来阐释养老的合法性；第二部分从居家养老服务资金来源的角度综述了居家养老服务资金与居家养老服务需求与供给、政府的公共支出、市场化的社会资金和家庭资金之间的关系，发达国家老年长期照料资金测算以及相关制度安排的文献；第三部分综述了居家养老服务资金保障体系可持续发展的理论依据。

## 第一节　居家养老的经济学阐述

### 一　养老的经济学论述

人的一生与经济活动密不可分。简单来看，年轻时通过劳动创造并积累财富，年老时消费并耗尽财富。这个过程中可以通过平滑一生或是一个家庭的消费来实现，也可以通过政府的收入再分配手段来实现。从经济学角度来看，政治经济学和西方经济学都有相应的论述来支持养老的实现。

1. 政治经济学对养老保障的论述

马克思对于养老问题的关注主要体现在《哥达纲领批判》中。他在社会总产品理论中论述了养老保障基金存在的合理性，并明确提出养老保障基金是来源于劳动者的劳动创造，是通过国家的分配手段进行分配和积累，同样，它也是进行社会再生产正常运转的先决条件。首先，他对社会总产品的分配进行了详细的阐释，明确了在进行个人分配之前，非常有必要给丧失劳动能力的人设立基金，其中丧失劳动能力的人中很大一部分就是年老的人，实际上这部分保障基金很大程度上就是养老资金的保障；其次，他又在劳动者的消费环节上阐释了劳动者老年资金保障的来源。马克思认为，劳动者的劳动分为必要劳动和剩余劳动，其中，必要劳动可以既满足劳动者自身劳动力的补给和延续，又可以满足劳动者的整个家庭基本生活的维持。剩余劳动作为社会再生产的基本条件，既要为劳动者个人的疾病和年老提供资金的保障，又要为社会进行再生产提供必要物质资本。这说明了剩余劳动所创造的剩余产品并不是完全用于扩大再生产，而是要在用于扩大再生产之前先为养老保险基金做出一定的扣除，这是进行扩大再生产的一个重要前提。恩格斯对养老问题所持的态度和观点与马克思是一致的，这在《反杜林论》中有清晰的论述，所不同的是恩格斯对于养老保障基金的功能有了更深一步的思考，他从社会经济发展的长远角度论述了养老保障基金对于未来社会的政治稳定、经济发展和国民教育具有举足轻重的作用。从马克思、恩格斯对于养老保障的论述中，我们可以深刻地理解，社会的养老基金不仅是劳动者的劳动创造所得，它主要以一种延迟支付的形式出现，而且社会的养老基金还为劳动力再生产的扩大和社会再生产的扩大提供了物资的支持。这些重要的论述为研究养老保障和养老服务的资金支持奠定了重要的理论基础。

国内学者王爱珠①认为，老年经济学应当论证老年人的社会价值，并分享社会经济的发展成果，以及维护老年人的经济权益。她运用马克思主义的基本观点，提出了在人口老龄化的背景下，应该积极地转变养老中“养”的含义，在符合我国国情和当前形势下，要在适应市场经济的条件下，以“为”促“养”。在生产领域，要认识到老年人积累的人力资本，并通过适当的渠道将老年人力资源的比较优势发挥出来，既可以提高社会生产率，又能够促进经济发展；在分配领域，切实保障老年人的权益，积累养老基金，使其在营运中增值，确保老年人的贡献与养老金的享受水平相联系，并能够分享社会发展的成果；在流通领域，通过有效的资金安排开发老年产品和老年服务市场，积极拓展养老服务业的项目和领域，大力开发养老产业，引导我国产业结构的优化调整；在消费领域，积极引导理性消费观念，确保老年人安享晚年。

许晓茵、李洁明、张钟汝②认为，老年人是和谐社会的重要群体，保障老年利益，增进社会的福利水平，就要真正实现老年人的各种诉

① 王爱珠：《老年经济学》，上海复旦大学出版社 1996 年版。

② 许晓茵、李洁明、张钟汝：《老年利益论》，上海复旦大学出版社 2010 年版。

求。其中，在这些养老的诉求中，老有所养、老有所医、老有所居本质上是经济利益；老有所为、老有所用本质上是政治利益，由于老年群体的特殊性，也可以强调为人生价值的再实现，还可以总结为社会利益；老有所学、老有所乐本质上是文化利益。她们认为，老年经济利益、老年社会利益和老年文化利益构成了一个稳态结构，诠释了老年利益保障的精髓。体现了老年利益的经济利益、社会利益和文化利益在不同层面上表达了老年人的物质和精神需求，其实现需要个人、家庭和社会三方的共同配合。

老年人实现经济利益，共享经济发展的成果，就必须加强国家对养老保障的立法，在筹资渠道上强调需要多元化；老年人能够体现社会利益，需要给老年人发挥余热的制度环境和机会，同时要积极推动老龄产业的发展；老年人实现文化利益，共享社会文明的发展，就要关注并了解老年人的精神世界，建立老年利益诉求的保障机制。

2. 西方经济学对养老保障的论述

养老保障理论始终贯穿于西方经济学的发展史，从凯恩斯学派兴起之前一直到新古典主义学派的发展，无不反映出养老保障理论的嬗变。

西方经济学关注养老保障是源于西方社会为缓解贫富分化来提高社会福利水平所形成的社会福利和保障经济理论体系。最早的社会保障经济思想由德国新历史学派提出并系统阐述了国家建立社会保障制度的必要性和必然性①。新古典经济学代表人物马歇尔提出了要通过改革收入分配来增进社会福利，这些观点在其《经济学原理》一书有具体的论述②。英国经济学家庇古是福利经济学的杰出代表，他在其著作《福利经济学》中提出了收入分配越均等，社会福利就会越大，主张强调国家在国民收入调节过程中的重要作用③。在他的论述中，主要有两个理论做支撑，即边际效用递减规律和英国哲学家边沁的功利主义理论，在追求最多数人的福利最大化的准则下论证了社会保障经济政策的重大经济意义。他认为，由于边际效用递减规律的作用，对于穷人和富人而言，同一英镑收入的效果是大

---

① 史探径：《世界社会保障立法的起源和发展》，《外国法译评》1999 年第 2 期，第 43—54 页。

② ［英］马歇尔：《经济学原理》，朱志泰译，商务印书馆 1997 年版，第 11 章。

③ ［英］A. C. 庇古：《福利经济学》，朱泱、张胜纪、吴良健译，商务印书馆 2010 年版。

大不同的，穷人得到一英镑收入的效果是要大于富人得到一英镑收入的效果。所以，通过国家的收入分配政策，穷人得到转移支付的边际效用是要大于富人失去收入转移的边际效用，据此，具有收入再分配功能的社会保障政策是可以通过增加穷人的福利来增加国家整体的社会经济福利，而且社会总效用是在增加的。

20 世纪 30 年代，西方世界受到经济大萧条的影响，经济出现停滞。凯恩斯认为是社会有效总需求不足，提出了国家通过需求管理干预经济活动的思想。受福利经济学理论的影响，凯恩斯学派提出了通过财政政策的国家干预手段，即向富人征税，再向穷人转移支付，可以达到刺激消费总需求的政策效果。凯恩斯的追随者认为由国家干预而建立的社会保障制度是有助于实现宏观经济中的均衡。短期来看，由于穷人和富人的边际消费倾向是不一样的，穷人的消费能力低而一定数量的富人消费能力又有限所导致的有效需求不足，可以通过转移支付手段刺激总需求来实现宏观经济均衡；长期来看，社会保障制度的作用是逆经济周期的，经济繁荣期可以有效抑制总需求，经济萧条期可以有效刺激总需求，社会保障制度天生的是财政政策的内在稳定器，从而有助于实现宏观经济的长期均衡。在凯恩斯学派的国家干预理论中，政府被确定为提供公共服务的主要责任人，同时也明确了社会保障制度在经济发展中的重要作用。

新古典经济学的养老保障理论借助于新的假说和各种分析工具，从跨期资源配置的视角看，采用生命周期效用最大化的分析方法，分析了养老保障的制度安排与劳动力市场的供给、储蓄、消费和资本市场等经济变量之间的相互影响。新古典经济学派在分析方法上强调市场机制的作用，注重养老保障制度的运行效率和对经济增长的影响。经济学家 Ando 和 Modigliani（1963）① 通过生命周期理论分析了人一生的收入变化是可以预期的。青年和老年时期收入较低可以借钱消费，壮年时期收入较高，就可以还债，或为老年时期储蓄。从微观来看，生命周期理论阐释了一个经济理性人进行跨期消费时对老年经济生活的安排；从宏观来看，它揭示了一个国家的国民储蓄与人口结构变化之间的关系。Samuel-

① Albert Ando and Franco Modigliani. The "life cycle" hypothesis of saving: Aggregate implications and tests. *The American Economic Review*. 1963. Vol. 53, No. 1, pp. 55 – 84.

son (1958)[①] 和 Diamond (1965)[②] 提出的世代交替模型是研究代际关系的核心动态模型。在模型中每个时期都有不同代的人存在，每一代人都可以和不同代的人进行交易。从宏观角度看，世代交替模型解释了通过代际间的收入和消费的分配可以达到社会分配的最优。除此以外，理性预期、信息经济学、公共选择理论等分析资本市场和保险市场中的道德风险与逆向选择等领域的基本分析工具，都极大地促进了养老保障经济理论的发展。

为应对西方发达国家较早进入人口老龄化的挑战，新古典学派主张对传统的现收现付制的社会养老保险体制进行的改革，认为基金积累的体制更能发挥养老保障制度的储蓄功能，能够有效防止养老金的支付危机、防止出现跨期数代人间的巨额财富转移，并重视养老基金的投资和收益，以增加未来养老基金的偿付能力和水平。政府应该建立法律和规章制度以及老年保障的公共支持体系，提供最低的生活保障。新古典学派认为养老保障制度应当建立多支柱的养老保障体系，即国家的公共养老金制度、强制性的个人账户和个人的自愿养老储蓄，并强调政府应当适当削减公共支出，减少政府对经济的干预，发挥市场机制的作用，提倡私人部门参与养老保障项目的管理，提高养老保障制度对物质资本的积累和长期经济增长的作用，这都是新古典学派对养老保障制度发展的核心思想。

养老保障在经济学上的解释，政治经济学的论述强调养老保障存在的合理性和养老保障资金来源的性质，体现养老保障在社会公平中的作用；而西方经济学的论述着重强调分析工具在养老保障的实现上，分析经济因素对养老保障的影响，体现养老保障在经济效率中的作用。

## 二 居家养老的经济学论述

居家养老的内容包括经济保障、生活照顾和精神抚慰，其中经济保障是最为根本的。居家养老不是单纯的家庭养老，它与家庭养老既有联

---

① Paul A. Samuelson. An Exact Consumption-Loan Model of Interest with or without the Social Contrivance of Money. *Journal of Political Economy*, 1958. Vol. 66, No. 6 (Dec., 1958), pp. 467 - 482.

② Diamond. Nation Debt in Neoclassical Growth Model. *American Economics Review 1965* . 55. 1126 - 1150.

系又有区别。二者联系在于，居家养老注重老年人的生活习惯，养老住所选择在家庭。区别在于，居家养老实现了部分子女所要完成的赡养功能，并以社会化服务的形式进行养老，其经济保障既来自家庭又来自社会。

1. 家庭养老

我国传统文化认为，家庭养老是指由家庭的子女来完全承担老年人的养老责任，子代对于父代的代际间经济转移，是以家庭为载体而自然实现的保障过程。此种环环相扣的反馈模式是建立在父代养育子代的基础上的，当父代年老时，子代有义务承担起对父代的养老责任。中国一直倡导儒家思想，从古至今形成了家庭养老的传统模式，“百善孝为先”等价值观根深蒂固地根植于国民的思想意识中，费孝通（1998）① 指出在子代赡养父代的方式普遍存在于中国的家庭关系中，这种“反哺模式”体现了中国传统伦理文化中子代与父代代际间经济均衡互惠的原则，这也使得子代与父代在经济关系上形成了家庭的共同体。在家庭养老的模式下，家庭供养老年人的生活费用是老年人过去必要劳动的一部分，这种应得劳动报酬的延期支付是以个人或子女供养的养老费用形式出现，是他们过去必要劳动的延期享用。如果劳动者以养老税或养老费的形式交给国家或养老保险机构，那么今后的养老费用就应该由养老保险负责。但是对于未实行养老保险制度的劳动者，他在劳动期间的全部收入都用于家庭的话，那么他的养老费用就应由家庭来负担。所以，子女赡养老年人从经济学的角度去解释的话，就是子女对父母过去为自己支付的抚养教育费用的一种补偿，实际上就是老年人跨期享受自己过去必要劳动所创造的社会产品。

2. 社会养老

对于社会养老，不少学者认为是由社会来承担老年人的养老责任。罗淳（2001）② 认为老年人的生活经济来源和生活服务由社会提供，而不是由家庭提供。刘贵平等（1999）③ 认为社会养老可以分担养老的风

① 费孝通：《我看到的中国农村工业化和城市化道路》，《浙江社会科学》1998 年第 4 期，第 4—7 页。

② 罗淳：《从老龄化到高龄化》，中国社会科学出版社 2001 年版。

③ 刘贵平、侯文若、马利敏：《社会化养老：问题在哪里》，《人口研究》1999 年第 4 期，第 31—41 页。

险，通过再分配手段来实现老年人的养老保障。西方代际伦理中的接力模式也可以说明这种形式，即一代养一代，也就是不要求子女对父母进行赡养，而是直接进入下一代的养育①。国家养老保险的制度安排也是基于社会养老的思想，但是养老保险制度只能提供老年人最基本的经济保障，老年人的生活照料和精神慰藉更多的需要社会资源来支持。养老机构虽然可以为老年人的实际生活需要提供服务，但是其弊端也尤为突出。英国政府在 1963 年首先提出了“社区照顾”的理念，旨在利用社区的非正式网络与正式的社会服务机构相互配合，对社区内的老年人提供全方位的服务。社区照顾既包括了政府、社区和企业等正规社会服务机构提供的正式服务，又包括了社区内居民互帮互助所提供的非正式服务。

3. 居家养老

英国最早提出了居家养老的概念，居家养老最初也是体现了社会照顾的思想，我国香港地区在 20 世纪 70 年代引入了居家养老方式，为有效分配养老资源，提倡老年人留在社区养老，鼓励社会非正式服务参与居家养老。国内学者认为，居家养老是以家庭为基础，社会为依托，利用家庭、个人、社区、国家、非营利组织和市场共同参与的多元化的养老体系。居家养老的服务提供主要是以社区为中心所构建的社会化服务体系，它具有服务主体多元化、服务对象公众化、服务方式多样化、服务队伍专业化等特点②。洪国栋（2007）③ 认为居家养老的“家”的含义与家庭养老的“家”的含义有本质上的不同，家庭养老是建立在家庭经济基础之上，是实实在在的老年人生活的家庭，而居家养老是依托社会、社区，老年人的主要经济来源来自于养老金，生活的照料和精神慰藉也主要依靠社区和邻里提供的服务。穆光宗和姚远（1999）④ 认为居家养老是以社会养老网络为根本基础、在国家的制度政策和法律管理的规范下、有效地将家庭养老

① 许晓茵、李洁明、张钟汝：《老年利益论》，复旦大学出版社 2010 年版。

② 《全国居家养老服务模式的比较研究》，老龄信息网，2010—3—5，http：//www. cncapvc. gw. cn。

③ 洪国栋：《让老年人“回到家庭中去”》，《社区》2007 年第 6 期，第 36 页。

④ 穆光宗、姚远：《探索中国特色的综合解决老龄问题的未来之路》，《人口与经济》1999 年第 2 期，第 58—64 页。

和社会养老相结合的一种养老模式。朱传一（1997）① 认为，居家养老可以让老年人在家中和熟悉的社会环境里享受政府和社区提供的生活照料和心理关怀。金德田（1995）② 认为，居家养老中的社区为老年人提供的服务应当是带有保障性和公益性的，这种基本的公益福利服务应当最大限度实现老年人的社会福利。

4. 居家养老选择的必然性

老年人选择家庭养老、机构养老还是居家养老，国内学者通过社会经济发展的时代背景、老年人的生活状态、居住方式、收入差异和不同养老模式下的养老成本的比较得出，居家养老是目前老年人养老的必然选择。姚远（2008）③ 认为我国的老龄化社会特点是未富先老，居家养老有低成本、广覆盖和灵活的服务方式等优点，可以在一定程度上弥补我国养老福利事业发展的先天缺陷。韦璞（2006）④ 利用 2003 年中国城乡老年人口的抽样调查数据，分析了城乡老年人不同的养老模式和居住方式。他认为由于养老保障制度在城乡存在较大差异，城市老年人多依靠养老金养老，而农村老年人多依靠子女养老，但是在养老的居住方式上城乡老年人都选择居家养老，超过半数的城市老年人选择与子女分开居住，超过半数的农村老年人则选择与子女一起居住。王跃生（2012）⑤ 以 2010 年七省区调查的数据为基础，分析得出：城市的老年人越来越多地独立居住，对社会养老服务需求开始增多。而且从经济的角度看，居家养老可以利用家庭已有的设施资源养老，不失为一种减低养老成本的养老办法，通过大力发展社区服务，可以为居家养老提供全方位的服务。孙仲（2011）⑥ 认为居家养老与机构养老相比可以节约社会成本、充分利用资源，养老的覆盖面广，并且社区的养老服务具有全方位性和

---

① 朱传一：《开拓互助组合养老的新模式》，《中国社会工作》1997 年第 1 期。

② 金德田：《加快实现养老社会化的步伐》，《党政干部学刊》1995 年第 4 期。

③ 姚远：《从宏观角度认识我国政府对居家养老方式的选择》，《人口研究》2008 年第 2 期，第 16—24 页。

④ 韦璞：《我国老年人收入来源的城乡差异及其养老模式选择》，《重庆工学院学报》2006 年第 12 期，第 26—29 页。

⑤ 王跃生：《城乡养老中的家庭代际关系研究》，《开放时代》2012 年第 2 期，第 102—121 页。

⑥ 孙仲：《人口老龄化背景下我国城市社区居家养老模式研究》，北京交通大学，硕士学位论文，2011 年。

针对性。联合国在 1982 年和 1992 年分别就老龄问题做出了建议，要求要尽量让老年人在家里和社区生活，同时也明确要建立以社区为基础力量的养老服务体系。

居家养老以家庭为基础，注重老年人的生活环境和社会关系，会使老年人有很强的安全感和归属感，并且老年人在家里生活，能够得到家人的照顾和精神慰藉，这是在养老机构提供的服务所不能替代的。以社区为依托，开展社区的建设，还有利于减少养老成本，创造和谐的生活氛围，在某种程度上可以带动社区的养老事业的发展，对于我国的老年产业化具有推动作用。

综上所述，综合家庭养老、社会养老和居家养老这些养老模式的阐释，其划分的标准和内在联系都在于养老模式的经济供养上，家庭养老侧重于以家庭总收入作为养老的主要来源，以传统价值理念倡导子代对父代的反哺行为。随着家庭规模日益的缩小，老年人逐渐依赖养老保险金作为其养老的主要来源时，社会养老就担负起分担养老风险、实现社会经济资源公平分配的职能。虽然，社会养老可以进行养老资源的再分配，但是养老的精神慰藉依然需要家庭的支撑。居家养老可以在不改变老年人的生活习惯、充分享受家庭亲情的环境下，通过社会化的经济供养方式，保持老年人晚年较好的生活质量。从全世界的范围来看，居家养老的养老模式既是当前的现状，也是今后养老的必然选择。

## 第二节　居家养老服务资金的界定及来源

### 一　居家养老服务及资金的界定

居家养老脱胎于 1963 年英国提出的社区照顾的思想，是相对于家庭养老和机构养老而言，体现的是养老方式的一种安排。社区照顾理论认为，社区照顾在某些方面是优于家庭和机构照顾的，政府和社会组织就可以借助社区的正式网络和非正式网络向被照顾者提供照顾服务。居家养老就是以家庭为基础，社区为依托，利用家庭、个人、社区、国家、非营利组织和市场共同参与的多元化的养老体系。根据 2008 年全国老龄工作委员会和民政部等十部委下发的《关于全面推进居家养老服务工作的意见》中的解释，居家养老是一种以提供社区服务为中心的社会化养老服务体系，居家养老服务是由政府和社会力量为居家的老年人提供生活照料、家政服务、康复护理和精神慰藉等方面服务的一种服务形式。居家养老遵循老年人的生活习惯和养老意愿，以社会化的方式向选择居住在家庭的老年人提供养老服务，是对传统家庭养老模式的补充与更新，同时也是对机构养老模式的有益补充，既缓解了机构养老床位少、老年人多的现实压力，又大大降低了老年人的养老成本。

居家养老的主体是老年人，载体是家庭，养老照料的责任由亲属、政府及其社会共同承担。居家养老既不同于家庭养老，又不同于社会的机构养老。在居住安排上，居家养老与家庭养老相同，都是让老人在家中安享晚年，而非社会养老机构的集中养老方式。在养老功能上，居家养老实现了部分的家庭养老功能，通过社会化的市场提供方式，由专业从事养老服务的工作人员给居住在家的老人提供生活照料、医疗康复护理和精神慰藉等服务，最大程度上改善居家老年人的生活质量，减轻其他家庭成员的照顾压力。在运行机制上，居家养老的实现是以基层社区的网格化结构为基础的，依托社区建设的居家养老服务机构，既有上门的养老服务，又有以社区为中心，对老年人进行综合性的短期集中照料服务。本书所指的居家养老服务就是居家的老年人所需要的生活照料、医疗康复护理和精神慰藉等养老服务。

居家养老服务的资金与居家养老服务的提供者、生产者和消费者密切相关，居家养老服务资金的提供者与居家养老服务的提供者并不完全是统一的。见图 2 - 1。居家养老服务的提供者是政府和家庭，服务的生产者是非营利组织和营利组织，服务的消费者是居家养老的老年人。政府提供居家养老服务有两种形式：一种是向服务的生产者购买服务，而后服务生产者向老年人提供服务，这个过程就是政府购买；另一种是政府直接向老年人进行现金补贴，而后老年人向服务的生产者直接购买服务。家庭提供居家养老服务同样也有两种形式：一种是直接向老年人提供家庭照料，这称之为非正式照料；另一种是向服务生产者购买服务，而后服务生产者向老年人提供服务。作为服务消费者的老年人也可以向服务生产者购买服务。总体来看，居家养老服务资金主要由政府和家庭来提供。而在具体实践中，政府在居家养老服务资金投入中一方面用于服务生产者的平台建设，即居家养老服务机构设施的建设，另一方面用于居家养老的服务补贴，即政府购买。家庭用于居家养老服务资金支付主要来源于家庭收入。

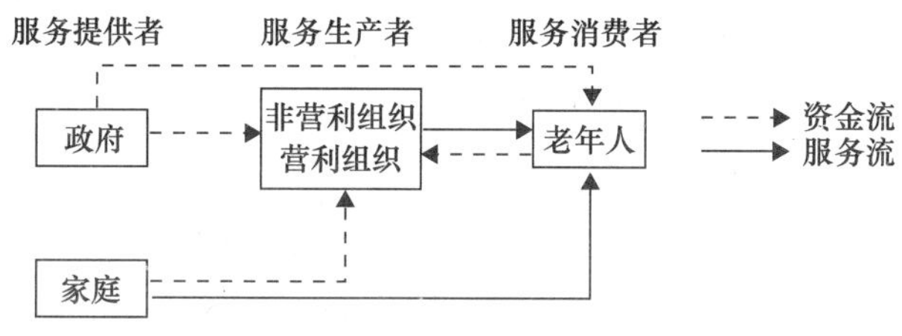


图2-1　居家养老服务资金关系图

## 二　居家养老服务资金的来源

一般来讲，当前许多国家实行的居家照料（home care）服务的资金主要来源于公共部门的资金，即政府的一般税收、地方政府的财政预算和社会保险等，还有私人支付，即家庭资金用于购买服务（Genet et al.，2011）①。这与长期照料（long-term care）服务的资金来源方式相同。其中，政府公共部门以项目的形式向居家照料服务市场提供资金，居家照料服务市场的主体是不以营利为目的的非营利组织，它们通过获得资金来向老年人提供居家照料服务。居家照料服务根据服务种类的不同，政府的补贴方式也有所不同，有些是由中央政府和地方政府共同负担，有些是由地方政府单独负担。考虑到接受照料服务的家庭经济条件，政府的补贴规定了相应的资格，有些是服务接受者全额免费得到服务，而有的则是要承担一部分的费用（Genet et al. 2011）②。

# 第三节　居家养老服务资金问题的研究综述

国外文献对于居家养老服务资金的研究较多，主要以发达国家的研究为主。学界大多是从社会学、人口学、社会保障、公共政策、行政管理等学科角度来研究居家养老服务资金支持的问题，从经济学角度来研究这个问题的文献不很丰富。国内外学者的研究在居家养老服务的资金提供上大部分都集中在强调政府、市场、社会和个人的责任。笔者主要从居家养老

---

① Genet et al. Home Care in Europe：A Systematic Literature Review［J］. *BMC Services Research*. 2011. 11：207.

② Ibid.

服务资金支持的手段进行文献的梳理。

## 一　居家养老服务资金与居家养老服务的需求与供给

1. 居家养老服务的经济学界定

在公共经济学的分析框架下，居家养老服务被认为是具有公共产品属性的物品。不同类型的养老服务产品具有不同属性：有的是标准的公共产品，具备福利性和公益性，就必须由政府来提供；有的是准公共产品，有福利性但又具备一定的竞争性，就需要由非营利组织来提供；还有的是私人竞争性的养老产品，就可以由市场来提供。魏玉（2002）① 认为居家养老服务是竞争性公共物品。高秀艳、吴永恒（2009）②，李嫦宏（2008）③ 等认为居家养老服务是一种准公共物品。郭竞成（2010）④ 认为居家养老服务是一种“限价公共服务”，基于其公共服务的性质，居家养老服务的提供必须在政府的监管之下。

2. 居家养老服务资金与居家养老服务需求

居家养老服务资金是居家养老服务的载体，它体现的是居家养老服务的需求。有学者通过研究，发现我国老年人居家养老服务的需求集中在家政照料服务和护理保健服务上。李建民（2001）⑤ 认为，随着年龄增大和生理功能衰化，老年人的健康保健以及生活服务的需求会增加。然而，我国老年人收入水平低和收入不稳定却是限制我国老年人有效消费的关键因素。曹梅娟、陈凌玉（2012）⑥ 通过对杭州市四个社区 60 岁以上的独居老年人进行调查发现，老年人对日常生活照料服务、预防性保健服务、社区文体活动及设施、心理支持服务等需求迫切。张祖平、田军（2012）⑦

---

① 魏玉：《中国养老福利服务的社会化供给模式研究》，清华大学，硕士学位论文，2002 年。

② 高秀艳、吴永恒：《城市社区居家养老产业引入竞争机制之浅见》，《现代财经—天津财经大学学报》2009 年第 2 期。

③ 李嫦宏：《我国社区养老服务法律保障研究》，兰州大学，硕士学位论文，2008 年。

④ 郭竞成：《居家养老模式的国际比较与借鉴》，《社会保障研究》2010 年第 1 期，第 29—39 页。

⑤ 李建民：《老年人消费需求影响因素分析及我国老年人消费需求增长预测》，《人口与经济》2001 年第 5 期，第 10—16 页。

⑥ 曹梅娟、陈凌玉：《城市独居老年人居家养老服务需求调查》，《护理研究》2012 年第 6 期，第 1469—1471 页。

⑦ 张祖军、田军：《上海老年人口养老服务需求调查分析》，《社会福利》2012 年第 8 期。

对上海市29个居委会进行问卷调查，发现大部分老年人会选择居家养老模式养老，养老的需求主要有生活服务、人际交往、情感慰藉、文体娱乐、安全和医疗。孙泽宇（2007）① 认为我国的居家养老服务主要集中于家政服务和一般的生活照料，保健护理服务和精神心理慰藉服务较少。由于居家养老服务经费缺乏，相应的政府购买服务的补贴标准也较低，很难满足老年人基本的生活照料需要。还有的学者通过对老年人消费行为的研究来分析老年人养老的有效需求。钟英莲（2006）② 通过广州市的老年人生活抽样调查数据，利用扩展性线性支出系统模型，对老年人的消费结构、消费需求弹性进行了定量分析，认为老年人的消费基本处于最基本的生活保障水平上。对于生活贫困的老年人，政府应当增加生活贫困老年人的收入以保障其最基本生活需求，同时还应当积极引导生活富裕老年人的消费观念。金晓彤、王天新（2012）③ 通过对我国老年人的各项消费支出的现状分析，发现老龄医疗保健的消费支出持续增高，老龄文化消费支出比例也在不断上升。张艳、金晓彤（2010）④ 认为老龄人口的消费偏好变得复杂，而老龄消费市场供给不足使得老龄人口的需求不能得到满足，究其原因，主要在于养老服务供给的约束、养老方式的局限、健康状况的限制和经济条件的制约。建议老年消费市场多样化，政府提高老龄人口的福利水平等。

3. 居家养老服务资金与居家养老服务供给

居家养老服务的提供者与居家养老服务资金的提供者不是同一的。居家养老服务的提供者是市场组织，由于居家养老服务的公共产品特点，其主要的提供者是非营利组织，还有少量的市场组织。而居家养老服务资金的提供者是政府、社会和家庭。王俊等（2012）⑤ 认为老龄人口的群体健

① 孙泽宇：《关于我国城市社区居家养老服务问题与对策的思考》，《中国劳动关系学院学报》2007年第2期，第98—101页。

② 钟英莲：《老年人消费需求弹性分析》，《中山大学学报论丛》2006年第26卷第1期，第108—111页。

③ 金晓彤、王天新：《中国老龄人口消费：现状与趋势》，《西北人口》2012年第3期，第23—26页。

④ 张艳、金晓彤：《中国老龄人口消费行为的制约因素分析》，《学术交流》2010年第10期，第152—156页。

⑤ 王俊、龚强、王威：《“老龄健康”的经济学研究》，《经济研究》2012年第1期，第134—150页。

康状况是准公共产品，外部效益明显，因而，对其提供的最佳方式就是由政府、社会和家庭来共同承担责任和义务。蒋正华（2005）[①] 认为，政府应该承担起制定养老服务政策的责任，并为之良好运行提供公平的市场环境。陈志华（2006）[②] 认为政府应该积极转变提供养老服务的职能，从公共服务的提供者或生产者转为购买者和监督者，要建立起政府、市场和非营利组织三者良性互动的居家养老服务供给体系。罗晓蓉（2008）[③] 认为居家养老服务的提供分为两种模式，即政府购买和市场化运作。阎青春（2009）[④] 将我国居家养老服务的供给模式划分为四种：第一种是政府主管并主办，利用行政命令推动运作；第二种是政府主导但不主办，由中介组织来运作提供养老服务；第三种是政府资助，由机构主办，采取连锁经营模式；第四种是政府购买服务，由公司承办，采用市场运营的模式。居家养老的四种服务模式各有利弊，适用环境和条件也不同，应该有选择地实行。

在我国，居家养老虽然是目前主流的养老方式，但是居家养老服务的提供和运行只是社会福利事业的一项内容，覆盖面很小并且没有形成制度化，其资金筹措捉襟见肘。孙泽宇（2007）[⑤] 认为我国的居家养老服务存在着资金投入的严重不足。一些地区的养老服务经费主要由社区筹集和民间募集，资金筹措能力有限导致了居家养老服务工作举步艰难。居家养老服务经费缺乏直接导致政府购买服务的补贴标准比较低。2007 年平均补贴标准约 150 元/月/人，折算下来，老年人得到的补贴费用每天不足一个小时，根本无法满足老年人的基本生活的照料需要。王刚义、赵晶磊（2008）[⑥] 认为老年人由于退出劳动力市场，经济能力的下降在一定程度上会制约居家养老事业的发展。并且，民政部门筹措居家养老服务资金的

---

① 蒋正华：《中国老龄化现象及对策》，《求是》2005 年第 6 期，第 41—43 页。

② 陈志华：《政府购买服务》，厦门大学，硕士学位论文，2006 年。

③ 罗晓蓉：《城市社区居家养老服务的探索与启示》，《江西行政学院院报》2008 年第 10 期，第 63—65 页。

④ 阎青春：《四种居家养老服务模式的利与弊》，《社会福利》2009 年第 3 期，第 19—20 页。

⑤ 孙泽宇：《关于我国城市社区居家养老服务问题与对策的思考》，《中国劳动关系学院学报》2007 年第 1 期，第 98—101 页。

⑥ 王刚义、赵晶磊：《居家养老的困境与出路——探索一种适合中国国情的养老模式》，《构建和谐社会》2008 年第 3 期，第 86—89 页。

主要渠道就是社会福利彩票的福利金，由于其不确定性，相应的辅助措施跟不上，使得居家养老服务很难有较大的发展。并且如果没有稳定的资金投入渠道来替代这种波动性很大的投入方式，居家养老服务就很难走进良性循环。针对居家养老服务资金筹措的困境，多数学者都认为多渠道筹资是解决目前居家养老服务资金可持续发展的有效方法。贾晓九（2006）① 认为，居家养老服务的提供应当发展多元化的道路。实现居家养老服务的社会化首先就要解决资金的问题，应当倡导投资主体的多元化，广泛动员和依靠社会力量，调动全社会的积极性，开辟国家、社会和个人的多元投资渠道，以多种形式捐资或兴办社会福利事业，建立社会筹资和政府资金支持相结合的多层次的资金支持机制。

### 二　居家养老服务资金与政府公共支出

政府为老年人的养老服务承担资金责任体现了一个国家的社会福利制度。政府公共支出的程度直接影响着社会福利的程度。

1. 政府公共支出的财政责任

国外学者在居家养老服务提供上强调政府的财政责任。20 世纪 80 年代的德国经济学家阿道夫·瓦格纳通过对许多国家的公共财政支出资料的实证研究提出了“财政扩张论”，被后人归纳为“瓦格纳法则”，即随着人均收入水平的提高，政府财政支出在 GDP 中的占比也将随之提高。当人均收入增加，人们对福利服务的需求也会增加，政府应该加大对福利方面的资金投入。② 20 世纪 50 年代，美国经济学家马斯格雷夫明确将收入再分配职能作为政府的重要职能之一③。弗朗西斯·巴托尔在《政府支出问题》中认为社会福利的支出上政府应该承担更多的责任，应该将政府财政资源更多向社会福利倾斜。维托·坦齐等认为，在 1870 年到 1960 年前后，政府服务领域的不断扩展和基本社会保险体系的形成与政府公共支出的增长有着直接的联系④。国内学者贾康（2008）⑤ 认为，财政支出应

---

① 贾晓九：《日本的老年人社会福利事业》，《社会福利》2006 年第 6 期。

② 转引自陈共《财政学》，中国人民大学出版社 2004 年版，第 79—82 页。

③ Musgrave, R. A. *The Theory of Public Finance*, McGrw-Hill Book Company, Inc., 1959.

④ ［美］维托·坦齐、［德］卢德格尔·舒克内希特：《20 世纪的公共支出》，胡家勇译，商务印书馆 2005 年版。

⑤ 贾康：《财政支出日益向民生倾斜》，《人民日报》2008 年 12 月 23 日。

当日益向民生倾斜，社会保障首先要做到对最低收入阶层的医疗保障和最低生活保障。刘尚希（2008）① 认为，政府加大对民生资金的投入，不仅可以提高国民的消费水平，从而能够促进经济增长，而且，通过转移支付的方式可以防止国民的消费差距过大，有助于推进基本消费的均等化，进而增加社会的总福利。

2. 政府公共支出在居家养老服务上的分类

政府资金在居家养老服务提供上，有养老服务设施和养老服务两种。新加坡政府在养老服务设施的投资占 90% 以上。瑞典政府为老年人不仅提供福利性的住宅，而且还提供家庭入户服务，这些服务资金的 50% 由国家财政解决。José-Luis Fernández 等（2009）② 认为，许多 OECD 国家的老年长期照顾的资金花费在制度上是随着 GDP 的比例显著增加的，这个比例截至 2050 年被预计在 2%—4%。他认为政府支持的公共基金应该确保老年长期照顾的资金需求，因为仅依靠私人部门的资金是不可能提供大覆盖面的可持续性的保险体系，持续依赖家庭支持进行老年人的长期照顾服务也是不可能的。我国在居家养老服务的实践上，主要是采用政府购买模式，而且主要是地方政府购买。目前有一些城市实行了居家养老服务试点，较为成功的有“海曙模式”“青岛模式”和“上海模式”等。经过归纳总结，政府购买养老服务的具体手段主要有三种。第一种是政府加大资金投入进行居家养老服务设施建设、居家养老服务人员的专业化培训和提高居家养老的普及率以及覆盖面。第二种是政府进行直接补贴资金，即政府向养老机构支付服务的费用，养老机构按照政府支付的标准和要求向符合条件的老年人提供服务。第三种是政府采用养老服务券或优惠券等形式分别提供无偿、低偿和有偿的养老服务，老年人根据自身的养老需要，使用服务券或优惠券等进行服务消费。

3. 政府公共支出与社会福利

政府对老年人养老服务资金支出责任的程度直接影响着社会的福利程度。José-Luis Fernández 等（2009）③ 认为发达国家对老年照料体系安排中政

---

① 刘尚希：《论民生财政》，《财政研究》2008 年第 8 期，第 2—10 页。

② José-Luis Fernández et al., How can European States Design Efficient, Equitable and Sustainable funding systems for long-term care for older people? [J]. *WHO Regional Office for Europe*. 2009, 1-23.

③ Ibid.

府资金的承担责任直接影响着社会福利，也影响着老年照料制度的稳定性。第一种的安全网体系是能够最小化国家干预地支持老年服务，由于老年人缺乏支付养老服务的财力，并且实际表明这种政策在控制政府支付方面非常有效，但是老年人财力的约束会导致巨大的服务需求不能满足。第二种的覆盖全部人口的全民体系是会引致老年人养老服务的巨大成本。以社会保险为融资基础的体系是需求驱动的而不是资金约束的，由于不需要老年人进行现金支付方式会导致资金使用上缺乏灵活性。第三种结合了经济调查的全民体系。这种体系能够确保最大的需求能得到最大的满足。Heitmueller 等(2007)① 认为全民体系一般出现在北欧国家，相比较，南欧和东欧国家的公共社会照顾服务建立在安全网的基础上，公共的支持有选择性地面向最需要服务和最低生活条件的人群。Commission of the European Communities (2008)② 认为结合了经济调查方式的全民体系，能够保障最需要资金能够得到最大数量的政府支持。奥地利、比利时、法国和希腊都采用了这种体制。这种体制目标是最小化政府的金融行为却保留了全民性，更好地提升了社会凝聚力，为全民提供了保险收益又恰好控制了政府支出。

我国的居家养老服务实践较少，目前仍处于试点阶段，没有形成资金的制度安排，但是学者们在政府公共支出对社会福利的影响上有着尝试性的研究。总体来说，学者们对政府养老服务的资金投入会增加社会福利是持积极态度的。刘长生等（2008）③ 利用中国 1982 —2005 年的数据，对政府公共支出的规模及其支出结构优化进行了计量分析，结果认为我国政府总的公共支出规模、各类单项支出规模与社会福利指数之间存在较强的相关性，也就是说适度提高中央政府支出在政府总支出中所占的比重，适度减少投资性支出和行政管理支出，不断增加公共服务性支出，是可以提高社会福利水平的。诸大建等（2010）④ 认为提高社会福利水平的根本保

① Heitmueller, A., Inglis, K., The Earnings of Informal Carers: Wage Differentials and Opportunity Costs [J]. *Journal of Health Economics*, 2007, 26 (4): 821 - 841.

② Commission of the European Communities. Long-term Care in the European Union. Brussels: Commission of the European Communities, DG Employment, Social Affairs and Equal Opportunities, 2008.

③ 刘长生、郭小东、简玉峰：《社会福利指数、政府支出规模及其结构优化》，《公共管理学报》2008 年第 7 期，第 91—99 页。

④ 诸大建、徐萍：《中国政府规模、经济增长与福利》，《同济大学学报》（社会科学版）2010 年第 2 期，第 107—114 页。

障是政府能够提供持续增长的基本公共服务能力。铁刚（2010）[①] 采用1978—2006年的数据，对我国财政支出水平与社会福利综合指标之间进行了计量分析。研究结果表明，我国政府的支出规模和结构与社会福利综合指标之间呈现显著的倒U形关系：在财政支出规模上，一方面公共服务支出不足，但另一方面行政管理支出的比例过高又导致一定程度的资源浪费；在财政支出结构上，地方财政支出过高，中央财政支出不足，财政支出用在经济建设方面的比重过高，用在公共管理方面的比例过低，财政支出结构存在明显的不合理。结论是我国应该进一步扩大政府财政支出的规模，但要继续改进财政的支出结构，逐步加大公共服务支出才能进一步提高社会福利水平。

## 三　居家养老服务资金与市场化的社会资金

居家养老服务由市场提供，由于其公共产品的特点，多由非营利组织来组织提供。无论是非营利组织还是营利组织，任何社会力量提供养老服务都会使用来自社会的资金。学者们通过研究社会资金用于居家养老服务的提供来进一步发现，市场化的社会资金对养老市场、养老产业以及经济增长的影响。

1. 居家养老服务资金与市场组织

丹麦社会学家艾斯平·安德森[②]提出的合作主义模式主张国家与社会的各种力量要共同协作，共同提供社会保障服务。国家与社会各方力量各司其职，国家对公民福利制定明确的政策，由各种社会组织来提供大部分社会保障服务，主要是非营利组织。这种模式下可以有效减轻国家的财政负担，还可以通过非营利组织提供社会福利服务来扩大福利保障的覆盖面和水平。合作主义模式提倡团结原则和补助方式。团结原则指的是社会各阶层自觉遵从互帮互助的共同道义，以收入转移的制度安排形式为低收入者或弱势群体提供帮助。补助方式指的是社会组织直接提供社会保障服务，国家给予补贴。

① 铁刚：《基于社会福利指标的我国财政支出合理化研究》，《东北大学学报》（社会科学版）2010年第5期，第235—239页。

② ［丹麦］艾斯平·安德森：《福利资本主义的三个世界》，苗正民、腾玉英译，商务印书馆2003年版。

非营利组织提供居家养老服务充分体现了它的公益性特点，通过现有文献整理，可知它的资金来源主要有三种渠道：第一是政府的财政资助和财政拨款；第二是企业的捐助和民间慈善捐赠；第三是非营利组织提供有偿福利服务所获得收入。政府规定它接受的社会慈善捐赠和经营所得是不能够在出资人中进行分红，以此保持非营利组织兴办养老机构的福利性质，所以非营利养老机构本质上是具有福利性和经营性双重属性。在促进非营利组织发展的激励机制上，世界各国都采取了一定的税收优惠政策。这些税收优惠政策主要包括两个方面：一是针对非营利组织的经营采取的税收优惠政策；二是对向非营利组织捐赠的单位与个人进行的税收优惠政策。美国对从事慈善性、教育性和科学性事业的非营利组织，所获收入不使私人受惠的非营利组织和从事活动不违法的非营利组织都给予免税。英国强调非营利组织的非营利性，只对从事慈善活动的非营利组织才实行税收优惠政策。

2000 年我国民政部等 11 个部门联合制定了《关于加快实现社会福利社会化的意见》，各地对养老机构的优惠政策主要有：（1）养老机构的建设用地、用水和用电均给予优先照顾；（2）增加养老机构建设项目的信贷投入、放宽贷款条件并实行优惠利率；（3）利用财政补贴补充非营利的养老机构的经费开支；（4）税收优惠政策。对非营利性的养老机构免征企业所得税、营业税、房产税、土地使用税和车船使用税；对于向非营利性养老机构的社会捐赠，缴纳企业所得税和个人所得税前全额免除。2008 年全国老龄委等部门出台的《关于全面推进居家养老服务工作的意见》中，提出要贯彻政府支持居家养老服务机构的税收优惠政策。对于非营利性的养老机构免征自用房产、土地房产税、城镇土地使用税等。

为鼓励慈善捐助进入非营利性养老服务机构中，我国也实行了相应的税收优惠政策，张彪（2008）① 认为应该从税法的角度来界定税收优惠主体，应对非营利组织免征所得税、营业税和增值税，只对非公益性支出征收支出税和对向非营利组织的团体或个人进行税收优惠。罗静（2008）② 认为我国的慈善捐赠的税前扣除比较低，税收优惠政策不够具体，相应的配套政策不到位，给出了相应的建议，即继续提高捐赠税前扣除比例，保留全额扣除优惠，明确实物和劳务捐赠的相关税收政策，同时要健全其他

---

① 张彪：《论政府对非营利组织发展的财务支持》，《求索》2008 年第 9 期，第 38—40 页。

② 罗静：《鼓励慈善捐赠的税收优惠政策建议》，《法制与经济》2008 年第 7 期。

配套税收政策。这样可以激励社会捐赠进入养老服务体系。吴俊彦(2010)[①] 认为，对于我国企业的慈善捐赠，政府应当建立公益性机构的评估机制和监督机制，建立规范的捐赠物资估价制度，更加有效地实施捐赠的税收减免制度。

我国社区养老的大部分服务由非营利组织来提供，但是由于政府的扶持政策和非营利组织的资金问题，它所提供的养老服务的内容和质量都不能满足老年人的需要，国内学者针对这些问题都提出了相应的建议，归纳为以下两点：一是政府应当出台一系列的优惠政策（王名等，2010[②]；金锦萍，2009[③]；潘文雨，2009[④]；李浩，2007[⑤]），积极扶持社会养老机构的发展，促进居家养老服务的多样化提供；二是建立和完善居家养老服务的评估机制和监督机制，促进居家养老服务工作的规范化（章晓懿等，2011[⑥]；吕梁思，2010[⑦]；胡光景，2012[⑧]；孙慧峰，2010[⑨]）。

2. 居家养老服务资金与市场发展

由于居家养老服务是劳动密集型的服务业，在我国参加养老服务的工作人员大多都没有经过培训，也不具备专业的工作经验，并且这类工作的进入门槛很低，所以养老服务的工作人员的工资待遇也较低，自然对养老服务的质量会有很大的影响。Machin and Wilson（2004）[⑩] 发现英国最低

---

① 吴俊彦：《探讨我国公司慈善捐赠的税收优惠政策》，《财会研究》2010 年第 2 期，第 26—28 页。

② 王名、董文琪：《社会组织财税政策研析》，《税务研究》2010 年第 5 期，第 8—14 页。

③ 金锦萍：《论我国非营利组织所得税优惠政策及其法理基础》，《求是学刊》2009 年第 1 期，第 85—91 页。

④ 潘文雨：《促进非营利组织发展的税收政策探讨》，《中国管理信息化》2009 年第 8 期，第 69—71 页。

⑤ 李浩：《力推老年福利工作，完善福利企业税收优惠政策》，《社会福利》2007 年第 10 期，第 14—15 页。

⑥ 章晓懿、刘帮成：《社区居家养老服务质量模型研究—以上海市为例》，《中国人口科学》2011 年第 3 期，第 83—92 页。

⑦ 吕梁思：《养老机构如何建立以社工为主导的评估机制》，《中国民政》2010 年第 8 期，第 48 页。

⑧ 胡光景：《地方政府购买社区居家养老服务监督机制探析》，《河北科技师范学院学报》（社会科学版）2012 年第 2 期，第 118—122 页。

⑨ 孙慧峰：《我国居家养老服务体系中政府的职责定位研究》，《兰州学刊》2010 年第 4 期，第 86—89 页。

⑩ Machin, S. and J. Wilson. Minimum Wages in a Low-wage Labour Market: Care Homes in the UK [J] . *The Economic Journal*, 2004, 114 : C102 - C109.

工资的增加对于护理中心的主要影响是会导致来自服务市场提供者的退出，其原因是没有能力接受增加的成本或是收入的减少。任炽越（2005）[①] 认为社会福利教育培训的缺失严重阻碍了社会福利的继续发展。许琳、王俊丽（2007）[②] 认为养老服务的志愿者没有得到专业化的服务培训，很难发挥民间组织在养老保障中的作用。沈瑞英、胡晓林（2009）[③] 认为西方国家养老服务的从业人员经过了严格的专业训练，具备职业素养和实践经验，在养老服务的工作上能够体现其专业性。而我国没有专门的机制来培养专门人才，所以养老服务的提供出现了大量的非专业化。

居家养老服务市场的主要提供主体就是社会养老机构，他们为居家养老的老年人提供各种短期或长期的服务。政府为扶持养老服务市场的形成与发展，制定了很多相关的优惠政策。国外的文献大量地集中于政府对居家养老服务的政策分析。国内的文献主要集中于中国与发达国家的比较上，并得出经验借鉴。新加坡政府对社会养老机构所提供的各项服务进行核算，并对其运作成本提供津贴，对社会养老机构的运营实行“双倍退税”政策，允许国家福利理事会认可的养老机构面向社会进行募捐。此外，政府还加大对养老设施的投资、对养老服务水平和服务人员的素质进行监督，保证各种养老设施齐全且服务收费合理，并对服务人员进行一定的专业培训[④]。1981 年美国正式实行医疗补助和社区服务（HCBS）计划，随后美国各州普遍推行此计划，有的州还将该计划与集体住房计划相结合。医疗补助和社区服务计划为符合政府规定的医疗补助资格、在家里养老的老年人提供家庭护理。该计划主要包括病历管理、成人日间照顾、家庭健康扶助、个人照料和杂务服务等[⑤]。20 世纪 90 年代随着日本的人口老龄化问题加重，为缓解其对医疗保健机构和医疗保险制度的冲击，日本政府开始实施“老年保健福利计划”，重点是建立和实施社区综合护理体

---

① 任炽越：《城市居家养老服务发展的基本思路》，《社会福利》2005 年第 1 期，第 49—52 页。

② 许琳、王俊丽：《非盈利组织介入社会保障的公共责任研究》，《陕西行政学院学报》2007 年第 3 期，第 23—25 页。

③ 沈瑞英、胡晓林：《浅析中国城镇养老模式——居家养老》，《前沿》2009 年第 1 期，第 122—124 页。

④ 曾智：《我国居家养老模式比较研究》，武汉科技大学，硕士学位论文，2008 年。

⑤ Doyle, Anne and Masland, Jean, Managed Care for the Elderly in the United States: Outcomes To-date and Potential for Future Growth [J]. *Health Policy*, 1997, 41 (S1): S145 - 162.

系，倡导家庭护理，提供有利于老年人身体健康的医疗护理服务①。1997年日本颁布的《护理保险法》，正式将护理服务纳入社会保障的法制体系，以进一步立法的形式保障了老年人的护理服务需求。日本支持老年人在自己家中接受照料或护理，或者尽可能地由靠近自己社区的养老机构提供照料护理服务②。

目前政府出台了对于私人养老服务提供资金支持的一些政策，但是由于政策主要定位在非营利性，一定程度上阻碍了私人养老机构的发展。周清（2011）③ 认为政府在促进私人养老机构发展的政策上，应当调整政策的定位，同样应该对私人养老机构进行财税优惠政策，并加大对政府的财政补贴力度，形成均衡长效的财政投入机制，这样既能够鼓励民间资本对养老机构投入，又利于养老服务业的长期健康发展。周云等（2007）④ 认为，近年来养老机构的床位在不断增加，但是入住的老年人始终约占养老机构床位总数的70%。要不断提高养老机构的服务水平和服务质量，才能吸引更多的老年人入住。廖敏等（2006）⑤ 认为，目前的社会养老机构主要以中低档居多，所提供的服务和范围也比较单一，从业人员的服务技能有待提高，有必要进一步促进养老服务的规范化和专业化。焦亚波（2009）⑥ 认为在人口老龄化的背景下制约养老机构发展规模的因素是政府和社会的投入不足和老年人的经济状况。姜向群等（2011）⑦ 运用多方面的数据进行统计分析，得出老年人入住养老机构的意愿呈现增长，但是老年人的收入水平和养老机构的资金来源成为了制约养老机构发展的主要因素，他认为扩大资金来源，走社会化、

① 刘则杨：《护理经济学概论》，中国科学技术出版社2002年版，第215页。

② ［英］苏珊·特斯特：《老年人社区照顾的跨国比较》，周向红、张小明译，中国社会出版社2002年版。

③ 周清：《促进民办养老机构发展的财税政策研究》，《税务与经济》2011年第3期，第100—104页。

④ 周云、陈明灼：《我国养老机构的现状研究》，《人口学刊》2007年第4期，第19—24页。

⑤ 廖敏、张蕾：《养老机构发展主要问题及对策研究——长沙市养老机构及入住老人的调查与思考》，《长沙民政职业技术学院学报》2006年第2期，第13—15页。

⑥ 焦亚波：《社会福利社会化背景下的上海养老机构发展研究》，华东师范大学，博士学位论文，2009年。

⑦ 姜向群、丁志宏、秦艳艳：《影响我国养老机构发展的多因素分析》，《人口与经济》2011年第4期，第58—63页。

产业化的发展道路是养老机构发展的有效途径。

3. 居家养老服务资金与养老产业

居家养老服务资金通过老龄市场来影响养老产业的发展。居家养老服务需求会促使老年消费市场的形成，进而逐渐完成养老服务的产业化，并且养老产业在一些发达国家已经成为支柱产业。国外发达国家的养老产业体系相对完善，老年人接受居家养老服务已经成为常态，养老机构和社区照顾提供的服务标准化、专业化、精细化，老年人的专用消费产品也是种类繁多。杨宏、谭博（2006）[①] 通过研究西方发达国家的老龄产业，发现西方发达国家的养老市场涉及了居家养老服务的方方面面，老年护理保险、老年住宅、老年教育等市场的发展，极大地丰富了老年市场的产品种类。田香兰（2010）[②] 通过对日本的养老事业与养老产业的比较得出，完善的养老法律法规制度，对日本的养老事业和养老产业有极大的促进作用，特别是在实施护理保险制度之后，使用护理服务的人数增多，活跃了经济发展。查建华（2011）[③] 通过中日老龄产业发展的比较，认为政府全面规划扶持老年产业，建立护理社会保险制度带动相关老年产业发展对我国老龄产业的发展具有很强的借鉴意义。班晓娜等（2013）[④] 通过考察美国、日本等发达国家的养老服务产业的做法，认为形成养老产业集群是国外养老服务产业发展的主要经验，其主要原因是政府政策的积极支持，这些经验对我国养老服务产业的发展有重要的借鉴意义。刘昌平、殷宝明（2011）[⑤] 认为我国的养老服务产业和养老地产发展前景广阔，养老产品和养老产业链的市场容量巨大。刘柏霞等（2010）[⑥] 认为加快资金在老龄市场的流动是发展我国老龄产业的关键，认为组建养老服务集团可以促进

---

① 杨宏、谭博：《西方发达国家老龄产业的发展经验及启示》，《经济纵横》2006 年第 11 期，第 65—66 页。

② 田香兰：《养老事业与养老产业的比较研究——以日本养老事业与养老产业为例》，《天津大学学报》（社会科学版）2010 年第 1 期，第 29—35 页。

③ 查建华：《中日两国老龄产业发展比较研究》，《上海金融学院学报》2011 年第 4 期，第 50—59 页。

④ 班晓娜、葛稣：《国外发展养老服务产业的做法及其启示》，《大连海事大学学报》（社会科学版）2013 年第 3 期，第 15—19 页。

⑤ 刘昌平、殷宝明：《发展养老产业　助推老龄经济》，《学习与实践》2011 年第 5 期，第 15—31 页。

⑥ 刘柏霞、秦留志、张红：《论现代服务业与居家养老服务平台的融合》，《开发研究》2010 年第 1 期，第 27—31 页。

现代服务业与居家养老服务平台的融合，进而促进老龄产业的发展。何纪周（2004）[①]、向甜（2012）[②] 认为我国的老年消费市场潜力巨大，老年消费占总消费的比重在不断增大，对我国的养老产业的发展具有推动作用。然而，刘艺容等（2010）[③] 认为我国的老年医疗护理产业、旅游业、房地产业和服务业等老年产业的发展落后制约了老年消费需求的扩张，提出政府要实施老年产业政策，扩大老年消费需求，发展经济。金晓彤、王贺峰（2010）[④] 认为我国老龄产业的有效开发能够有效引导老龄人口的消费，进而刺激经济增长。

4. 居家养老服务资金与经济增长

居家养老服务资金影响经济增长有三种途径：第一种是通过养老金制度的社会保障制度来影响经济增长；第二种是通过社会福利来对经济增长产生影响；第三种是通过老龄产业、产业结构升级来影响经济增长。学界对于社会保障制度、社会福利和产业结构升级是否会促进经济增长有着不同的意见。

社会保障制度影响经济增长有两种机制：一是通过影响家庭的预算约束来影响家庭的储蓄和生育决策，进而影响物质资本的形成（Barro Becher，1998）[⑤]；二是通过影响家庭的现期和未来的福利来影响生育和人力资本的投资决策，进而影响人力资本的形成（Lucas，1988）[⑥]（Barro et al.，1995）[⑦]。赵怡（2007）[⑧] 通过建模选取相关因素分析社会保障水平

---

① 何纪周：《我国老年人消费需求和老年消费品市场研究》，《人口学刊》2004 年第 3 期，第 49—52 页。

② 向甜：《我国人口老龄化对养老产业发展的影响》，《劳动保障世界》2012 年第 6 期，第 18—21 页。

③ 刘艺容、曾嘉、严科：《扩大消费需求的产业对策研究》，《汉江大学学报》（社会科学版）2010 年第 27 卷第 4 期，第 24—27 页。

④ 金晓彤、王贺峰：《中国老龄人口消费对经济发展的影响及对策建议》，《消费经济》2010 年第 5 期，第 74—78 页。

⑤ Becker. G. S & R. J. Barro. A Reformulation of the Economic Theory of Fertility [J]. *Quarterly Journal of Economics* 1988. 103. 1 – 26.

⑥ Robert E. Lucas, Jr. On the Mechanics of Economic Development [J]. *Journal of Monetary Economics*, 1988 (22): 3 – 42.

⑦ Robert J. Barro, N. Gregory Mankiw, Xavier Sala-i-Martin. Capital Mobility in Neoclassical Models of Growth [J]. *The American Economic Review*. 1998. Vol. 85, No. 1, pp. 103 – 115.

⑧ 赵怡：《我国社会保障与经济增长关系研究》，《管理世界》2007 年第 12 期，第 152—153 页。

与经济增长的关系。研究表明，社会保障水平与消费呈正相关关系，适度的社会保障水平能够促进经济增长。崔大海（2008）[①] 采用1978—2006年的数据进行格兰杰因果检验和协整分析，表明社会保障支出并不能直接促进经济增长，但是经济增长却促进了社会保障的支出。潘莉（2005）[②] 认为社会保障是否促进经济增长只取决于社会保障的制度设计。郭凯明、龚六堂（2012）[③] 在一般均衡的模型里引入社会养老的经济机制，分析了社会保障制度对经济增长的长期影响。研究表明，加大社会保障通过影响家庭人力资本投资决策来促进经济增长，并且现收现付制比基金制对经济增长的作用更显著。贾俊雪等（2011）[④] 利用儒家传统文化对社会保障的经济增长及作用机制进行检验。研究发现，社会保障对长期经济增长有显著的抑制作用，而儒家传统文化有助于抑制社会保障对长期经济增长的不利影响。

社会福利影响经济增长是通过社会福利影响收入分配这个机制来研究对经济增长的影响。Barro（2000）[⑤] 认为收入差距与经济增长的关系，随着经济发展程度的不同存在差异性。发达国家是正向关系，发展中国家是负向关系。陆铭等（2005）[⑥] 认为控制收入差距有利于促进经济增长。逯进等（2012）[⑦] 采用2003—2009年中国省级的社会福利和经济增长水平的数据，通过耦合模型衡量了两者的关系。经分析得出，不同省级的社会福利与经济增长的差异性很明显，并且存在福利拐点。王路佳（2010）[⑧]

---

① 崔大海：《我国财政社会保障支出与经济增长的相关关系研究》，《江淮论坛》2008年第6期，第27—33页。

② 潘莉：《社会保障与经济增长相关性的理论分析》，《学术论坛》2005年第2期，第88—92页。

③ 郭凯明、龚六堂：《社会保障、家庭养老与经济增长》，《金融研究》2012年第1期，第78—90页。

④ 贾俊雪、郭庆旺、宁静：《传统文化信念、社会保障与经济增长》，《世界经济》2011年第8期，第3—18页。

⑤ Robert J. Barro, Inequality and Growth in a Panel of Countries [J]. *Journal of Economic Growth*. 2000, Vol. 5, pp. 5 - 32.

⑥ 陆铭、陈钊、万广华：《因患寡，而患不均——中国的收入差距、投资、教育和增长的相互影响》，《经济研究》2005年第12期，第4—14页。

⑦ 逯进、陈阳、郭志仪：《社会福利、经济增长与区域发展差异——基于中国省域数据的耦合实证分析》，《中国人口科学》2012年第3期，第31—43页。

⑧ 王路佳：《中国社会福利与经济增长的面板分析》，《科技经济市场》2010年第5期，第47—48页。

利用1997—2007年的省际面板数据实证分析，适度合理的社会福利制度是能够促进经济发展的。

居家养老服务资金影响经济增长是通过养老产业来研究的。Peneder（2002）① 认为产业结构变迁过程中，低生产率部门向高生产率部门的流动促进了整体社会生产率水平的提高，进而维持了经济的持续增长。Baumol（1967）② 认为技术进步所导致的产业结构变迁，会打破原有经济的均衡，进而造成经济波动。Kuznets（1971）③ 认为主导产业政策所导致的产业结构变迁，会引起社会投资机构和消费结构的变化，进而也会造成经济的波动。干春晖等（2011）④ 通过构建产业结构变迁与经济增长的计量经济模型，认为中国产业结构的合理化与经济增长之间具有较强的稳定性，而产业结构的高级化会造成经济波动。建议政府在制定产业结构政策时，应强调产业结构的合理化，抑制产业结构高级化对经济增长造成的波动。人口老龄化引发了老年产业的兴起，这会对国家的产业结构产生重要的影响。陈茗（2002）⑤ 通过研究发现，日本的老年产业已经成为了国家的支柱产业，其护理保险制度扩大了市场需求，拉动了经济的增长。国内学者阎青春（2008）⑥ 测算了养老服务对经济增长的贡献率，表明，仅城市居家养老中的家政服务和护理服务，2007年潜在的市场规模已超过700亿元，到2020年将超过5000亿元。2006—2010年期间每年大约增加150亿元，2010—2020年每年增加大约370亿元。

## 四　居家养老服务资金与家庭资金

居家养老的资金支持大部分要依靠老年人自身的收入和家庭子女的经

① Peneder, M., Structural Change and Aggregate Growth, WIFO working paper [J]. *Austrian Institute of Economic Research*, Vienna, 2002 (14).

② William J. Baumol. Macroeconomics of Unbalanced Growth: The Anatomy of Urban Crisis [J]. *The American Economic Review*, Vol. 57, No. 3 (Jun., 1967), pp. 415 -426.

③ Kuznets, Simon Smith. *Economic Growth of Nations: Total Output and Production Structure.* [M] Belknap Press of Harvard University Press, 1971.

④ 干春晖、郑若谷、余典范：《中国产业结构变迁对经济增长和波动的影响》，《经济研究》2011年第5期，第4—16页。

⑤ 陈茗：《日本老龄产业的现状及其相关政策》，《人口学刊》2002年第6期，第7—11页。

⑥ 阎青春：《我国城市居家养老服务研究》，《新闻发布稿》2008年2月21日。

济支持，而老年人的自身收入基本上都来自养老金。国外发达国家的社会保障体系相对完善，基本养老金制度、企业年金制度以及商业性的保险制度等足够保障老年人的收入渠道多样化，并且政府还通过各种政策和转移支付手段使老年人能够支付养老服务。新加坡政府非常鼓励居家养老，并出台了相应的政策来扶持，比如对于子女愿意和老年人同住的，政府不仅可以优先提供廉租房，而且还提供多种保障措施。如果年轻人愿意和父母亲居住或购买房屋与父母亲居住较近的，新加坡政府会给予一定的购房优惠。美国、英国、新加坡、荷兰等国家实施反向住房抵押贷款来实现以房养老，保证老年人的养老支付。

我国城镇老年人的收入主要依靠养老金，其次是子女的经济援助。杜鹏等（2006）① 采用2004 年全国人口变动的抽样调查数据，对中国老年人的主要生活来源进行了分析，发现2004 年我国老年人的主要生活来源依次是家庭成员供养，养老金和自己的劳动收入，城市 60% 的老年人以退休养老金作为主要的生活来源，这意味着我国城市老年人的养老方式走向了社会化。并且与 1994 年相比，中国老年人的自身经济能力增强，对家庭成员的供养依赖性下降。我国的基本养老保险制度由于历史的原因，存在巨大的转制成本，面临养老金支付的风险（刘昌平等，2011）②。以房养老这种反向住房抵押贷款措施在国外运行较好，但是在我国的实践却不尽如人意。有学者通过调查研究发现老年人的传统观念、国家的政策环境等都制约了以房养老在中国的发展。袁友文（2006）③ 认为我国有推行以房养老的可观的市场规模，住房资产占家庭财富中的比重较大，而且老年人的传统价值观发生改变，说明我国具备了推行以房养老的可行性。柴效武等（2009）④ 通过研究美国政府支持反向抵押贷款业务的经验，对我国以房养老业务的退出提出有益的借

---

① 杜鹏、武超：《1994—2004 年中国老年人主要生活来源的变化》，《人口研究》2006 年第 3 期，第 20—24 页。

② 刘昌平、殷宝明：《中国基本养老保险制度财务平衡与可持续性研究——基于国发［2005］38 号文件形成的城镇基本养老保险制度》，《财经理论与实践》（双月刊）2011 年第 1 期，第 15—31 页。

③ 袁友文：《以房养老：国际经验及中国前景分析》，《现代经济探讨》2006 年第 6 期，第 38—40 页。

④ 柴效武、王峥：《以房养老：美国反向抵押贷款业务开办的政府支持》，《学习与实践》2009 年第 10 期，第 15—21 页。

鉴，即政府要主导反向抵押贷款业务的引进和推广，创建完善金融体系的政策环境。阎春宁等（2011）① 调查了上海市老年人的以房养老的意愿，通过计量分析显示，老年人的年龄、住房占家庭资产的比重和老年人的月收入对以房养老的意愿呈现出负相关关系，而老年人的健康状况则对以房养老呈现出正相关关系。

## 五　老年长期照料资金的测算及制度安排

1. 主要人口预测模型介绍

人口预测在社会经济的实践中有非常重要的作用，它为未来的社会经济政策的导向有很强的影响作用。在人口趋势预测中，人口预测模型是预测的基础，同时也是人口趋势预测符合实际发展的关键。国外学者是最早进行人口预测的，其模型思想的建立是基于数学、统计学和人口学等，经过多年来国内外学者的补充和发展，人口预测模型大体来看可分为以下几种：

（1）年龄移算法模型。该模型的基本思想是人口随年龄变动而变动，即下一期的人口数量是由上一期存活的人口数量决定的。该模型的计算方法较为简单方便但未考虑不同年龄段的迁移率问题。

（2）Keyfitz 矩阵方程模型。该模型是由美国数理人口学家 Nathan Keyfitz 提出，其模型思想与年龄移算法一致。具体的模型表达式是：$P_{m\times1}=S_{m\times m}\times P'_{M\times1}$，其中，$P_{m\times1}$是下一期分年龄别的人口数量，是由生育率和分年龄别的存活率共同构成的秩为 m 的矩阵，$S_{m\times m}$是上一期分年龄别的人口数量。该模型同样未考虑不同年龄段的迁移率问题。

（3）Leslie 矩阵方程模型。该模型由国际著名人口学家澳大利亚学者 Leslie 提出，它是 Keyfitz 矩阵方程模型的改进，即在 Keyfitz 矩阵方程的基础上加上了净迁移人口向量。其模型的一般表达式是：$P_{m\times1}=S_{m\times m}\times P'_{m\times1}+G_{m\times1}$，其中，$G_{m\times1}$是分年龄别的净迁移人口数量。

（4）宋健人口发展方程。该模型由我国学者宋健在 20 世纪 80 年代提出，其模型思想的亮点就是将总和生育率（TFR）作为因子元素直接纳

---

① 阎春宁、祝罗骁、张翔、张伟：《上海市居民以房养老意愿研究》，《价值工程》2011 年第 1 期，第 318—319 页。

入模型①。以预测女性人口为例，该模型的一般表达式为：

$$B(t) = TFR\sum_{\alpha_1}^{\alpha_2} P_x^F(t) \cdot H_x$$

$$\begin{cases} P_0(t+1) = S_{00} \cdot \delta_F \cdot B(t) + g_{00} \\ P_1(t+1) = P_0(t) \cdot S_0 + g_0 \\ P_2(t+1) = P_1(t) \cdot S_1 + g_1 \\ \vdots \\ P_{\omega-1}(t+1) = P_{\omega-2}(t) \cdot S_{\omega-2} + g_{\omega-2} \end{cases}$$

其中 B（$t$）是 t 期的出生人口数量，$P_x^F$（$t$）是 t 期 x 岁的育龄妇女的人口数量。$P_x$ 是 x 岁人口数量，$S_x$ 是 x 岁人口存活率，$\delta_F$ 是女婴出生比，$g_x$ 是 x 岁人口的净迁移人口数量。$H_x$ 是生育模式函数，其服从卡方分布，表达式为：

$$H_x = \begin{cases} \dfrac{(\alpha - \alpha_1)^{\frac{n}{2}-1} \cdot e^{-\frac{\alpha-\alpha_1}{\lambda}}}{\lambda^{\frac{n}{2}} \cdot \Gamma(\frac{n}{2})}, \alpha > \alpha_1 \\ 0, \alpha \le \alpha_1 \end{cases}$$

$$\Gamma(\frac{n}{2}) = \int_0^{\infty} e^{-x} x^{\frac{n}{2}-1} dx$$

此后，国内学者蒋正华、王广州、何景熙等采用差分方程、非线性动力学、混沌理论、灰色理论、BP 神经网络等现代数学方法拓展了宋健人口发展方程预测模型，并利用大型计算机平台进行仿真模拟，预测数量准确度较高。

2. 老年长期照料资金的测算

居家养老是老年长期照料中的一种形式，学者在对长期照料资金的测算中包含了居家养老服务的资金，就目前而言，还没有专门针对居家养老服务资金进行测算。由于国外有比较成熟的老年长期照料体系，国外学者对老年照料资金的研究较为成熟，研究的切入点大多是老年长期照料的需求量。大体来说，老年照料需求量的测算方法大概有三种。第一种是 20

① 李永胜：《人口预测中的模型选择与参数认定》，《财经科学》2004 年第 2 期，第 68—72 页。

世纪 90 年代末应用于英国的 PSSRU 模型。该方法是利用人口信息来推断未来的资金需求，其假设条件是各年龄段和性别人口的失能率在考察期内不变，在此基础上预测照料服务的需求量以及由此产生的成本。Richards et al.（1996）[①] 用该方法对英国未来长期照顾成本进行了模拟。Malley et al.（2006）[②] 提出的 PSSRU Wanless 模型先按照年龄、性别、家庭类型、居住情况和接受非正式服务情况对处于不同失能状态的老年人口进行预测，然后估计对照料服务需求分等级，进而估算出总的服务费用，最后将总费用按照资金来源进行分配，测算出各方的负担。Chung（2009）[③] 在这个模型上对中国香港 2013 年前的需求量和成本进行了估算。俞卫等（2012）[④] 采用此方法模拟测算了上海市老年人照料服务需求和结构的变化趋势。同样，周元鹏等（2012）[⑤] 根据此方法预测了未来上海市居家养老服务需求的变动趋势。第二种是 20 世纪 80 年代应用于日本的 INAHSIM 模型。该模型是一个动态微观仿真模型，K. Aoi et al.（1986）[⑥] 利用通过家户调查所得到的数据和人口普查得到的不同状态间的转化率来分析预测与家户有关的特征。Fukawa（2011）[⑦] 对日本 2010—2050 年的医疗和照料费用进行了测算。第三种是 MARKOV 模型。该模型主要用于模拟慢性疾病的发展过程，通过对老年人口在不同健康状况间转变的过程进行模拟，进而对老年的照料的需求量进行模拟。Garber et al.（1990）[⑧] 用此

---

① E. Richards, T. Wilsdon and S. Lyons. Paying for Long-term Care. *Institute for Public Policy Research*. 1996.

② J. Malley, A. Comas-Herrera, A. Juarez-Garcia, D. King and L. Pickard. Expenditure on Social Care for Older People to 2026［J］. Projected Financial Implications of the Wanless Report. 2006.

③ R. Y. Chung, K. Y. K. Tin, B. J. Cowling, K. P. Chan, W. M. Chan, S. V. Lo and G. M. Leung. Long-term Care Cost Drivers and Expenditure Projection to 2036 in Hong Kong［J］. *Bmc Health Services Research*. 2009, 9（1）: 1-14.

④ 俞卫、刘柏惠：《我国老年照料服务体系构建及需求量预测——以上海为例》，《人口学刊》2012 年第 4 期，第 3—13 页。

⑤ 周元鹏、张抚秀：《上海市社区居家养老服务发展的背景、需求趋势及其思考》，《人口与发展》2012 年第 18 卷第 2 期，第 82—90 页。

⑥ K. Aoi, Y. Okazaki, T. Fukawa and K. Hanada. Household Projection by INAHSIM. A ComPrehensive Approach［J］. *Life Span*. 1986, 6.

⑦ T. Fukawa. Household Projection and Its Application to Health/Long-term Care Expenditures in Japan Using INAHSIM-II［J］. *Social Science Computer Review*. 2011, 1. 52-56.

⑧ A. M. Garber and T. E. MaCurdy. *Predicting Nursing Home Utilization among the High-risk Elderly*. University of Chicago Press. 1990.

模型预测了美国护理院的需求量。Caro et al. （1999）[①] 则对英国的老年照料成本进行了预测。国内学者利用此模型的思想，利用美国长期护理调查中得出的失能率与状态转换率，对中国香港（W. S. Chan et al. 2004）[②] 和大陆（彭荣 2009）[③] 的老年照料需求量和成本进行了预测。国内学者顾大男等（2007）[④] 利用多状态生命表方法研究中国高龄老年人生活自理预期寿命，测算出老年人生活自理能力的改善率以及 2050 年我国需要照料的老年人口数量。蒋承等（2009）[⑤] 在此基础上预测出老年人的照料成本。曾毅等（2012）[⑥] 将老年人生活自理能力状态引入多维家庭人口预测模型，测算了 21 世纪上半叶老年家庭人口结构、生活自理能力状况以及家庭照料需求成本。

3. 老年长期照料资金的制度安排

一般来讲，老年长期照料的筹资来源主要有四种，即私人储蓄、公共部门的税收支持、社会保险和商业保险（Glendinning，2004）[⑦]。在具体实践上，西方发达国家较为成熟的老年长期照料资金安排体系，可分为四种[⑧]。第一种是基本安全网体系（sefety net system）。该体系是国家通过经济调查的方式只对符合条件的一小部分的低收入老年人进行资助，由于这种长期照料资金是由政府财政出资无偿提供的，因此政府对救助对象的资格有专门的认定程序。该体系的典型国家是美国，美国的医疗救助计划

---

① J. J. Caro and K. F. Huybrechts. Stroke Treatment Economic Model（STEM）. Predicting Long-term Costs from Functional Status［J］. *Stroke*. 1999, 12. 2257.

② W. S. Chan, S. H. Li and P. W. Fong. An Actuarial Analysis of Long-term Care Demand in Hong Kong［J］. *Geriatrics & Gerontology International*. 2004. S143 – S145.

③ 彭荣：《基于马尔科夫模型的老年人口护理需求分析》，《统计与信息论坛》2009 年第 3 期，第 77—80 页。

④ 顾大男、曾毅、柳玉芝、曾宪新：《中国老年人虚弱指数及其与痛苦死亡的关系研究》，《人口研究》第 31 卷第 5 期 2007 年 9 月，第 35—41 页。

⑤ 蒋承、顾大男、柳玉芝、曾毅：《中国老年人照料成本文——多状态生命表方法》，《人口研究》第 33 卷第 3 期 2009 年 5 月，第 81—88 页。

⑥ 曾毅、陈华帅、王正联：《21 世纪上半叶老年家庭照料需求成本变动趋势分析》，《经济研究》2012 年第 10 期，第 134—149 页。

⑦ Glendinning, C., Davies, B., Pickaed, L., Comas-Herrera, A. Funding Long-term Care for Older people: Lessons from Other Countries Country Reports, York: Social Policy Research Unit and London: School of Economics, Personal Social Services Research Unit, 2004.

⑧ 裴晓梅、房莉杰主编：《老年长期照护导论》，社会科学文献出版社 2010 年版，第 52—53 页。

（Medicaid）就是针对符合救助标准的贫困者提供免费的医疗保障计划。同时，美国也是最早销售商业长期照料保险的国家，但是这种以老年人自愿方式购买商业长期照料保险产品的市场覆盖面很小（Brown and Finkelstein，2009）①。第二种是普遍性筹资体系（universal system）。该体系以税收为基础，对所有国民的老年长期照料都进行资助，这需要政府有强大的公共支出能力。北欧的瑞典是实行该体系的典型国家，支持这一体系的税收资金中，地方税收占总支出的比例的 80%—85%，中央政府提供税收支持的津贴，并支付另外的 15%—20%②。第三种是社会保险体系（social insurance system）。该体系更注重老年人的照料需求，加入社会保险体系的国民需要缴费。该体系的典型代表国家是日本，日本的长期照料保险制度的投资体系是现收现付制，其资金的 50% 来自税收，50% 来自社会保险费，税收部分由国库、都道府以及市町特别区各负担 25%、12. 5% 和 12. 5%。第四种是累进制普遍性筹资体系（progressive universalism system）。该体系是在普遍性筹资体系中加入了经济调查，使得政府公共资金的利用上能够更有针对性。实行该体系的典型国家是奥地利，其长期照料的资金也是由税收支持的，由于加入了经济调查，所以资金资助的水平是随着接受者收入水平的下降而提高。

## 第四节　居家养老服务资金保障体系可持续发展的理论依据

### 一　可持续发展理论

“可持续发展”作为概念最早出现在 20 世纪 80 年代，关注的是环境与人类生存的和谐问题。1987 年，世界环境和发展委员会在《我们共同的未来》的报告中将可持续发展定义为：“既满足当代人的需要，又不对后代人满足其需要的能力构成威胁的发展。”其内涵就是维持人类社会在经济增长的同时又如何适应并满足生态环境的承载能力，以及人

---

① Brown，Jeffrey R.，Finkelstein，Amy，The Private market for Long-term Care Insurance in the United States：A Review of the Evidence［J］. *Journal of Risk and Insurance*，2009. 76（1），5－29.

② 裴晓梅、房莉杰主编：《老年长期照护导论》，社会科学文献出版社 2010 年版，第 60 页。

口、环境、生态、资源与经济的协调发展。1994 年 3 月，中国国务院会议讨论通过了《中国 21 世纪议程》，标志着中国开始正式实施可持续发展战略。2003 年 7 月中国政府制定了《中国 21 世纪初可持续发展行动纲要》，纲要总结了十年来我国实施可持续发展的成就与出现的问题，就我国的现实提出了可持续发展的指导思想、目的与实施原则，明确规定了可持续发展的重点领域，是我国进一步推进可持续发展的重要政策文件。

“可持续发展”这一概念是从人与人之间的关系，具体来讲，就是上一代人与下一代人之间的关系上来阐述环境保护与人类发展之间的问题，这实际是个代际公平的问题。Page（1977）① 认为，如果某项决策是关系到子孙后代的利益，那么，无论这项决策对当代人是否有益，当代人都必须要考虑子孙后代的利益，遵从子孙后代的选择，也就是说，每代人都均等地享有资源环境的权利。可持续发展实际上就是在环境自然的资源约束下，如何在代际公平的前提下，保障人类需要的延续，保持人类社会发展的持续性。国内外学者已经从不同的角度对可持续发展问题展开了研究。但是他们无论从那种角度研究，都认为可持续发展的根本问题就是经济发展问题。经济的可持续发展是整个可持续发展的基础，从系统论的角度看，经济的可持续发展与社会等多层面的可持续发展之间有着紧密的联系，相互之间共同促进，共同发展。

通过以上的研究，本书认为，可持续发展的内涵实际上就是人与人之间和人与自然之间相互制约，共同发展的延续。但是，可持续发展不仅仅关注是上一代与下一代的代际间与环境保护之间的矛盾关系，而且还应该关注当代人之间与环境保护之间的矛盾关系。上代人和下代人之间是代际协调问题，而当代人是一代人之间的代内协调问题。在全球老龄化日益严重的背景下，仅仅通过代际协调来保障老年人的利益是远远不能满足庞大老年人群体要求的，代内协调应该是我们保障老年利益的关键。居家养老服务的发展同样要处理好代内协调和代际协调的关系，而这方面最根本最关键的就是资金保障体系可持续发展的问题。

---

① Page T. , *Conservation and Economic Efficiency: An Approach to Material Policy* [M]. The Johns Hepkin University Press, 1977.

## 二 市场失灵理论

市场对于养老保障无法通过市场机制有效的分配资源，于是出现了市场失灵的情况。养老保障的市场失灵一般出现在三种情形下：第一种是对于不可分散风险，比如战争或大规模自然灾害等，就必须使用风险集中的办法，因而只能通过政府来为风险提供保障；第二种是逆向选择与道德风险，都是由于信息不对称所导致的，必须由政府来进行积极干预；第三种是私人市场的交易成本问题，国家建立的社会养老保障制度有助于减少这些交易成本。市场失灵促使社会养老保险成为合理必然的选择，理由是个人不愿意为自己可能遇到的随机性风险购买保险，同时市场也无法或者不愿向个人提供合适的保险。另外，新古典学派认为个人是有限理性和短视的，政府的父爱主义会导致养老保障制度的产生，平滑个人整个生命周期的消费水平。

居家养老服务具有公共产品属性，是市场不能完全有效提供的，所以为了保证老年公共服务的公平性，政府就必须介入。政府为居家养老服务提供支持的原因在于市场失灵。从长期来看由于预期寿命的提高可能会引起老年人贫困，而提供长期养老服务的保险市场和提供养老照顾服务的市场又不能有效地满足足够的服务需求，这样会导致私人市场在提供养老服务上配置不足。当市场不能达到供需的均衡时，政府就应该通过立法、融资和提供服务来进行干预以避免养老服务对家庭和社会所造成的一种负外部效应负担的风险。提供长期养老服务的保险由于年轻人的较低的风险意识，有较低愿望购买长期养老服务的护理保险，并且难以计算长期照顾的成本和家庭养老的偏好，所以会导致保险市场覆盖面是有限的（Pauly，1990①；Gleckman，2007②；Johnson，2005）③。当个人知道未来的老年的照顾服务是可以获得的，他就会选择加入长期养老的保险，这是道德风险；当个人知道自己有高风险的长期老年照顾，他会选择加入长期养老的

---

① Pauly，M.，The Rational Nonpurchase of Long-term-care Insurance ［J］. *Journal of Political Economy*，1990，98（1）：153－168.

② Gleckman，H.，The Role of Private Insurance in Financing Long-term Care ［J］. *Chestnut Hill：Center for Retirement Research at Boston College*，2007，7：13.

③ Johnson，R. W.，Uccello，C. E.，Is Private Long-term Care Insurance the Answer? *Chestnut Hill：Center for Retirement Research at Boston College*，2005，23.

保险，这个是逆向选择。道德风险和逆向选择都是长期养老的护理保险市场必须面对的挑战。由于保险市场的信息不对称，一个没有规则的长期养老服务市场机制可能会导致差强人意的后果，最终给长期养老服务的质量保障带来挑战。

## 三　第三方管理理论

第三方管理理论是由美国的公共政策学者萨拉蒙①提出的。该理论系统论述了作为第三方的非营利组织的特征，以及政府与非营利组织在社会福利提供中的内在联系。在公共物品的供给上，政府提供的成本要高于非营利组织提供的成本，因此，非营利组织在提供公共物品上有着重要的作用和地位。它可以在一定情况下代政府执行公共权力，可以在市场失灵时发挥作用，弥补市场失灵产生的公共物品供给不足。萨拉蒙认为，政府应当是社会福利的资金提供者，而非政府组织是社会福利服务的提供者。第三方管理理论认为，非营利组织不同于市场组织，它的出现有其历史渊源，它的非营利性特点使其在公共服务的提供上更容易取得民众的信任。政府与非营利组织之间的关系形成了紧密的协作关系，即政府是公共资源的提供者和服务的监督者，非营利组织执行具体的公共服务的提供。因此，在第三方管理理论下，政府与非营利组织之间是合作的关系，非营利组织的存在有着更为积极的功能与使命。

在我国社区的发展中非营利组织发挥了重要的作用，直接推动了社区的发展，并为养老提供了直接具体的和富有人性化的公共服务。非营利组织吸纳并培训志愿者的方式，是充分利用人力资源鼓励民众参与社区发展的重要手段。政府要实行对非营利组织活动的监督，确保非营利组织所从事的活动符合其规定，确保非营利组织能够正确使用资源，有效提供公共服务。

## 四　福利多元主义

福利多元主义（Johnson，1987）② 主张通过福利多元组合的安排，将

---

① ［美］莱斯特·M. 萨拉蒙：《全球公民社会——非营利部门视界》，贾西津、魏玉等译，社会科学文献出版社2002年版。

② Johnson，N.，*The Welfare in Transition*：*Theory and Practice of Welfare Pluralism*［M］. Amherst University Massachusetts Press，1987.

由国家是福利的唯一提供者转变为社会多部门是福利的共同提供者。他认为，福利多元化应当表现为社会福利供给主体的多元化，政府、营利组织与非营利组织、家庭和社区四个部门共同作为社会福利供给的主体，政府由社会福利服务的直接提供者转向社会福利的规范者、购买者和督促其他部门成为社会福利的主要供给者。福利多元主义的思想使福利供给的责任主体多元化，有利于减少政府的负担和干预，强化家庭、社区和非营利组织在福利供应中的作用，提高福利供给的效率和针对性。

非营利组织参与的社会福利的提供，可以有效弥补政府从福利领域撤出后导致的社会福利服务缺失，从而抑制市场势力的过度膨胀，向福利的接受者提供公益性的公共服务，维持基本的公共服务的公平性。福利多元主义的两个最根本的理念就是分权与参与。福利多元主义是进行社会政策的宏观分析范式，它重点关注福利来源多元化的构成、福利服务供给和传输的结构。它主张国家、市场、非营利组织和家庭的福利提供者的职责是并重的。在福利多元主义理论中，政府由过去单纯的社会福利供给者转变为社会福利供给的管理者和规范者，并增加了购买社会福利服务和促进多方供给主体从事社会福利供给应给予必要的扶持和资助的职能。并且，福利多元主义理论强调非营利组织参与社会福利的供给，为非营利组织参与社会福利服务提供了理论基础。

### 五　养老服务产业化理论

产业是社会分工的产物，是具有某种同类属性的企业经济活动的集合。养老服务产业是专门经营老年人产品和服务的专门产业，养老服务产业的规模随着老年人口的结构和数量，以及对老年用品和服务需求的不断增加而变化。由于老年人的生理特点，养老服务产业不会是一个独立的产业部门，而是一个跨产业、跨服务部门的综合产业群。养老服务产业是为老年人提供特殊服务设施和服务产品的行业总和，是市场化和产业化的经济活动，它是集营利和服务为一体的服务性产业，主要是开发老年人的养老服务消费市场，目的是促进国民经济的长期增长。这是养老服务产业与养老服务事业最大的不同，养老服务事业的服务提供者主要是政府，而养老服务产业的服务提供者主要是市场。我国的养老服务产业发展前景广阔，还有待于开发。在经济结构转型的过程中，养老服务的产业化成为我国开辟养老消费市场，扩大养老服务业的整合，运用市场机制发展养老服务产业化，是我国经济的又一新增长点。

在当前我国的国情下，30 多年前施行的计划生育政策开始凸显其负面效应，人口老龄化的逐渐加剧使得老年人的养老问题日益突出。就整个全球的养老形势来讲，大部分国家对以社区为支撑的居家养老是大力赞成和提倡的。在西方国家，以社区为基础的居家照料是长期照料的一种形式，并且在这些国家已经形成了相对成熟的长期照料的制度安排和资金安排。从这些国家的长期照料制度的发展轨迹来看，从大力发展长期照料服务开始，经历了造成政府财政的沉重负担，而后又进行调整恢复的过程，这些经验和教训对我国发展居家养老服务有一定的借鉴作用。要实现居家养老服务资金保障体系的可持续发展，就是要在经济发展和社会福利发展的中间找到平衡点，既能够使得国富惠及民众，又要保持国家经济的快速发展。这其中大力发展居家养老服务产业不失为一个很好的选择。我国政府一直以来都很重视民生问题，从 2000 年开始不断出台政策积极推行居家养老服务，但是居家养老服务的开展仅限于各个地方自行开展，并未在全国范围内统一推广。上海市是最早实行居家养老服务试点的城市之一，虽然开展服务时间较短，但是效果显著。在居家养老服务的资金配置上，正如之前的模型分析，政府承担了低收入家庭需照料老年人的服务资金，同时，大力培育了居家照料服务市场，使得高收入的家庭能够为需照料的老年人进行服务购买，一方面满足了实际的家庭养老服务需求，另一方面也促发了养老照料服务市场的发展。

## 第五节　结语

根据现有的文献，居家养老服务资金来源于政府、社会和家庭，这是大多学者的共识。国外的文献对于居家养老服务资金保障体系可持续发展的研究主要集中于社会学、人口学、社会保障、公共政策等学科，从经济学角度进行的分析大多是研究现有的福利制度或福利政策的效果。国内的文献对于居家养老服务资金保障体系可持续发展的研究几乎是空白，由于我国居家养老服务没有明确的资金制度安排，对于居家养老服务提供方的激励政策不到位，出现了很多的问题。学者们结合试点居家养老地区的数据来分析现有的政府福利政策，解释力也有限。政府作为居家养老服务资金支持的重要提供者，在我国当前的国情下，加大民生资金的投入已是必然。但是随着经济增速放缓，同时实现经济的稳步增长和居家养老服务资金保障体系的可持续提供是一个很重要也是很现实的课题。通过培育老龄产业，大力发展养老服务业将是我国经济的一个新增长点，当然，老龄产业的发展离不开政府、社会和家庭的参与。当前，政府对居家养老服务的购买机制并不够透明，没有形成制度化的安排。社区的养老机构由于资金的约束，服务人员的非专业性都影响了养老服务的质量。市场化的养老企业由于激励机制不强，民间资本的投入不足也影响了老龄市场的扩大。家庭的养老资金提供由于没有政策引导也没有发挥出其作用。现有的文献分别从这四个视角研究了资金提供上的动机和手段，但是并没有从一个综合的角度来分析三者之间的联系。本书的研究将系统分析了居家养老服务资金保障体系的可持续发展问题。

# 第三章　居家养老服务资金的理论阐述

本章重点对居家养老服务资金的作用机制进行分析，首先构建了家庭效用函数，通过最大化的数理方法在理论上推导出家庭在居家照料上的最优策略。然后，再根据家庭居家养老服务资金的微观机制，得出政府应当承担起居家养老事业的资金责任，并应加快居家养老服务业的市场化发展，拓展居家养老服务的产业化，在宏观机制上，通过扩大内需来实现我国经济可持续健康发展的增长方式。最后，根据上海市居家养老服务资金的实施情况，动态预测了未来居家养老服务资金的规模发展趋势，为后面章节分析居家养老服务资金支持的困境打下理论基础和实证基础。

## 第一节　居家养老服务资金的理论模型

### 一　模型假定

该模型假定了一个两代人的家庭，即只有一个成年子女和两个年老父母组成的家庭，该家庭的收入主要是成年子女的工作收入和年老父母的养老金。在模型中没有考虑家庭资产和家庭储蓄。成年子女的工作收入由其工作时间决定，我们假定成年子女的全部时间都用于工作和对年老父母的非正式照料，年老父母的健康状态主要由居家照料的时间确定，该时间根据不同的资金渠道分为政府公共部门的资金、家庭总收入购买的资金和由成年子女的非正式照料所带来的机会成本资金。模型假定政府筹资的照料服务与家庭购买的照料服务以及子女提供的非正式照料服务都是相互替代的（van Houtven and Norton，2004[①]；Charles and Sevak，2005[②]；Stabile, et al.，2006[③]）。由于居家照料服务的非营利性，所以模型假定政府筹资的照料服务价格与家庭在照料市场上购买的服务价格一样。由于政府提供居家照料服务的资金来源于税收，所以模型假定政府以一定税率向家庭征税来为居家照料服务进行筹资，政府征税的税基以所有家庭的平均工作收入为准，即模型假定这个包含了两代人的家庭分两种类型，即低收入家庭和高收入家庭。而年老父母的养老金也是以所有家庭的平均工作收入来衡量，模型假定以一定的养老金替代率来表示年老父母在退出劳动力市场后所得到的维持其基本生活的资金。为了使模型更贴近中国的现实，模型假定政府以税收筹资的居家照料服务只提供给低收入且年老者并且是身体不健康的家庭。

综上所述，模型的假定主要包括以下三点

1. 一个包含两代人的家庭中没有资产和储蓄，子代的工作收入和父代的养老金维持所有的消费，在模型中为了简化，所有的消费分为父代的健康消费和子代与父代共同的非健康消费。整个社会的家庭分为两种类型，高收入家庭和低收入家庭，这是由子代的单位工作收入决定的。父代的养老金是由家庭的平均工作收入水平决定的。子代与父代都是利他主义者。

2. 家庭中父代的身体健康状态决定了其生存质量，所以他从健康状态中所获得的满足感由其居家照料的时间来决定，这个时间分为正式照料时间和非正式照料时间，具体来划分，就是政府提供的免费居家照料服务、家庭总收入在照料市场上购买的照料服务和子代向父代提供的非正式照料服务。这三种居家照料服务模型假定是具有替代性的。

3. 政府向家庭提供的免费居家照料服务是以税收筹资的。税收的总量由家庭的平均工作收入决定，并且政府提供的免费照料服务主要是面向低收入且父代身体状况不佳的家庭。

---

① Van Houtven，C. H.，Norton，E. C.，Informal Care and Health Care Use of Older Adults [J]. *Journal of Health Economics*，2004，23，1159－1180.

② Charles，K. K.，Sevak. P.，Can Family Caregiving Substitute for Nursing Home Care [J]. *Journal of Health Economics*，2005（24）. 1174－1190.

③ Stabile，M.，Laporte，A.，Coyte，P. C.，Household Responses to Public Home Care Programs [J]. *Journal of Health Economics*，2006（25）. 674－710.

## 二　基本模型

基本模型借鉴了 Nuscheler & Roeder（2013）[①] 的模型构建方法。家庭效用函数是由子代的效用函数和父代的效用函数共同构成。父代的效用函数是以父代的身体健康情况来衡量的，其中主要的影响变量就是对父代居家照料服务的时间，由 c 表示。由于模型假定三种居家照料服务时间是相互替代的，则我们可以用线性的形式来表示，即 $c = \gamma + m + a$ ，其中 $\gamma$ 是政府税收筹资的免费居家照料服务时间，$m$ 是从照料服务市场购买的居家照料服务时间，$a$ 是子代向父代提供的非正式照料时间。父代的效用函数为 $H = H(c) = H(\gamma + m + a)$ ，其中 $c,\gamma,m,a \in (0,1)$ 。$H$ 是拟凹函数，并且满足 $H' > 0,H'' < 0$ 。

子代的效用函数是由消费确定的效用函数 $u = u(x)$ 和由对父代进行非正式照料所产生的负效用函数 $v = v(a)$ 共同组成，其中 $u$ 是拟凹函数，并且满足 $u' > 0,u'' < 0$ , $v$ 是凸函数，满足 $v' > 0,v'' > 0$ 。则家庭的效用函数为

$$U = u(x_i) - v(a_i) + H(\gamma + m_i + a_i)$$

其中 $i$ 表示家庭的类型，$i = r$ 表示高收入家庭，而 $i = p$ 表示低收入家庭。

家庭的预算约束是家庭的总收入应大于等于家庭的总消费。模型假设居家照料服务的价格为 $p$，除居家照料服务以外的消费品价格为 1。子代的工作时间收入为 $y_i$ ，社会的平均工作收入为 $\bar{y} = \theta y_p + (1 - \theta)y_r$ ，其中 $\theta$ 代表的是低收入家庭的分布概率，$1 - \theta$ 就是高收入家庭的分布概率。由于政府要为免费的居家照料服务筹资征税，假设 $t$ 是税率，那么在一个家庭中子代的可支配收入为 $Y = (1 - t)(1 - a_i)y_i$ 。设 $\alpha$ 是父代的养老金替代率，那么父代的养老金收入就是 $\alpha\bar{y}$ 。因此家庭预算约束是

$$x_i \geq (1 - t)(1 - a_i)y_i + \alpha\bar{y} - pm_i$$

由于政府征税全部用于低收入家庭中不健康父代的居家照料服务，所以还应满足

$$t\bar{y} = \theta\pi p\gamma$$

① Nuscheler, R. and Roeder, K.. The Political Economy of Long-term Care [J]. *European Economic Review*. 2014, 20 (62). 154 – 173.

其中 $\pi$ 是父代不健康需要居家照料服务的概率。$\theta, \pi, \alpha, t \in (0,1)$。

## 三　模型求解

对模型的求解就是家庭效用最大化的问题，即

$$\max_{\gamma, a_i, m_i} U = u(x_i) - v(a_i) + H(\gamma + m_i + a_i)$$

$$s.t.\ x_i + pm_i \geq (1-t)(1-a_i)y_i + \alpha\bar{y}$$

$$t\bar{y} = \theta\pi p\gamma$$

构造拉格朗日函数

$$L = u(x_i) - v(a_i) + H(\gamma + m_i + a_i)$$

$$+ \lambda\left[x_i - \left(1 - \frac{\pi\theta p\gamma}{\bar{y}}\right)(1-a_i)y_i - \alpha\bar{y} + pm_i\right]$$

分别对 L 进行一阶偏导，F. O. C

$$\frac{\partial L}{\partial x_i} = u' + \lambda = 0 \tag{1}$$

$$\frac{\partial L}{\partial a_i} = -v' + H' + \lambda\left(1 - \frac{\pi\theta p\gamma}{\bar{y}}\right)y_i = 0 \tag{2}$$

$$\frac{\partial L}{\partial m_i} = H' + \lambda p = 0 \tag{3}$$

$$\frac{\partial L}{\partial \gamma} = H' + \lambda(1-a_i)\frac{\pi\theta p}{\bar{y}}y_i = 0 \tag{4}$$

$$\frac{\partial L}{\partial \lambda} = x_i - \left(1 - \frac{\pi\theta p\gamma}{\bar{y}}\right)(1-a_i)y_i - \alpha\bar{y} + pm_i = 0 \tag{5}$$

由于拉格朗日乘子为非负，即 $\lambda \geq 0$，那么上式（1）（2）（3）（4）（5）在 $\lambda > 0$ 时同时成立。下面来分别讨论 $\lambda > 0$ 和 $\lambda = 0$ 时的最优解。

1. 当 $\lambda > 0$ 时，家庭效用最大化的最优解是内点解。

将式（1）（2）（3）（4）联立，可得出

$$\gamma^* = \frac{(y_i - p)u' + v'}{\pi\theta p y_i u'}\bar{y} \tag{6}$$

$$a_i^* = 1 - \frac{\bar{y}}{\theta\pi y_i} \tag{7}$$

$$m_i^* = \arg_m H'(m_i^*) = pu' \tag{8}$$

由（6）可知，根据模型假设，$\gamma^* \in (0,1]$，要使得 $\gamma^* > 0$，则

$\frac{v'}{u'} > p - y_i$ ，由于 $u' > 0, v' > 0$ ，所以只要 $p - y_i < 0$ 就可以了。而 $y_r > y_p$ ，因此，只要 $y_p > p$ ，那么 $\gamma^* > 0$ 。其经济学含义就是低收入家庭的单位工作时间收入只要大于居家照料服务时间的价格，那么政府才会为老年人提供免费补贴的居家照料服务。换言之，低收入家庭的子女为年老父母进行非正式照料的机会成本较高，进而会对子女进行非正式照料的选择产生影响。

由（7）可知，如果 $i = p$ ，那么

$$a_p{}^* = \frac{\pi - 1}{\pi} - \frac{1 - \theta}{\theta\pi}\frac{y_r}{y_p}$$

由于 $0 < \pi < 1$ ，所以 $\pi - 1 < 0$ ，即 $a_p{}^* < 0$ ，虽然低收入家庭的最优非正式照料时间与模型假设的 $a_i \in [0,1]$ 相悖，但是，该结论可以刻画出低收入家庭所面临的困境，由于受到收入的预算约束，低收入家庭的劳动者选择放弃对年老者的非正式照料来增加家庭的其他消费，根据不同居家照料服务的替代性，其所放弃的非正式照料可以由政府提供或家庭购买来补偿。然而，家庭购买居家照料服务可能会进一步加剧家庭的收入约束，所以由政府进一步来提供免费补贴的居家照料服务，对低收入家庭来说是一个更好的选择。

如果 $i = r$ ，那么

$$a_r^* = \frac{[(\pi + 1)\theta - 1]y_r - \theta y_p}{\theta\pi y_r}$$

要使得 $a_r^* > 0$ ，就必须 $(\pi\theta + \theta - 1)y_r > \theta y_p$ ，即得出 $\pi\theta > 1$ ，这与 $\theta, \pi \in (0,1)$ ，从而 $0 < \pi\theta < 1$ 矛盾，则说明高收入家庭的子女也不会选择非正式照料，而会更多地向照料市场为年老父母购买居家照料服务。

由（8）可知，最优的购买照料服务是由高收入家庭所决定的，年老者从健康中所获得边际效用与家庭在其他消费品上获得的边际效用之比恰好是照料服务的价格与其他消费品价格之比。再结合以上分析可见，在 $m_i^* \neq 0$ 的情况下，只有高收入家庭才能够负担，所以最优的购买照料服务是高收入家庭的购买量 $m_r^* = \arg_m H'(m_r^*) = pu'$ 。

2. 当 $\lambda = 0$ 时，家庭效用最大化的解是边角解。

由库恩－塔克条件（Kuhn-Tucher condition）可得

$$\frac{\partial L}{\partial \lambda} = x_i - (1 - \frac{\pi\theta p\gamma}{\bar{y}})(1 - a_i)y_i - \alpha\bar{y} + pm_i \geq 0$$

$$x_i \geq (1 - \frac{\pi\theta p\gamma}{\bar{y}})(1 - a_i)y_i + \alpha\bar{y} - pm_i \tag{9}$$

如果 $m_i = 0$，那么 $x_i \geq (1 - \frac{\pi\theta p\gamma}{\bar{y}})(1 - a_i)y_i + \alpha\bar{y}$，

又由于 $x_i \geq 0$，所以（9）式就转化为 $(1 - \frac{\pi\theta p\gamma}{\bar{y}})(1 - a_i)y_i + \alpha\bar{y} \geq 0$。

经过化简，得到

$$\gamma \leq \frac{\bar{y}}{\pi\theta p} + \frac{\alpha\bar{y}^2}{\pi\theta p(1 - a_i)y_i}$$

由于 $m_i = 0$，由此推断 $i = p$，那么 $a_p = 0$，上式即为

$$\gamma \leq \frac{\bar{y}}{\pi\theta p} + \frac{\alpha\bar{y}^2}{\pi\theta p y_p} \tag{10}$$

（10）式表示为低收入家庭在年老父母身体不健康需要照料的情形下，在受到收入约束的同时，政府所提供的免费居家照料服务时间的所有集合。

如果 $\gamma = 0$，那么 $x_i \geq (1 - a_i)y_i + \alpha\bar{y} - pm_i$，此约束是针对高收入家庭，在 $x_i \geq 0$ 的情况下，

$$m_r \leq \frac{y_r + \alpha\bar{y}}{p} - \frac{y_r}{p}a_r \tag{11}$$

（11）式表示为高收入家庭的非正式照料与购买的正式照料之间的替代关系，其边际替代率就是其单位工作时间收入与照料服务价格之比。

综上所述，对于低收入家庭，在 $a_p = 0, m_p = 0, \gamma > 0$ 的情形下能够得到最大的家庭效用，也就是说，政府提供的免费居家照料服务有效补偿了低收入家庭子女因照顾年老父母而损失的家庭收入，在很大程度上改善了低收入家庭的贫困状况，增加了低收入家庭的整体效用。而对于高收入家庭，根据模型的假设，由于其收入类型特点，政府不提供免费的居家照料服务，他们只能通过照料服务市场进行购买，其最优家庭效用的情形是在 $a_r \geq 0, m_r \geq 0, \gamma = 0$ 下形成的，并且 $a_r$ 与 $m_r$ 为一定的替代关系。

## 四　与模型有关的推论与证明

根据以上对模型最优解的分析，我们可以得到以下几个推论：

推论一：随着低收入家庭的收入增加，政府提供的免费居家照料服务会减少。

推论二：随着低收入家庭的概率分布的增加，政府提供的免费居家照料服务会减少。

推论三：随着平均收入的增加，政府提供的免费居家照料服务会增加。

推论四：随着养老金替代率的提高，高收入家庭购买居家照料服务会增加。

推论五：随着高收入家庭的收入增加，其购买居家照料服务会增加。

下面来依次证明这五个推论。

根据公式（10），取 $\gamma_{\max} = \dfrac{\bar{y}}{\pi\theta p} + \dfrac{\alpha\bar{y}^2}{\pi\theta p y_p}$ （12）

在两端分别求对 $y_p$ 的偏导数，得

$$\frac{\partial\gamma_{\max}}{\partial y_p} = -\frac{\alpha\bar{y}^2}{\pi\theta p y_p^2} < 0$$

则推论一得证，其经济学含义是低收入家庭的收入增加会使得家庭有更多的收入可以用于购买照料服务，进而减少了低收入家庭的老年人对政府免费居家照料服务的依赖。

在公式（12）两端分别求对 $\theta$ 的偏导数，得

$$\frac{\partial\gamma_{\max}}{\partial\theta} = -\frac{\bar{y}}{\pi p\theta^2} - \frac{\alpha\bar{y}^2}{\pi p y_p\theta^2} < 0$$

则推论二得证，其经济学含义是低收入家庭的分布概率增加时，政府免费的居家照料服务会减少，原因是在政府融资的居家照料服务总量不变的前提下，当有更多的低收入家庭需要居家照料服务时，每个家庭所能得到的照料服务会减少。这个含义在 $t\bar{y} = \theta\pi p\gamma$ 这个公式中也能够体现出来，$\theta$ 与 $\gamma$ 成反比。

在公式（12）两端分别求对 $\bar{y}$ 的偏导数，得

$$\frac{\partial\gamma_{\max}}{\partial\bar{y}} = \frac{y_p + 2\alpha\bar{y}}{\pi\theta p y_p} > 0$$

则推论三得证，其经济学含义是当全社会的平均收入增加时，政府为免费的居家照料服务筹集的资金就增加，从而相应地提高低收入家庭的福利。

根据公式（11），取 $m_r^{\max} = \dfrac{y_r + \alpha\bar{y}}{p} - \dfrac{y_r}{p}a_r$ （13）

在公式（13）两端分别求对 $\alpha$ 的偏导数，得

$$\frac{\partial m_r^{\max}}{\partial\alpha} = \frac{\bar{y}}{p} > 0$$

推论四得证，其经济学含义是当年老者的养老金替代率提高时，高收入家庭会更多将其用于购买居家照料服务以恢复身体的健康，而对于低收入家庭而言，由于其最优的购买服务量为零，所以其增加的养老金收入将用于除健康投入以外的消费品支出。

在公式（13）两端分别求对 $y_r$ 的偏导数，得

$$\frac{\partial\ m_r^{\max}}{\partial\ y_r} = \frac{(1-\theta)(1+\alpha)}{p} > 0$$

由于 $\theta,\alpha \in (0,1)$，所以推论五得证。其经济学含义是随着高收入家庭的收入不断增加，其增加的收入会用于购买更多的居家照料服务从而来改善年老者的健康状况。

基于家庭效用函数的居家养老服务资金模型，利用最大化的数学模型分析方法，得出了不同收入类型家庭对老年人的不同养老决策，即低收入家庭完全依赖政府免费补贴的养老服务，子女不直接给父母提供非正式照料和购买居家照料服务，而高收入家庭不享受政府免费补贴的养老服务，子女也不直接给父母提供非正式照料，养老服务完全依赖家庭购买，这样的居家养老服务资金的微观机制，会对居家养老服务资金的中观机制，即政府的养老事业以及养老服务市场的养老产业产生深远的影响，而中观机制又会促发居家养老服务资金的宏观机制，即对我国扩大内需的可持续的经济发展方式产生影响，有利于传统产业结构升级，加快经济结构调整，促进经济持续健康的发展。

## 第二节 居家养老服务资金的作用机制分析

### 一 微观机制：家庭的居家照料决策

根据上一节构建的居家养老服务资金模型的分析，模型假定年老者在退出劳动力市场以后是一个纯粹的消费者，而且其消费的主要目的在于延续生命保持生存质量，那么年老者的消费主要来自于与身体健康有关的消

费。模型中我们选择了居家照料服务来满足年老者的养老需求，即政府提供的免费补贴的居家照料服务、照料市场提供的居家照料服务以及子代向父代提供的非正式照料。不同收入类型家庭的最优养老决策对不同资金来源的居家照料服务有不同的需求。对于低收入家庭，由于子代对父代非正式照料的机会成本过高，子代会选择增加工作时间来保证自己和父代除养老服务以外的正常消费，而父代的养老服务则完全要依赖政府提供，因为子代在收入约束的情形下，不可能会在照料市场为父代购买养老服务。对于高收入家庭，子代在单位时间里能获得比低收入家庭的子代更高的收入，所以其子代会向父代的居家养老服务投入更多的资金。由于政府不给高收入家庭的老年人进行免费的养老服务补贴，所以高收入家庭会更多地在居家照料服务市场上为老年人购买养老服务。同样，由于高收入家庭的子代非正式照料的机会成本更高（高于低收入家庭非正式照料机会成本），所以高收入家庭的子代也不会向父代提供非正式照料。在两种类型的家庭中，随着父代的养老金替代率升高，高收入家庭会倾向于更多购买居家照料服务来改善父代的健康状况和生存条件，而低收入家庭依旧不会为父代购买居家照料服务，其中的原因是收入约束下，低收入家庭增加的养老金没有用于父代的健康状况改善，而是用于家庭所有成员的其他费用支出。

假设，一个独生子女家庭：一个成年的劳动力和两个退出劳动力市场的非劳动力。年老父母同时在 60 岁退休，此时其子女大约在 35 岁左右，基本上正处于事业的稳定期和上升期，更多的时间用于工作。假定年老父母的期望寿命是 80 岁，那么在这个代表性的家庭中，一个成年劳动力要担负两个非劳动力 20 年的生活费用。在这里不考虑通货膨胀的因素，由于是居家养老服务，养老的照料服务主要是社区提供的家政和简单的医疗护理服务，住院的医疗费用不包含在内。我们以 2012 年《中国卫生统计年鉴》公布的社区卫生服务中心的门诊及转院病人次均医疗费用为计算基准，2011 年社区卫生服务中心的门诊病人次均医疗费用是 81.5 元，住院病人人均医疗费用是 2315.1 元。根据 2008 年第四次国家卫生服务调查分析报告中 65 岁以上的老年人患慢性病的概率城乡合计是 64.5%，而在城市这个比例高达 85.2%。所以，保守地假定这两个非劳动力的老年人在剩余寿命 20 年内每月在社区卫生服务中心门诊看病一次，每年住院一次，那么每个老年人的一年的居家养老服务资金是 $81.5\times12+2315.1=$

3293.1 元，每个老年人在剩余寿命内的居家照料服务资金总额大约是 3293.1×20 = 65862 元/人。因为没有考虑通货膨胀和利率的因素，这个资金总额是年老父母在 60 岁刚好退休时的现值（以 2011 年为基准）。如果考虑通货膨胀和利率的话，居家养老服务资金总额的货币值远超过 65862 元/人。对于低收入家庭，这部分资金由政府负担，对于高收入家庭这部分资金由家庭（子女和老年人）共同负担。

## 二　中观机制：养老服务事业与养老服务产业

由政府承担的居家养老服务资金是专门为低收入贫困家庭的老年人提供托底保障的，这是基于人的基本生存需要，同时也是马克思主义关于人全面发展的必然要求。由政府来统筹管理的老龄服务就是社会福利事业中的养老服务事业。为低收入贫困老年人提供免费帮助的居家养老服务，最早是由政府直接提供服务，而后逐渐发展为政府间接提供服务，即政府提供资金，向非营利组织购买服务，由非营利组织直接向老年人提供居家照料服务。同时，也有一些非营利性的志愿组织向老年人提供免费的照料服务。

相较于全国城镇居民困难户占比 5% 和最低收入户的 10% 和较低收入户 10%[①]，中等及以上收入户的占比约为 75%，大概占到全国 3/4 家庭的老年人是要通过购买居家照料服务来实现未来的居家养老。这个照料服务市场的需求量是很庞大的，以 75% 的家庭中 48.5%[②]的老年人需要购买居家养老服务来计算，与之相匹配的居家养老服务产业的供给量每年大约应在 1198 亿元（以 2011 年数据计算）。如果养老服务就业者与养老服务需求者以 1∶10 的比例[③]来分析，居家养老服务产业可以提供养老服务就业岗位约 705 万个。养老产业的形成一方面可以促进就业，扩展劳动力市场，另一方面也可以极大地满足老年人的居家养老服务需求。

根据产业理论，随着市场经济的深入发展，消费者的消费结构的变化

---

① 数据来源于《中国统计年鉴 2012》，http：//www.stcots.8ov.cn。

② 该数据来源于 2008 年全国老龄工作委员会的《中国城市居家养老服务研究报告》中对城市老年人需要居家养老服务的比例。

③ 该比例来源于 2008 年全国老龄工作委员会的《中国城市居家养老服务研究报告》。

使得三种产业在国民经济中的占比会出现动态变化，包含养老服务产业的第三产业的比重会超越第一产业和第二产业的比重，对国民经济总量的贡献率逐渐提升。

## 三　宏观机制：扩大内需的可持续经济增长方式

哈罗德－多马模型和新古典经济增长模型中所阐述的关于经济增长的理论主要强调投资与经济增长的关系，其观点认为消费与经济增长之间无直接的关系。然而与消费有密切联系的储蓄与经济增长有着直接的关系。因此，消费与经济增长之间的逻辑链条就遵循为消费—储蓄—投资—经济增长，最优状态下的资本积累的黄金分割律，即当人均资本量的选择使得资本的边际产品等于劳动增长率时，人均消费量即达到最大。

凯恩斯的总需求理论认为社会总需求与总供给相等时就可以达到国民经济的均衡点。然而，当国民经济失衡出现失业，导致经济萧条的主要原因就是有效需求不足。有效需求包括消费需求和投资需求。由于边际消费倾向的作用造成消费需求不足，也造成投资需求不足，即社会总需求的不足，必然导致社会总就业量的不足和经济危机的产生。所以，凯恩斯主张利用财政政策和货币政策来干预经济，通过社会总需求和总供给的均衡来达到整体经济增长的目的。

长期以来，我国持续高速经济增长的动力主要依赖投资，作为拉动经济增长的“三驾马车”之一的消费，尤其是国内消费对经济增长的贡献很小。随着人民币升值，我国出口增速下降，贸易顺差缩小，出口对经济增长的拉动作用明显下降。由于投资需求存在时滞，出口需求又不稳定，因此，在我国经济增速放缓的形势下，扩大国内的消费需求必将成为刺激经济增长的主要手段。中共十八大的报告中强调改善需求结构、优化产业结构，要牢牢把握扩大内需这一战略基点，加快建立扩大消费需求的长效机制，释放居民的消费能力，保持投资合理增长，扩大国内市场规模。大力发展老龄服务事业和产业，特别是推动现代服务业的发展壮大。并且，中共中央政治局于 2013 年 12 月 3 日召开会议，分析研究 2014 年的经济工作，要求扩大内需培育消费新增长点，强化经济发展方式转变的内生动力，加快经济结构调整优化，加强基本公共服务体系建设①。

## 第三节　上海市居家养老服务资金规模趋势预测

上海市居家养老服务资金发展的预测分为两个阶段，首先，根据2010年上海市第六次人口普查数据，预测了2011—2050年上海市的人口发展规模；然后，依据2012年上海市居家养老服务资金的相关标准，预测了2013—2050年上海市居家养老服务资金的发展趋势。

### 一　上海市未来人口趋势预测

研究上海市居家养老服务资金发展趋势的首要工作就是要预测出未来上海市人口趋势的变化，尤其是人口结构和数量的变化。通过比较衡量老年人口与劳动人口的数量结构和变化趋势，为未来构建居家养老服务资金保障体系提供数据基础。本书中人口趋势预测的跨度是2011—2050年。

1. 建立人口预测动态模型

本书在进行人口预测时，借鉴宋健人口发展方程预测模型、世界银行通用的人口预测模型和封进等（2011）的人口预测方法，构建了动态人口预测模型。人口数量估算起点是2011年，终点是2050年。

（1）数据来源与描述

本书以2010年上海第六次人口普查数据作为预测起点。2010年全市分年龄、性别的人口数据包含了全部数据资料，以每5岁为一年龄组分别进行男性和女性的人数统计，即0—4岁组，5—9岁组……10—14岁组……100岁以上组，共计21组。2010年分年龄、性别的人口死亡率数据统计了上海市所有人口，时间跨度从2009年11月1日至2010年10月31日。2010年全市育龄妇女分年龄的生育率由抽样10%构成，时间跨度从2009年11月1日至2010年10月31日，年龄跨度从15岁到49岁，以每5岁为一年龄组，即15—19岁组、20—24岁组……45—49岁组，共计7组。人口年净迁移率根据《上海统计年鉴2012年》相关数据进行估算。2010年全上海市分年龄、婚姻状况、健康状况和主要生活来源的60岁以

① 新华社电：《中共中央政治局召开会议分析研究2014年经济工作　要求扩大内需培育消费新增长点》，《青年报》2013年12月4日。

上老年人口以 10% 抽样构成，以每 5 岁为一年龄组，即 60—64 岁组，65—69 岁组……100 岁以上组，共计 9 组。

（2）模型假设与建立

模型假设：

①预测未来每年每 5 岁分组的内部相邻年龄的人口数量均匀分布；

②预测未来每年的迁移人口数量在各年龄段的人群中均匀分布；

③预测未来每年分年龄别的死亡率与 2010 年保持一致。

模型建立：

模型采用下一期的分年龄、性别的人口数量由与上一期的分年龄、性别的人口的相关算法来表示。由于下一期 0—4 岁人口中 0 岁的人口数量由上一期分年龄和育龄妇女的总和生育率决定，而 1—4 岁的人口的数量是来自上一期的 0—3 岁的人口数量，再加上人口净迁移率即可得到下一期 0—4 岁的人口数量。在考虑 4 岁以上的每 5 岁为一年龄组的人口数量时，以 5—9 岁这一年龄组为例，下一期 5—9 岁人口中 4—9 岁的人口是来自上一期 5—9 岁年龄组的人口，而 5 岁的人口是来自上一期 0—4 岁年龄组的人口。故而，在模型建立时，分别对 0—4 岁的人口数量和 4 岁以上的人口数量进行公式化。

$t+1$ 期时，0—4 岁人口数量（$i=0$）为：

$$\begin{cases} L_{00}(t+1) = \dfrac{100}{100+m_0}\left(\sum\limits_{i=4}^{10} L_{i0}(t)b_{i0}(t)\right) \\ \quad + \dfrac{4}{5}\sum\limits_{j=0}^{1}[L_{0j}(t)(1-d_{0j}(t))] + \beta\dfrac{100}{100+m_0(t)}\sum\limits_{j=0}^{1}L_{0j}(t) \\ L_{01}(t+1) = \dfrac{m}{100+m_0}\left(\sum\limits_{i=4}^{10} L_{i0}(t)b_{i0}(t)\right) \\ \quad + \dfrac{4}{5}\sum\limits_{j=0}^{1}[L_{1j}(t)(1-d_{1j}(t))] + \beta\dfrac{m}{100+m_0(t)}\sum\limits_{j=0}^{1}L_{0j}(t) \end{cases}$$

4 岁以上人口数量（$i \neq 0$）为：

$$L_{ij}(t+1) = \frac{4}{5}\sum_{i=0}^{21}\sum_{j=0}^{1}[L_{ij}(t)(1-d_{ij}(t))]$$

$$+ \frac{1}{5}\sum_{i=0}^{21}\sum_{j=0}^{1}[L_{i-1,j}(t)(1-d_{i-1,j}(t))] + \beta\sum_{i=0}^{21}\sum_{j=0}^{1}L_{ij}(t)$$

参数设置：

设 $i=0, 1, 2, \cdots, 21$，0 代表 0—4 岁，1 代表 5—9 岁，逐次递推，21 代表 100 岁以上；$j=0, 1$。其中，0 代表女性，1 代表男性。

$L_{ij}(t)$ 表示 $t$ 时期第 $i$ 组 $j$ 性别的人口数。

$b_{i0}(t)$ 表示 $t$ 时期第 $i$ 组女性的生育率。

$d_{ij}(t)$ 表示 $t$ 时期第 $i$ 组 $j$ 性别的人口死亡率。

$m_i(t)$ 表示 $t$ 期第 $i$ 组男女性别比。$m_0$ 表示新生儿性别比。

$\beta$ 表示年人口净迁移增长率。

（3）预测方案设计与参数选择

根据当前上海市的人口状况，自 2008 年以来，人口出生率维持在 7‰左右，而人口自然增长率维持在 -1‰左右①。现在上海市已逐渐放开了二胎生育政策，所以本书在人口预测方案中考虑了此政策因素，假定随着生育政策的放宽，未来育龄妇女的年总和生育率会提高，随之未来每年的新生婴儿性别比也会发生变化，逐渐趋于良性发展。

为了预测更为符合现实人口数量的动态变化，根据周海旺等（2009）②对上海人口预测方案中，分阶段选择的育龄妇女的年总和生育率分别为 1.2 和 1.5。因此，假定 15—49 岁育龄妇女的年总和生育率在 2011—2020 年保持 2010 年的水平 0.74。随着上海市人口政策的逐步放宽，2021—2030 年的年总和生育率为 1.2，2031—2050 年的年总和生育率为 1.5。

鉴于正常的新生婴儿性别比范围是 103—107，所以在预测方案设计中假定新生婴儿性别比在 2011—2020 年保持 2010 年的水平 113.7，2021—2030 年为 110，2031—2050 年为 107。

根据《上海统计年鉴 2012》中 1995—2011 年的年人口净迁移率（年人口净迁移率 = 年人口迁入率 - 年人口迁出率）数据，1995—2011 年的年人口净迁移率的平均数为 7.12‰，标准差为 1.45，2002—2011 年的年人口净迁移率的平均数为 7.81‰，标准差为 1.09。经过比较，距离较低年份的年人口净迁移率更能描述未来人口的迁移变化，而且 2002—2011 年的平均年人口净迁移率的指标状态更好。所以，年人口净迁移率 $\beta$ 取

① 数据来源于《上海统计年鉴 2012》。

② 周海旺、寿丽丽：《上海人口老龄化的加速态势与应对的多元策略》，《上海城市管理职业技术学院学报》2009 年第 2 期，第 3—8 页。

8‰。这与周海旺等（2009）对上海市人口进行预测时选取的年人口净迁移率一致。

2. 预测分析结果

（1）2011—2050 年上海市总人口变动趋势

根据预测，2011—2050 年上海市人口总数量的变化先增后减，呈倒 U 形曲线，见图 3 - 1a。人口总数量从 2011 年开始快速增长，大约在 2037 年达到峰值，此时人口数量约为 2661.38 万人，经过峰值拐点之后

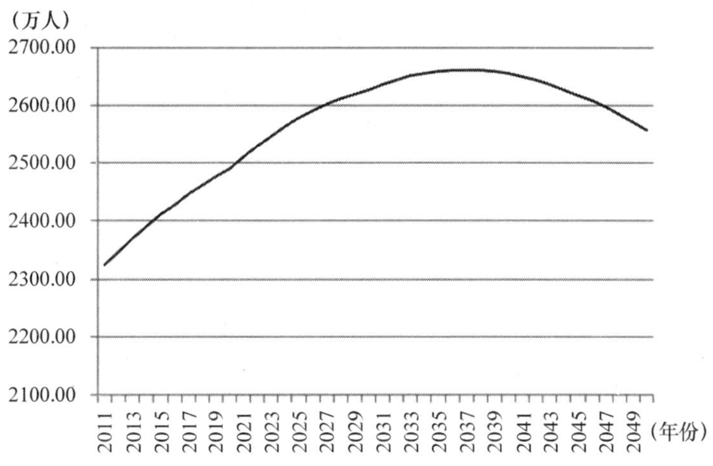


**图 3 - 1a　2011—2050 年上海市人口变动趋势**

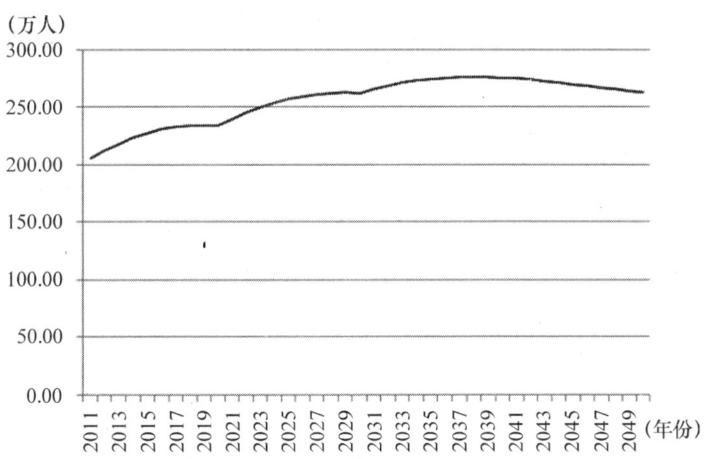


**图 3 - 1b　2011—2050 年上海市 0—14 岁以上人口变动趋势**

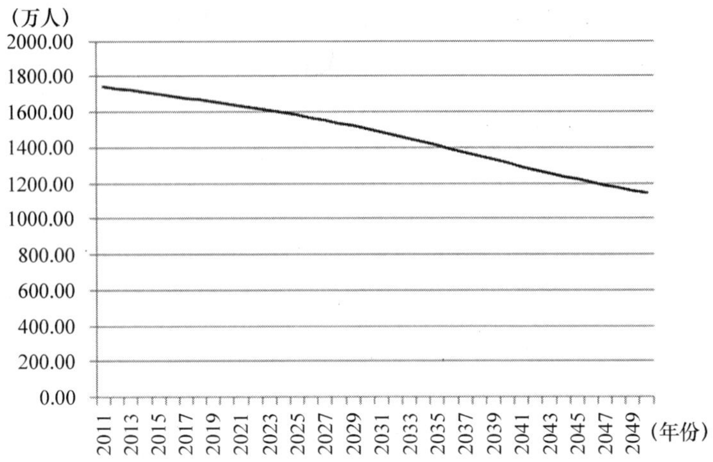


**图 3－1c　2011—2050 年上海市 15—59 岁人口变动趋势**

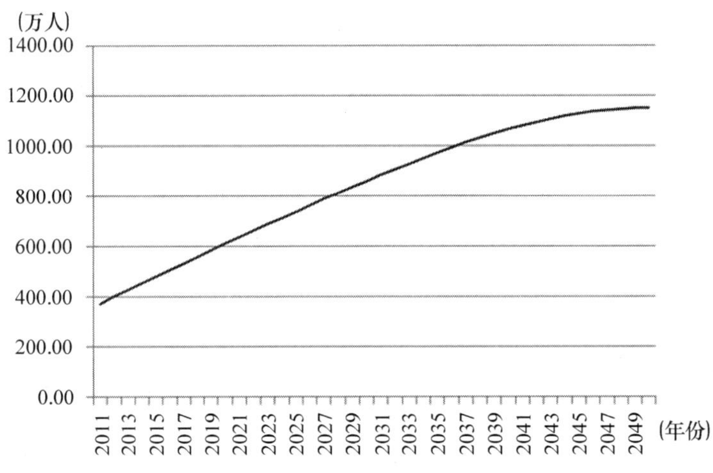


**图 3－1d　2011—2050 年上海市 60 岁以上人口变动趋势**

人口总数量开始缓慢减少，比较拐点前后的人口增长的变化速度，明显可以看出，拐点前的人口增长速度快于拐点后的人口的下降速度，直至 2050 年上海市总人口为 2557.61 万人。

（2）2011—2050 年分年龄结构的人口变动趋势

根据表 3－1 的人口预测数据，通过比较 2011 年和 2012 年现实的人口数据，2011 年为 2347.46 万人，2012 年为 2380.45 万人[①]，该预测数据误差较小，比较贴近现实数据，但比现实数据更加保守。

0—14 岁的少儿人口数量的变化趋势大致呈现倒 U 形曲线，见图 3 - 1b。从 2011 年的 205.43 万人快速增长，大约 2038 年达到峰值，约为 275.93 万人，之后开始缓慢减少，2050 年为 262.39 万人。0—14 岁少儿人口数量的变动趋势基本上与总人口数量的变动趋势一致，但是其变化速度比总人口变动的变化速度小，也就是说，其变动曲线更为平缓。2011—2050 年 0—14 岁少儿人口数量占总人口的比例呈现上升趋势，从 2011 年的 8.83% 增加到 2050 年的 10.26%。

15—59 岁劳动人口数量的变化趋势呈现倒 J 形曲线，见图 3 - 1c。从 2011 年的 1745.87 万人一直减少到 2050 年的 1146.29 万人，下降的速度逐渐加快。2011—2050 年 15—59 岁劳动人口占总人口的比例同样呈现下降趋势，从 2011 年的 75.08% 下降到 2050 年的 44.82%，几乎降了一半。

60 岁以上老年人口数量的变化趋势呈现 J 形曲线，见图 3 - 1d。从 2011 年的 374.16 万人增加到 2050 年的 1148.93 万人，增长的速度逐渐减慢，大约在 2043 年增长的速度放缓，其人口变动的增长速度快于总人口数量的快速增长期的速度。2011—2050 年 60 岁以上人口占总人口的比例一直呈现上升趋势，从 2011 年的 16.09% 增加到 2050 年的 44.92%，增长了几乎三倍，也就是说，到 20 世纪中叶，2050 年时上海市人口中几乎一半的人口是 60 岁以上的老年人。

2011—2050 年少儿抚养系数、老年抚养系数和总抚养系数呈现上升趋势，见表 3 - 1。其中，少儿抚养系数的增长幅度小于老年抚养系数的增长幅度，少儿抚养系数从 2011 年的 11.7% 上升到 2050 年的 22.89%，增长了大概 1 倍，而老年抚养系数从 2011 年的 21.43% 上升到 2050 年的 100.23%，增长了大概 4 倍。总抚养系数从 2011 年的 33.20% 上升到 2050 年的 123.12%，增长了大概 3 倍，其中老年抚养系数在总抚养系数变动中的贡献最大。

---

① 2011 年和 2012 年《上海市国民经济和社会发展统计公报》。

表 3 - 1　2011—2050 年上海市人口规模、年龄结构和抚养系数趋势预测

| 年份 | 总人口数量（万人） | 0—14 岁 | | | 15—59 岁 | | | 少儿抚养系数（%） | 老年抚养系数（%） | 总抚养系数（%） |
|---|---|---|---|---|---|---|---|---|---|---|
| | | 人口数量（万人） | 占总人口比例（%） | 人口数量（万人） | 占总人口比例（%） | 人口数量（万人） | 占总人口比例（%） | | | |
| 2011 | 2325.45 | 205.43 | 8.83 | 1745.87 | 75.08 | 374.16 | 16.09 | 11.77 | 21.43 | 33.20 |
| 2012 | 2348.14 | 212.10 | 9.03 | 1734.87 | 73.88 | 401.16 | 17.08 | 12.23 | 23.12 | 35.35 |
| 2013 | 2369.88 | 218.10 | 9.20 | 1723.82 | 72.74 | 427.96 | 18.06 | 12.65 | 24.83 | 37.48 |
| 2014 | 2390.60 | 223.26 | 9.34 | 1712.78 | 71.65 | 454.56 | 19.01 | 13.04 | 26.54 | 39.57 |
| 2015 | 2410.23 | 227.48 | 9.44 | 1701.77 | 70.61 | 480.98 | 19.96 | 13.37 | 28.26 | 41.63 |
| 2016 | 2428.71 | 230.69 | 9.50 | 1690.79 | 69.62 | 507.23 | 20.88 | 13.64 | 30.00 | 43.64 |
| 2017 | 2446.02 | 232.87 | 9.52 | 1679.81 | 68.68 | 533.33 | 21.80 | 13.86 | 31.75 | 45.61 |
| 2018 | 2462.11 | 234.02 | 9.50 | 1668.79 | 67.78 | 559.30 | 22.72 | 14.02 | 33.52 | 47.54 |
| 2019 | 2476.97 | 234.17 | 9.45 | 1657.65 | 66.92 | 585.15 | 23.62 | 14.13 | 35.30 | 49.43 |
| 2020 | 2490.55 | 233.38 | 9.37 | 1646.29 | 66.10 | 610.88 | 24.53 | 14.18 | 37.11 | 51.28 |
| 2021 | 2510.78 | 239.65 | 9.55 | 1634.63 | 65.10 | 636.49 | 25.35 | 14.66 | 38.94 | 53.60 |
| 2022 | 2529.62 | 245.08 | 9.69 | 1622.54 | 64.14 | 661.99 | 26.17 | 15.10 | 40.80 | 55.90 |
| 2023 | 2547.04 | 249.76 | 9.81 | 1609.92 | 63.21 | 687.37 | 26.99 | 15.51 | 42.70 | 58.21 |
| 2024 | 2563.02 | 253.70 | 9.90 | 1596.70 | 62.30 | 712.62 | 27.80 | 15.89 | 44.63 | 60.52 |
| 2025 | 2577.52 | 256.91 | 9.97 | 1582.89 | 61.41 | 737.72 | 28.62 | 16.23 | 46.61 | 62.84 |
| 2026 | 2590.51 | 259.39 | 10.01 | 1568.46 | 60.55 | 762.67 | 29.44 | 16.54 | 48.63 | 65.16 |
| 2027 | 2601.97 | 261.14 | 10.04 | 1553.41 | 59.70 | 787.42 | 30.26 | 16.81 | 50.69 | 67.50 |
| 2028 | 2611.89 | 262.18 | 10.04 | 1537.76 | 58.88 | 811.95 | 31.09 | 17.05 | 52.80 | 69.85 |
| 2029 | 2620.26 | 262.54 | 10.02 | 1521.51 | 58.07 | 836.21 | 31.91 | 17.26 | 54.96 | 72.21 |
| 2030 | 2627.07 | 262.27 | 9.98 | 1504.65 | 57.27 | 860.15 | 32.74 | 17.43 | 57.17 | 74.60 |
| 2031 | 2636.63 | 265.71 | 10.08 | 1487.20 | 56.41 | 883.72 | 33.52 | 17.87 | 59.42 | 77.29 |
| 2032 | 2644.59 | 268.57 | 10.16 | 1469.19 | 55.55 | 906.83 | 34.29 | 18.28 | 61.72 | 80.00 |
| 2033 | 2650.98 | 270.91 | 10.22 | 1450.65 | 54.72 | 929.42 | 35.06 | 18.68 | 64.07 | 82.74 |
| 2034 | 2655.81 | 272.78 | 10.27 | 1431.64 | 53.91 | 951.39 | 35.82 | 19.05 | 66.45 | 85.51 |
| 2035 | 2659.14 | 274.19 | 10.31 | 1412.28 | 53.11 | 972.67 | 36.58 | 19.42 | 68.87 | 88.29 |
| 2036 | 2660.98 | 275.17 | 10.34 | 1392.66 | 52.34 | 993.14 | 37.32 | 19.76 | 71.31 | 91.07 |
| 2037 | 2661.38 | 275.75 | 10.36 | 1372.91 | 51.59 | 1012.72 | 38.05 | 20.08 | 73.76 | 93.85 |
| 2038 | 2660.39 | 275.93 | 10.37 | 1353.15 | 50.86 | 1031.31 | 38.77 | 20.39 | 76.22 | 96.61 |

续表

| 年份 | 总人口数量（万人） | 0—14 岁 | | 15—59 岁 | | | | 少儿抚养系数（%） | 老年抚养系数（%） | 总抚养系数（%） |
|---|---|---|---|---|---|---|---|---|---|---|
| | | 人口数量（万人） | 占总人口比例（%） | 人口数量（万人） | 占总人口比例（%） | 人口数量（万人） | 占总人口比例（%） | | | |
| 2039 | 2658.05 | 275.77 | 10.37 | 1333.47 | 50.17 | 1048.81 | 39.46 | 20.68 | 78.65 | 99.33 |
| 2040 | 2654.41 | 275.30 | 10.37 | 1313.98 | 49.50 | 1065.13 | 40.13 | 20.95 | 81.06 | 102.01 |
| 2041 | 2649.52 | 274.55 | 10.36 | 1294.78 | 48.87 | 1080.19 | 40.77 | 21.20 | 83.43 | 104.63 |
| 2042 | 2643.43 | 273.58 | 10.35 | 1275.95 | 48.27 | 1093.90 | 41.38 | 21.44 | 85.73 | 107.17 |
| 2043 | 2636.19 | 272.43 | 10.33 | 1257.58 | 47.70 | 1106.19 | 41.96 | 21.66 | 87.96 | 109.63 |
| 2044 | 2627.86 | 271.13 | 10.32 | 1239.72 | 47.18 | 1117.00 | 42.51 | 21.87 | 90.10 | 111.97 |
| 2045 | 2618.47 | 269.74 | 10.30 | 1222.45 | 46.69 | 1126.29 | 43.01 | 22.07 | 92.13 | 114.20 |
| 2046 | 2608.09 | 268.28 | 10.29 | 1205.80 | 46.23 | 1134.01 | 43.48 | 22.25 | 94.05 | 116.29 |
| 2047 | 2596.76 | 266.78 | 10.27 | 1189.84 | 45.82 | 1140.14 | 43.91 | 22.42 | 95.82 | 118.25 |
| 2048 | 2584.54 | 265.29 | 10.26 | 1174.58 | 45.45 | 1144.67 | 44.29 | 22.59 | 97.45 | 120.04 |
| 2049 | 2571.47 | 263.82 | 10.26 | 1160.06 | 45.11 | 1147.60 | 44.63 | 22.74 | 98.93 | 121.67 |
| 2050 | 2557.61 | 262.39 | 10.26 | 1146.29 | 44.82 | 1148.93 | 44.92 | 22.89 | 100.23 | 123.12 |

（3）2011—2050 年上海市 60 岁以上老年人口变动趋势

根据预测，见表 3－2，2011—2050 年 60 岁以上老年人口中独居的数量呈上升趋势，从 2011 年的 91.03 万人上升到 2050 年的 279.54 万人，增长了几乎 3 倍，其中独居的比例是按照 2010 年上海市人口普查数据中 60 岁以上人口未婚、离婚和丧偶的人数总和占 60 岁以上人口的比例而得，该比例为 24.33%。

2011—2050 年 60 岁以上人口中身体不健康的老年人数量呈上升趋势，从 2011 年的 47.63 万人增长到 2050 年的 146.26 万人，增长了约 2 倍，其中身体不健康的比例是按照 2010 年上海市人口普查数据中 60 岁以上人口中不健康但生活能自理和生活不能自理的人数总和占 60 岁以上人口的比例而得，该比例为 12.73%。

2011—2050 年 80 岁以上人口数量以及 80 岁以上人口占 60 岁以上人口比例也呈现上升趋势，从 2011 年的 64.17 万人增长为 2050 年的 291.63 万人，增长了约 4 倍。80 岁以上老年人口占 60 岁以上人口比例从 2011 年的 17.15% 增长到 2050 年的 25.38%，增长了约 2 倍，也就是说，2050 年

60岁以上的老年人中约有1/4是80岁以上的高龄老年人。

2011—2050年80岁以上人口中身体不健康的数量处于一直上升的趋势，从2011年的21.04万人增加到2050年的95.63万人，增长了约4倍，其中身体不健康的比例是按照2010年上海市人口普查数据中80岁以上人口中不健康但生活能自理和生活不能自理的人数总和占80岁以上人口的比例而得，该比例为32.79%，也就是说，80岁以上的老年人口中约有1/3都是需要老年照料的。

表3－2　2011—2050年上海市60岁以上老年人口的规模和身体状况趋势预测

| 年份 | 60岁以上 | | | 80岁以上 | | |
|---|---|---|---|---|---|---|
| | 人口数量（万人） | 独居人口数量（万人） | 身体不健康人口数量（万人） | 人口数量（万人） | 80岁以上占60岁以上比例（%） | 身体不健康人口数量（万人） |
| 2011 | 374.16 | 91.03 | 47.63 | 64.17 | 17.15 | 21.04 |
| 2012 | 401.16 | 97.60 | 51.07 | 68.50 | 17.08 | 22.46 |
| 2013 | 427.96 | 104.12 | 54.48 | 72.00 | 16.82 | 23.61 |
| 2014 | 454.56 | 110.59 | 57.87 | 74.94 | 16.49 | 24.57 |
| 2015 | 480.98 | 117.02 | 61.23 | 77.58 | 16.13 | 25.44 |
| 2016 | 507.23 | 123.41 | 64.57 | 80.14 | 15.80 | 26.28 |
| 2017 | 533.33 | 129.76 | 67.89 | 82.84 | 15.53 | 27.16 |
| 2018 | 559.30 | 136.08 | 71.20 | 85.85 | 15.35 | 28.15 |
| 2019 | 585.15 | 142.37 | 74.49 | 89.29 | 15.26 | 29.28 |
| 2020 | 610.88 | 148.63 | 77.76 | 93.26 | 15.27 | 30.58 |
| 2021 | 636.49 | 154.86 | 81.03 | 97.80 | 15.37 | 32.07 |
| 2022 | 661.99 | 161.06 | 84.27 | 102.93 | 15.55 | 33.75 |
| 2023 | 687.37 | 167.24 | 87.50 | 108.64 | 15.80 | 35.62 |
| 2024 | 712.62 | 173.38 | 90.72 | 114.88 | 16.12 | 37.67 |
| 2025 | 737.72 | 179.49 | 93.91 | 121.59 | 16.48 | 39.87 |
| 2026 | 762.67 | 185.56 | 97.09 | 128.72 | 16.88 | 42.21 |
| 2027 | 787.42 | 191.58 | 100.24 | 136.17 | 17.29 | 44.65 |
| 2028 | 811.95 | 197.55 | 103.36 | 143.87 | 17.72 | 47.18 |
| 2029 | 836.21 | 203.45 | 106.45 | 151.75 | 18.15 | 49.76 |

续表

| 年份 | 60 岁以上 | | | 80 岁以上 | | |
|---|---|---|---|---|---|---|
| | 人口数量（万人） | 独居人口数量（万人） | 身体不健康人口数量（万人） | 人口数量（万人） | 80 岁以上占 60 岁以上比例（%） | 身体不健康人口数量、（万人） |
| 2030 | 860.15 | 209.27 | 109.50 | 159.73 | 18.57 | 52.38 |
| 2031 | 883.72 | 215.01 | 112.50 | 167.75 | 18.98 | 55.00 |
| 2032 | 906.83 | 220.63 | 115.44 | 175.74 | 19.38 | 57.63 |
| 2033 | 929.42 | 226.13 | 118.31 | 183.67 | 19.76 | 60.23 |
| 2034 | 951.39 | 231.47 | 121.11 | 191.49 | 20.13 | 62.79 |
| 2035 | 972.67 | 236.65 | 123.82 | 199.18 | 20.48 | 65.31 |
| 2036 | 993.14 | 241.63 | 126.43 | 206.70 | 20.81 | 67.78 |
| 2037 | 1012.72 | 246.40 | 128.92 | 214.06 | 21.14 | 70.19 |
| 2038 | 1031.31 | 250.92 | 131.29 | 221.23 | 21.45 | 72.54 |
| 2039 | 1048.81 | 255.18 | 133.51 | 228.22 | 21.76 | 74.83 |
| 2040 | 1065.13 | 259.15 | 135.59 | 235.01 | 22.06 | 77.06 |
| 2041 | 1080.19 | 262.81 | 137.51 | 241.61 | 22.37 | 79.22 |
| 2042 | 1093.90 | 266.14 | 139.25 | 248.02 | 22.67 | 81.33 |
| 2043 | 1106.19 | 269.14 | 140.82 | 254.24 | 22.98 | 83.36 |
| 2044 | 1117.00 | 271.77 | 142.19 | 260.25 | 23.30 | 85.34 |
| 2045 | 1126.29 | 274.03 | 143.38 | 266.06 | 23.62 | 87.24 |
| 2046 | 1134.01 | 275.90 | 144.36 | 271.66 | 23.96 | 89.08 |
| 2047 | 1140.14 | 277.40 | 145.14 | 277.03 | 24.30 | 90.84 |
| 2048 | 1144.67 | 278.50 | 145.72 | 282.16 | 24.65 | 92.52 |
| 2049 | 1147.60 | 279.21 | 146.09 | 287.04 | 25.01 | 94.12 |
| 2050 | 1148.93 | 279.54 | 146.26 | 291.63 | 25.38 | 95.63 |

3. 上海市未来人口的发展特点

（1）上海市将进入人口老龄化的加速发展期

通过对 2011—2050 年上海市人口数量预测的分析，我们发现未来上海市的人口老龄化趋势日益加深，60 岁以上老年人口的上升速度快于总人口快速增长期的上升速度，同时也快于 15—59 岁劳动人口的下降速度。2050 年 60 岁以上人口的数量约是 2011 年 60 岁以上人口的 3 倍，2050 年

60岁以上人口占总人口的比例约是2011年该比例的3倍。2050年时60岁以上人口约占总人口的一半。2011—2050年80岁以上老年人口的增长速度快于60岁以上老年人口的增长速度，2050年80岁以上人口的数量约是2011年的5倍，2050年80岁以上人口占60岁以上人口的比例约是2011年的2倍。2050年时四个60岁以上人口中就有一个80岁以上的老年人。

（2）老年人口增加而劳动人口减少将导致老年抚养系数攀升

根据前文的预测可知，2011—2050年60岁以上的老年人口数量持续增加而15—59岁的劳动人口却逐渐减少，这直接导致老年抚养系数持续攀升，从2011年的21.43%上升到2050年的100.23%，增长了大概4倍，这意味着2011年五个劳动人口可以供养一个老年人，2050年时一个劳动人口供养一个老年人。如果考虑到少儿抚养系数的话，劳动人口的供养负担会更重，2050年平均不足一个的劳动人口要同时供养一个老年人和未成年人。

（3）高龄老年人快速增加将导致沉重的医疗护理负担

根据2010年上海市人口普查数据，80岁以上人口的身体不健康比例是32.79%，该比例是以身体不健康的最低限统计，这意味着80岁以上人口中约有1/3是在一定程度内长时间接受医疗诊治和护理的。根据表3—2的预测，2011—2050年80岁以上人口的总人数是逐年递增的，而且增长的速度是快于60岁以上老年人的增速，那么，80岁以上高龄老年人中不健康的人数也是在加速增长，从2011年的21.04万人增加到2050年的95.63万人，期间增长了约4倍，这会给社会造成沉重的医疗护理负担，而15—59岁劳动人口的逐渐减少还会加剧此负担。

（4）建立居家养老服务体系刻不容缓

综上所述，未来上海市人口变动的特点决定了上海市最适宜的养老模式就是居家养老。当务之急就是尽快建立起居家养老服务体系，大力开展居家养老服务，既可以缓解机构养老的压力、节约养老成本，又可以优化社会的医疗资源，保障老年人晚年生活的质量。

## 二　上海市居家养老服务资金规模趋势预测

根据上海市有关居家养老服务的文件精神，社会资金用于居家养老服务主要在居家养老服务机构的建设上，并且其数量与政府资金成一定的比例。然而，随着资金社会化，社会资金会逐渐扩大居家养老服务机构的投入范围。所以，本章会通过资金发展模型的设立来分别预测政府资金、社会资金和家庭资金的规模。

1. 建立资金预测动态模型

居家养老服务资金的测算直接与老年人的照料需求或照料成本有关。国外学者对老年人照料需求成本的定量研究较多（CMMS，2004），预测的方法大概有两种：一种是比例分布法，即用基期老年人按年龄、性别区分的生活自理能力状况分布乘以相应的人口预测年龄和性别分布（Mayhew，2000），此种方法对微观数据要求不高；另一种是多状态转换法，即利用跟踪调查数据估算老年人的生活自理能力状态转换率矩阵，再结合人口预测矩阵进行测算（Lakdawalla et al.，2003），这种方法对微观数据要求较高，并且需要有多年的跟踪数据才能确保估算的准确性。国内学者基于此方法建立了多维家庭人口预测模型对老年家庭照料需求成本进行过趋势测算（曾毅等，2012）。还有学者通过长期护理保险需求的测算来估算我国长期护理保险费用中政府和个人的筹资边界（魏华林等，2012），具体方法是采用社会保障系数指标并利用宏观数据测算出政府与个人的资金边界。本书在进行居家养老服务资金的研究时，由于上海自 2000 年推行居家养老工作至今约有十几年，与其相关的数据时间跨度短，结构宏观化，更为详细的微观数据不可得，所以采用了比例分布法，并依据上海市政府出台的居家养老服务政策来动态测算居家养老服务资金的规模发展趋势。

目前居家养老服务资金由两部分构成，即用于居家养老服务机构建设和运营的资金和用于购买居家养老服务的资金。前者称之为居家养老服务机构资金，后者称之为居家养老服务购买资金。居家养老服务机构资金由政府和社会力量共同承担，而政府资金在居家养老服务机构的投入中又分为两类，一类是机构建设资金，另一类是机构运营资金，都是以补贴形式出现在相关文件中。居家养老服务购买资金由政府和家庭承担，政府以政府购买的形式向社会组织购买居家养老服务，以服务券的形式补贴给部分老年人，老年人不需要支付任何服务费用；而家庭购买居家养老服务是要自掏腰包的，见图 3－2。

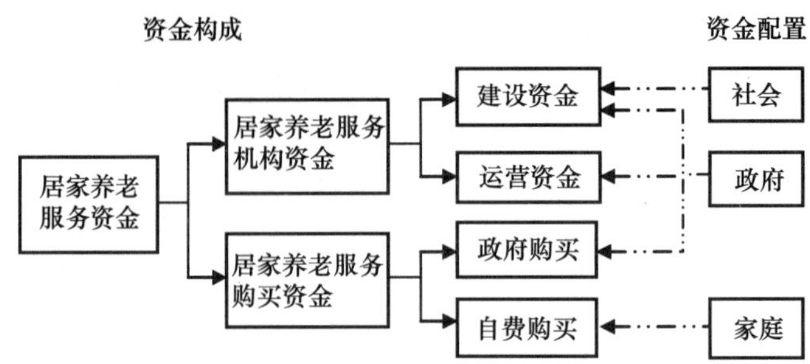


图 3-2 居家养老服务资金构成及资金配置关系

（1）数据来源与描述

居家养老服务资金预测中所需要的人口数据来自于前述的人口预测数据。

居家养老服务的机构建设资金和运营资金依据上海市居家养老服务相关文件的补贴方法来计算。

居家养老服务的购买资金依据 2001—2012 年上海市居家养老服务补贴资金的增长情况来计算，其中，2001—2011 年的消费价格指数来自历年的《上海统计年鉴》，2012 年的消费价格指数来自《2012 年上海市国民经济和社会发展统计公报》。

居家养老服务机构面积数据来自《中国民政统计年鉴 2012》。

居家养老的老年人口身体健康状况分布以 2010 年上海第六次人口普查数据所确定的 60 岁以上老年人健康状况分布为准，其中 2010 年上海市第六次人口普查数据中关于 60 岁以上人口分年龄的身体健康状况的分布是以全部人口抽样 10% 为基准。

资金预测起点是 2013 年，终点是 2050 年。

（2）模型假设与建立

模型假设：

①居家养老服务机构资金中，每年的每平方米的建设费用和运营费用，即单位面积建设费用和单位面积运营费用，随着每年的通货膨胀率调整，但不考虑居家养老服务设施的折旧问题。

②采用 2013 年国务院印发的《关于加快发展养老服务业的若干意见》中新建居民小区按人均 0.1 平方米配建养老服务设施的要求，在资金预测起点 2013 年一次性完成社区人均 0.1 平方米配建养老服务设施的

改造，从 2014 年开始新建社区配套人均 0.1 平方米养老服务网设施。

③居家养老服务购买资金中，在信息完全对称的情况下，家庭自费购买的居家养老服务的价格与政府购买的补贴价格一样，家庭资金与政府在居家养老服务补贴上的资金只在服务覆盖面上有差异。政府在未来用于居家养老服务补贴的构成与 2012 年保持一致。

④由于非营利组织提供居家养老服务的非营利性，所以在本书中假定社会资金用于居家养老服务的机构资金与政府用于居家养老服务机构资金的标准一样。

模型建立：

政府居家养老服务机构资金中有建设资金和运营资金。建设资金是用于居家养老服务机构的固定设施投入，构建建设资金的计算公式时采用存量方式，未考虑折旧问题。运营资金用于居家养老服务机构的日常运作和薪酬支付，构建运营资金的计算公式时采用流量方式。居家养老服务购买资金的模型构建中以年人均居家养老服务补贴金额、居家养老服务覆盖面、60 岁以上老年人的数量和年人均居家养老服务补贴金额的增长率之乘积计算。

建设资金为：$\begin{cases} G_{t+2}^{11} = \tau_1 \times (s - s_0) \times M_t \times (1+\pi)^{t+1}, t = 1 \\ G_{t+2}^{11} = \tau_1 \times s \times (M_t - M_{t-1}) \times (1+\pi)^{t+1}, t = 2,3,\cdots \end{cases}$

运营资金为：$G_{t+2}^{12} = \tau_2 \times s \times M_t \times (1+\pi)^{t+1}$

政府居家养老服务机构资金：$G_{t+2}^{1} = G_{t+2}^{11} + G_{t+2}^{12}$

政府居家养老服务购买资金：$G_{t+2}^{2} = A \times N_{t+2} \times \sigma_1 \times (1+r)^{t}$

政府居家养老服务总资金：$G_{t+2} = G_{t+2}^{1} + G_{t+2}^{2}$

家庭居家养老服务购买资金：$F_{t+2} = A \times N_{t+2} \times \sigma_2 \times (1+r)^{t}$

社会资金用于居家养老服务机构：

其中建设资金为：

$$\begin{cases} S_{t+2}^{1} = \alpha \times \tau_1 \times (s - s_0) \times M_t \times (1+\pi)^{t+1}, \ t = 1 \\ S_{t+2}^{1} = \alpha \times \tau_1 \times s \times (M_t - M_{t-1}) \times (1+\pi)^{t+1}, \ t = 2, 3, \cdots \end{cases}$$

运营资金：$S_{t+2}^{2} = \tau_2 \times s \times M_t \times (1+\pi)^{t+1}$

社会力量用于居家养老服务的资金：$S_{t+2} = S_{t+2}^{1} + S_{t+2}^{2}$

居家养老服务资金由政府资金、家庭资金和社会资金组成：

居家养老服务总资金：$P_{t+2} = G_{t+2} + F_{t+2} + S_{t+2}$

参数设置：

$M_t$ 表示 $t$ 年的人口总数量，$N_t$ 表示 $t$ 年的60岁以上老年人人口数量，$t=1, 2, 3, \cdots$，其中，1代表2011年，2代表2012年，……

$\sigma_i$ 表示居家养老服务覆盖面，即居家养老服务人数占60岁以上人口的比例。$i=1, 2$。其中，1代表政府补贴，2代表家庭自费。

$A$ 表示居家养老服务人均补贴水平。

$r$ 表示人均补贴增长率。

$\tau_i$ 表示居家养老服务机构每平方米的资金费用。$i=1, 2$。其中，1代表每平方米的建设资金费用，2代表每平方米的运营资金费用。

$s$ 表示居家养老服务设施人均面积。

$\pi$ 表示通货膨胀率。

$G_t^1$ 表示政府居家养老服务机构资金，$G_t^{11}$ 表示政府居家养老服务机构资金中的建设资金，$G_t^{12}$ 表示政府居家养老服务机构资金中的运营资金，$G_t^2$ 表示政府居家养老服务购买资金。$G_t$ 表示政府资金。

$F_t$ 表示家庭资金支出。

$S_t^1$ 表示社会资金用于居家养老服务机构的建设资金，$S_t^2$ 表示社会资金用于居家养老服务机构的运营资金。$S_t$ 表示社会力量用于居家养老服务的总资金。

$P_t$ 表示居家养老服务总资金。

（3）预测方案设计与参数选择

预测居家养老服务机构资金时，根据2013年9月13日国务院印发的《关于加快发展养老服务业的若干意见》中的要求，居家养老服务设施人均面积 $s=0.1$，而经过整理得到的2011年居家养老服务设施人均面积为 $S_0=0.032$。

居家养老服务机构的建设资金和运营资金的计算方法是依据上海市有关居家养老服务文件的补贴方法，其中计算日间照料中心的开办费补贴平均以60万元/个，助餐点开办补贴平均以18万元/个，助老服务社开办费补贴以6万元/个。居家养老工作人员的平均薪酬（含缴纳的社会保险）以2000元/人/月计算。那么，2011年的居家养老服务机构的建设费用 $\tau_1=377.41$ 元/$m^2$，运营费用，$\tau_2=116.96$ 元/$m^2$。

由于目前社会资金用于居家养老服务机构的建设仅在日间照料中心

和助餐点，根据上海市有关居家养老服务文件的补贴方法，政府资金的补贴标准随着居家养老服务机构的规模相应发生变化，中小规模的补贴比例在 60%—100%，大规模的补贴比例在 80% 以下。平均来看，政府资金在居家养老服务机构的补贴比例大约在 70%，所以，社会资金投入居家养老服务机构建设的比例约占 30%。那么，由此得出，$\alpha$ = 0.43。并且预测居家养老服务资金的社会资金投入中，假定社会资金的投入范围扩展到所有的居家养老服务机构的建设和运营，投入比例也随着时间的推移逐渐加大。本书选择了三个 $\alpha$，其中，$\alpha_1$ 取 2011 年的社会资金比例与政府资金比例的 0.43；$\alpha_2$ 取 1，即社会资金比例与政府资金比例相同；$\alpha_3$ 取 2.33，即社会资金比例占 70%，政府资金比例占 30%，这个比例的选取源于 2012 年政府用于居家养老服务购买的资金与政府用于居家养老服务机构建设和运营资金的比例，也就是说，在这个比例下，政府资金不再投入居家养老服务机构的建设和运营，只投入在居家养老服务的购买，居家养老服务机构的建设和运营完全由社会资金承担。

通货膨胀率由 2012 年的 CPI 指数调整，$\pi$ = 0.028 居家养老服务补贴资金时，由于 2001—2012 年居家养老服务人均补贴增长率波动较大，2001—2012 年居家养老服务人均补贴增长率分别在 2008 年和 2012 年出现负增长，分别为 -6.1% 和 -9.8%，按照最近时间的平均增长率，2009—2012 年居家养老服务人均补贴平均增长率 3.7%、2006—2012 年平均增长率 6.8%，2005—2012 年平均增长率 9.6%，所以本书选择了三个增长率，即低增长率、中增长率和高增长率，依次为 3%、6% 和 10%。

2012 年居家养老服务人均补贴水平 $A$ = 2306.1 元。

根据曾毅等（2012）预测的我国 21 世纪上半叶生活自理能力残障老年人每年的年增长率 3.5% 来粗略估算，其中以 2010 年上海市人口普查数据中不健康的占比 12.73% 作为基准，上海市 2011—2050 年生活自理能力残障老年人占 60 岁以上老年人的比例呈现先降后升的趋势，见图3-3，大概在 2025 年降到最低点，约为 9.57%，2050 年增长至 14.52%。以 2003 年上海市老年人口状况与意愿跟踪调查数据所统计出来的分年龄组分等级老年人的生理功能障碍比例，2011—2050 年上海市功能障碍老年人占 60 岁以上老年人的比例同样也呈现先降后升，最低点出现在 2015

年，为32.49%，2050年增长至40.34%。所以，本书假定2013—2030年居家养老的服务覆盖面，即购买居家养老服务的老年人数量占60岁以上老年人数量的比例，有三种方案，即保持2012年的7.4%的方案1、以年增长率计算的残障覆盖面14%的方案2和分年龄分等级的残障覆盖面40%的方案3。方案1下采用的2012年居家养老服务覆盖面 $\sigma_1=0.343$，$\sigma_2=0.0397$；方案2下的 $\sigma_1=0.07$，$\sigma_2=0.07$；方案3下的 $\sigma_1=0.2$，$\sigma_2=0.2$。

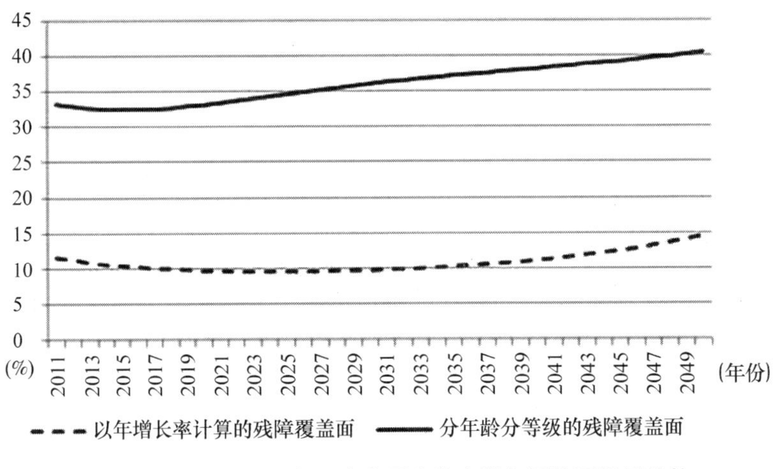


**图3-3　2011—2050年上海市居家养老服务覆盖面发展趋势**

2. 预测分析结果

（1）2013—2050年人均居家养老服务补贴水平的发展趋势

以2012年的居家养老服务人均补贴水平为基准，分别以低增长率3%、中增长率6%和高增长率10%进行模拟，并经过消长处理，见图3-4，具体计算公式为：$A_t=(1+r_i)^t/(1+\pi)^t$。2013—2050年居家养老服务人均补贴水平的预测中，低增长率和中增长率的发展趋势较为平缓，而高增长率的从2033年开始大幅提高。低增长率的人均补贴水平由2013年的2306.1元增长至2050年的2478元；中增长率的人均补贴水平由2013年的2373.2元增长至2050年的7377.6元；高增长率的人均补贴水平由2013年的2462.8元增长至2050年的30144.9元。根据2013年9月13日国务院印发的《关于加快发展养老服务业的若干意见》中要求的社区居家养老应当医药结合，并且2011年社区卫生服务中心住院病人的人均医疗费用2315.1元[①]和2011年人均医药卫生支出费用2711元[②]，比较2011年上海市人均养老金7976元，人均社会保障支出3387元[③]，可以得出，在人均补贴低增长率水平下，家庭老年人是能够用养老金支付居家养老服务；在人均补贴中增长率水平下，老年人的居家养老服务资金更多要依赖子女进行支付；在人均补贴高增长率水平下，家庭无法承担居家养老服务资金[④]。

（2）2013—2050年政府资金用于居家养老服务的规模发展趋势

政府用于居家养老服务的资金有两部分，一部分是居家养老服务机构资金，另一部分是居家养老服务购买资金。在三种不同的居家养老服务覆盖面和不同的居家养老服务补贴增长率的情形下，2013—2050年政府资金的发展趋势，见表3-3，方案1居家养老服务覆盖面7.4%下的资金增长最为缓慢，2050年低增长率下的资金达到36.67亿元，中增长率的为91.82亿元，高增长率的为348.05亿元；方案2居家养老服务覆盖面

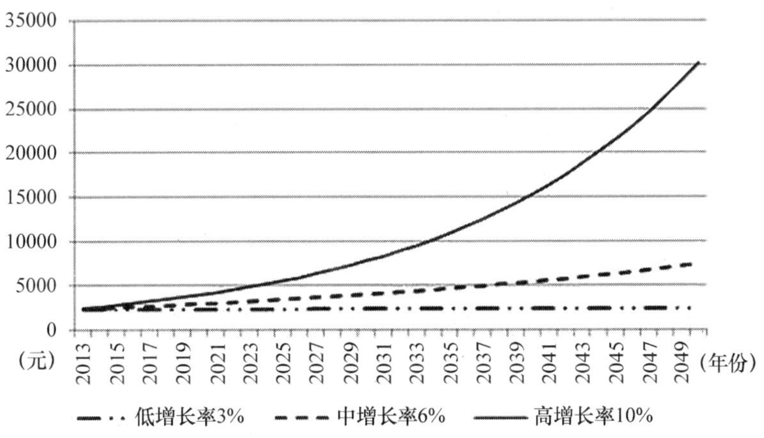


**图3-4　2013—2050年居家养老服务人均补贴水平发展趋势（元）**

---

① 数据来源于《中国卫生统计年鉴2012》。

② 根据《2008年第四次国家卫生服务调查分析报告》，卫生部统计信息中心编，中国协和医科大学出版社2009年版，人均医药卫生支出费用占家庭生活消费性支出比例为10.8%，2011年上海市人均消费性支出25102元，可计算出人均医药卫生支出费用25102元×10.8%=2711元。

③ 数据来源于《上海统计年鉴2012》。

④ 该结论是对比《上海统计年鉴2012》所示的2011年人均可支配收入36230元而得出的。

14%下，2050年低增长率下的资金为65.7亿元，中增长率的为178.24亿元，高增长率的为701.17亿元；方案3居家养老服务覆盖面40%下，2050年时低增长率下的资金达到171.4亿元，中增长率的为492.93亿元，高增长率的为1987.01亿元。总体来说，2013—2050年三个覆盖面方案在低增长率下的资金增长最缓慢，而高增长率的资金增长快速。2050年高增长率下的资金约是低增长率的9倍，中增长率的4倍，而中增长率约是低增长率的3倍。

表3-3　　2013—2050年政府资金用于居家养老服务的发展趋势预测　　单位：亿元

| 年份 | 方案1（7.4%） | | | 方案2（14%） | | | 方案3（40%） | | |
|---|---|---|---|---|---|---|---|---|---|
| | 低 | 中 | 高 | 低 | 中 | 高 | 低 | 中 | 高 |
| 2013 | 12.84 | 12.94 | 13.08 | 16.46 | 16.67 | 16.94 | 29.65 | 30.24 | 31.03 |
| 2014 | 6.96 | 7.18 | 7.49 | 10.92 | 11.38 | 12.01 | 25.35 | 26.66 | 28.47 |
| 2015 | 7.41 | 7.78 | 8.31 | 11.73 | 12.49 | 13.57 | 27.45 | 29.63 | 32.73 |
| 2016 | 7.87 | 8.42 | 9.23 | 12.57 | 13.68 | 15.33 | 29.65 | 32.84 | 37.55 |
| 2017 | 8.36 | 9.11 | 10.26 | 13.44 | 14.98 | 17.32 | 31.94 | 36.33 | 43.02 |
| 2018 | 8.86 | 9.85 | 11.41 | 14.35 | 16.37 | 19.56 | 34.33 | 40.11 | 49.20 |
| 2019 | 9.39 | 10.65 | 12.71 | 15.30 | 17.88 | 22.08 | 36.83 | 44.21 | 56.20 |
| 2020 | 9.93 | 11.51 | 14.16 | 16.29 | 19.51 | 24.92 | 39.44 | 48.64 | 64.10 |
| 2021 | 10.56 | 12.49 | 15.85 | 17.38 | 21.33 | 28.18 | 42.23 | 53.50 | 73.09 |
| 2022 | 11.16 | 13.50 | 17.69 | 18.47 | 23.24 | 31.80 | 45.09 | 58.71 | 83.18 |
| 2023 | 11.78 | 14.57 | 19.75 | 19.60 | 25.29 | 35.87 | 48.07 | 64.33 | 94.55 |
| 2024 | 12.43 | 15.73 | 22.06 | 20.78 | 27.51 | 40.44 | 51.18 | 70.41 | 107.36 |
| 2025 | 13.10 | 16.97 | 24.65 | 22.00 | 29.90 | 45.58 | 54.41 | 76.98 | 121.78 |
| 2026 | 13.79 | 18.30 | 27.55 | 23.27 | 32.46 | 51.35 | 57.79 | 84.06 | 138.00 |
| 2027 | 14.51 | 19.72 | 30.79 | 24.59 | 35.23 | 57.82 | 61.29 | 91.69 | 156.23 |
| 2028 | 15.25 | 21.25 | 34.42 | 25.96 | 38.20 | 65.07 | 64.94 | 99.91 | 176.70 |
| 2029 | 16.02 | 22.88 | 38.47 | 27.38 | 41.39 | 73.20 | 68.73 | 108.76 | 199.67 |
| 2030 | 16.81 | 24.63 | 43.01 | 28.84 | 44.81 | 82.30 | 72.66 | 118.27 | 225.39 |
| 2031 | 17.67 | 26.55 | 48.11 | 30.41 | 48.52 | 92.52 | 76.77 | 128.52 | 254.23 |
| 2032 | 18.53 | 28.56 | 53.76 | 31.98 | 52.45 | 103.89 | 80.99 | 139.47 | 286.42 |

续表

| 年份 | 方案1（7.4%） | | | 方案2（14%） | | | 方案3（40%） | | |
|---|---|---|---|---|---|---|---|---|---|
| | 低 | 中 | 高 | 低 | 中 | 高 | 低 | 中 | 高 |
| 2033 | 19.40 | 30.70 | 60.05 | 33.61 | 56.66 | 116.56 | 85.34 | 151.20 | 322.36 |
| 2034 | 20.30 | 32.97 | 67.05 | 35.28 | 61.14 | 130.68 | 89.82 | 163.72 | 362.41 |
| 2035 | 21.22 | 35.40 | 74.83 | 37.00 | 65.93 | 146.39 | 94.43 | 177.09 | 406.99 |
| 2036 | 22.17 | 37.97 | 83.45 | 38.75 | 71.01 | 163.83 | 99.16 | 191.33 | 456.52 |
| 2037 | 23.13 | 40.70 | 93.01 | 40.55 | 76.42 | 183.17 | 104.00 | 206.47 | 511.48 |
| 2038 | 24.12 | 43.60 | 103.59 | 42.39 | 82.15 | 204.59 | 108.94 | 222.53 | 572.36 |
| 2039 | 25.13 | 46.67 | 115.29 | 44.27 | 88.22 | 228.27 | 113.98 | 239.56 | 639.67 |
| 2040 | 26.16 | 49.90 | 128.18 | 46.18 | 94.64 | 254.39 | 119.10 | 257.54 | 713.98 |
| 2041 | 27.19 | 53.30 | 142.37 | 48.11 | 101.40 | 283.17 | 124.27 | 276.52 | 795.86 |
| 2042 | 28.24 | 56.88 | 157.97 | 50.06 | 108.50 | 314.81 | 129.50 | 296.49 | 885.93 |
| 2043 | 29.30 | 60.63 | 175.08 | 52.02 | 115.97 | 349.55 | 134.77 | 317.47 | 984.84 |
| 2044 | 30.36 | 64.56 | 193.83 | 53.99 | 123.78 | 387.62 | 140.05 | 339.47 | 1093.27 |
| 2045 | 31.42 | 68.66 | 214.34 | 55.96 | 131.96 | 429.27 | 145.35 | 362.49 | 1211.95 |
| 2046 | 32.48 | 72.94 | 236.74 | 57.93 | 140.50 | 474.78 | 150.63 | 386.53 | 1341.63 |
| 2047 | 33.54 | 77.39 | 261.16 | 59.90 | 149.40 | 524.43 | 155.89 | 411.60 | 1483.11 |
| 2048 | 32.56 | 80.00 | 285.72 | 59.82 | 156.63 | 576.47 | 159.09 | 435.66 | 1635.21 |
| 2049 | 35.64 | 86.83 | 316.66 | 63.79 | 168.27 | 637.30 | 166.29 | 464.80 | 1804.89 |
| 2050 | 36.67 | 91.82 | 348.05 | 65.70 | 178.24 | 701.17 | 171.40 | 492.93 | 1987.01 |

（3）2013—2050年家庭资金用于居家养老服务的规模发展趋势

家庭用于居家养老服务的资金主要是家庭的购买。2013—2050年上海市居家养老服务的家庭资金发展趋势，见表3－4。方案1下的资金增长最缓慢，方案3下的资金增长最快。2050年时方案1下低增长率的资金为32.28亿元，中增长率的是96.1亿元，高增长率的是392.68亿元；方案2下低增长率的资金为56.92亿元，中增长率的是169.45亿元，高增长率的是692.38亿元；方案3下低增长率的资金为162.62亿元，中增长率的为484.15亿元，高增长率的为1978.23亿元。2050年高增长率方案下的资金大约是低增长率方案下资金的12倍，是中增长率方案下资金的4倍，中增长率方案下的资金是低增长率方案下资金的3倍。相比较

表8－3政府资金的数量，家庭资金的数量整体上是少于政府资金的。

表3－4　　2013—2050年家庭资金用于居家养老服务的发展趋势预测　　单位：亿元

| 年份 | 方案1（7.4%） | | | 方案2（14%） | | | 方案3（40%） | | |
|---|---|---|---|---|---|---|---|---|---|
| | 低 | 中 | 高 | 低 | 中 | 高 | 低 | 中 | 高 |
| 2013 | 4.03 | 4.15 | 4.30 | 7.10 | 7.31 | 7.58 | 20.29 | 20.88 | 21.67 |
| 2014 | 4.41 | 4.67 | 5.03 | 7.77 | 8.23 | 8.86 | 22.20 | 23.51 | 25.32 |
| 2015 | 4.80 | 5.23 | 5.85 | 8.47 | 9.23 | 10.31 | 24.19 | 26.37 | 29.47 |
| 2016 | 5.22 | 5.85 | 6.79 | 9.20 | 10.32 | 11.96 | 26.28 | 29.48 | 34.19 |
| 2017 | 5.65 | 6.52 | 7.85 | 9.96 | 11.50 | 13.84 | 28.46 | 32.85 | 39.54 |
| 2018 | 6.10 | 7.25 | 9.05 | 10.76 | 12.78 | 15.96 | 30.74 | 36.52 | 45.61 |
| 2019 | 6.58 | 8.04 | 10.42 | 11.59 | 14.18 | 18.37 | 33.13 | 40.50 | 52.49 |
| 2020 | 7.07 | 8.90 | 11.97 | 12.47 | 15.69 | 21.10 | 35.62 | 44.82 | 60.28 |
| 2021 | 7.59 | 9.83 | 13.71 | 13.38 | 17.33 | 24.18 | 38.23 | 49.50 | 69.09 |
| 2022 | 8.13 | 10.83 | 15.69 | 14.33 | 19.10 | 27.66 | 40.95 | 54.57 | 79.04 |
| 2023 | 8.69 | 11.92 | 17.92 | 15.33 | 21.02 | 31.60 | 43.80 | 60.06 | 90.28 |
| 2024 | 9.28 | 13.10 | 20.44 | 16.37 | 23.10 | 36.03 | 46.77 | 66.01 | 102.95 |
| 2025 | 9.90 | 14.38 | 23.27 | 17.45 | 25.35 | 41.03 | 49.87 | 72.43 | 117.24 |
| 2026 | 10.54 | 15.76 | 26.46 | 18.59 | 27.78 | 46.66 | 53.10 | 79.37 | 133.32 |
| 2027 | 11.21 | 17.24 | 30.05 | 19.76 | 30.40 | 52.99 | 56.47 | 86.87 | 151.41 |
| 2028 | 11.91 | 18.85 | 34.09 | 20.99 | 33.23 | 60.11 | 59.98 | 94.95 | 171.74 |
| 2029 | 12.63 | 20.57 | 38.62 | 22.27 | 36.28 | 68.10 | 63.62 | 103.65 | 194.56 |
| 2030 | 13.38 | 22.43 | 43.70 | 23.59 | 39.56 | 77.05 | 67.41 | 113.02 | 220.14 |
| 2031 | 14.16 | 24.43 | 49.38 | 24.97 | 43.08 | 87.08 | 71.33 | 123.08 | 248.79 |
| 2032 | 14.97 | 26.57 | 55.74 | 26.39 | 46.86 | 98.29 | 75.39 | 133.88 | 280.83 |
| 2033 | 15.80 | 28.87 | 62.85 | 27.86 | 50.91 | 110.81 | 79.59 | 145.44 | 316.60 |
| 2034 | 16.66 | 31.33 | 70.77 | 29.37 | 55.24 | 124.77 | 83.91 | 157.82 | 356.50 |
| 2035 | 17.54 | 33.95 | 79.58 | 30.93 | 59.86 | 140.32 | 88.36 | 171.02 | 400.92 |
| 2036 | 18.45 | 36.74 | 89.38 | 32.53 | 64.79 | 157.60 | 92.93 | 185.10 | 450.29 |
| 2037 | 19.37 | 39.72 | 100.26 | 34.16 | 70.03 | 176.78 | 97.61 | 200.08 | 505.09 |
| 2038 | 20.32 | 42.87 | 112.31 | 35.83 | 75.59 | 198.03 | 102.38 | 215.97 | 565.79 |
| 2039 | 21.29 | 46.21 | 125.64 | 37.53 | 81.49 | 221.53 | 107.24 | 232.82 | 632.94 |

续表

| 年份 | 方案1（7.4%） | | | 方案2（14%） | | | 方案3（40%） | | |
|---|---|---|---|---|---|---|---|---|---|
| | 低 | 中 | 高 | 低 | 中 | 高 | 低 | 中 | 高 |
| 2040 | 22.27 | 49.75 | 140.35 | 39.26 | 87.72 | 247.47 | 112.18 | 250.63 | 707.06 |
| 2041 | 23.26 | 53.48 | 156.57 | 41.01 | 94.30 | 276.07 | 117.18 | 269.42 | 788.76 |
| 2042 | 24.26 | 57.41 | 174.41 | 42.78 | 101.22 | 307.53 | 122.22 | 289.21 | 878.65 |
| 2043 | 25.27 | 61.54 | 194.01 | 44.56 | 108.50 | 342.08 | 127.30 | 310.01 | 977.38 |
| 2044 | 26.28 | 65.87 | 215.50 | 46.34 | 116.14 | 379.97 | 132.41 | 331.82 | 1085.63 |
| 2045 | 27.30 | 70.40 | 239.02 | 48.13 | 124.13 | 421.44 | 137.51 | 354.65 | 1204.12 |
| 2046 | 28.31 | 75.13 | 264.72 | 49.91 | 132.48 | 466.76 | 142.61 | 378.51 | 1333.61 |
| 2047 | 29.31 | 80.07 | 292.77 | 51.69 | 141.19 | 516.22 | 147.68 | 403.39 | 1474.90 |
| 2048 | 30.31 | 85.21 | 323.32 | 53.45 | 150.25 | 570.09 | 152.71 | 429.29 | 1628.83 |
| 2049 | 31.30 | 90.56 | 356.56 | 55.19 | 159.67 | 628.70 | 157.70 | 456.21 | 1796.30 |
| 2050 | 32.28 | 96.10 | 392.68 | 56.92 | 169.45 | 692.38 | 162.62 | 484.15 | 1978.23 |

（4）2013—2050年社会资金用于居家养老服务的规模发展趋势

上海市自居家养老服务开展以来，起初由政府大包大揽承担所有的资金开支，逐渐开始吸纳社会力量的资金进入居家养老服务领域，由图3－2可知，社会资金主要投资于居家养老服务机构的建设费用上，随着居家养老服务的社会化，社会资金的投资范围会逐渐扩大，本书的预测假定社会资金承担居家养老服务机构的建设和运营费用，并随着社会化程度的提高，社会资金与政府资金在居家养老服务机构上的比例 $\alpha$ 由2012年的0.43，变化到1，再到2.33。本书分别在不同的比例下计算出2013—2050年社会用于居家养老服务的资金规模发展趋势，见表3－5。由于根据预测设计的假定2013年要达到人均养老服务设施面积0.1平方米，所以在2013年资金的数量出现跳跃，从2014年开始到2050年资金的增长趋势缓慢，其中 $\alpha=0.43$ 的增长最为迅速。2050年时 $\alpha=2.33$ 的资金约是 $\alpha=0.43$ 的6倍，约是 $\alpha=1$ 的2倍；$\alpha=1$ 的资金约是 $\alpha=0.43$ 的2倍。总体来说，社会资金的数量是低于政府资金和家庭资金的。

表 3-5　　2013—2050 年社会资金用于居家养老服务的发展趋势预测　　单位：亿元

| 年份 | α=0.43 | α=1 | α=2.33 |
|---|---|---|---|
| 2013 | 4.02 | 9.36 | 21.81 |
| 2014 | 1.35 | 3.15 | 7.34 |
| 2015 | 1.40 | 3.26 | 7.59 |
| 2016 | 1.45 | 3.37 | 7.85 |
| 2017 | 1.50 | 3.48 | 8.11 |
| 2018 | 1.54 | 3.59 | 8.37 |
| 2019 | 1.59 | 3.71 | 8.64 |
| 2020 | 1.64 | 3.82 | 8.91 |
| 2021 | 1.72 | 4.00 | 9.33 |
| 2022 | 1.78 | 4.14 | 9.64 |
| 2023 | 1.84 | 4.27 | 9.95 |
| 2024 | 1.89 | 4.41 | 10.27 |
| 2025 | 1.95 | 4.54 | 10.59 |
| 2026 | 2.01 | 4.68 | 10.91 |
| 2027 | 2.07 | 4.82 | 11.24 |
| 2028 | 2.14 | 4.97 | 11.57 |
| 2029 | 2.20 | 5.11 | 11.90 |
| 2030 | 2.26 | 5.25 | 12.24 |
| 2031 | 2.34 | 5.44 | 12.68 |
| 2032 | 2.41 | 5.60 | 13.04 |
| 2033 | 2.47 | 5.75 | 13.40 |
| 2034 | 2.54 | 5.91 | 13.77 |
| 2035 | 2.61 | 6.07 | 14.14 |
| 2036 | 2.68 | 6.23 | 14.51 |
| 2037 | 2.75 | 6.39 | 14.88 |
| 2038 | 2.82 | 6.56 | 15.29 |
| 2039 | 2.90 | 6.74 | 15.70 |
| 2040 | 2.97 | 6.92 | 16.12 |
| 2041 | 3.05 | 7.10 | 16.54 |
| 2042 | 3.13 | 7.28 | 16.96 |

续表

| 年份 | α =0.43 | α =1 | α =2.33 |
|---|---|---|---|
| 2043 | 3.21 | 7.46 | 17.39 |
| 2044 | 3.29 | 7.65 | 17.82 |
| 2045 | 3.37 | 7.83 | 18.25 |
| 2046 | 3.45 | 8.02 | 18.69 |
| 2047 | 3.53 | 8.21 | 19.13 |
| 2048 | 2.74 | 6.37 | 14.85 |
| 2049 | 3.69 | 8.59 | 20.02 |
| 2050 | 3.78 | 8.79 | 20.47 |

3. 讨论

（1）逐步将居家养老服务内容由生活照料转向医药结合的专业化服务

2013 年的《关于加快发展养老服务业的若干意见》要求居家养老服务实行医药结合，这体现了居家养老服务由以前的家政照料转向更为专业化的医护服务，这一方面体现了老年人福利水平的提高，另一方面在资金上也表现为人均费用的提高。依托社区实现医药结合的居家养老服务，既不挤占医院的医疗资源，又可以使老年人在家门口实现更专业化的医疗服务。

（2）加快建立人均居家养老服务增长率与通货膨胀率同步调整的机制

人均居家养老服务增长率与通货膨胀率调整后的净增长率水平代表了老年人的福利水平，同时也是影响居家养老服务资金的重要因素。资金预测中低、中、高增长率方案，实际反映出来的就是净增长率水平的低、中、高的情形。经过分析可知，在低增长率下，老年人可利用养老金负担居家养老服务；中增长率下，老年人可依赖子女负担居家养老服务；高增长率下，家庭资金不可负担居家养老服务。因此，政府在出台政策调整人均居家养老服务水平时，要充分考虑人均服务资金增长率与通货膨胀率的差距，形成良好的同步调整机制有助于完善居家养老服务资金的配置方式。

(3) 尽快建立起适度普惠型的居家养老服务资金保障体系

根据当前上海市居家养老服务的资金特点和本书对2013—2050年上海市居家养老服务资金在不同覆盖面和低、中、高三种增长率水平下的预测数据，以及服务社会化所带来的社会资金的进入，尽快建立起适度普惠型的居家养老服务资金保障体系有利于规范资金使用、扩大服务受惠面、提高老年人福利和应对老龄化危机，具有重大的意义。政府、社会和家庭是居家养老服务资金体系中重要的资金配置方，该如何协调它们之间在居家养老服务资金体系中的比例和安排是建立居家养老服务资金体系的关键。从目前来看，政府仍是居家养老服务资金安排中的重要力量。短期内，大概是在5年内，政府仍要利用其资金优势扩大居家养老服务的覆盖面，并配之以较低的人均居家养老服务费用增长率，即是前文所预测的服务覆盖面方案2与低增长率的组合；中期内，大概在10年内，社会力量开始加强资金投入力度，政府在居家养老服务机构的资金开始逐渐减少，把力量主要集中在居家养老服务的购买上，在维持或继续扩大服务覆盖面的同时，提高居家养老服务内容和水平，即采用方案2与中增长率的组合或方案3与中增长率的组合；长期内，未来的20年里，社会资金提供居家养老服务，政府和家庭共同购买居家养老服务，也就是要建立社会长期护理保险制度，这是基于服务覆盖面100%和高增长率的组合。这个组合所产生的资金仅依靠政府或家庭是不可支撑的，只有通过建立社会长期护理保险制度，利用代际间和代际内的收入分配来平衡居家养老服务资金的支付。

## 第四节　结语

本章重点对居家养老服务资金进行了深入的理论分析。通过构建一个基于家庭效用函数的居家养老服务资金模型，利用最大化的数学模型分析方法，得出了不同收入类型家庭对老年人的不同养老决策，即低收入家庭完全依赖政府免费补贴的养老服务，子女不直接给父母提供非正式照料和购买居家照料服务，而高收入家庭不享受政府免费补贴的养老服务，子女也不直接给父母提供非正式照料，养老服务完全依赖家庭购买。这样的居家养老服务资金的微观机制，会对居家养老服务资金的中观机制，即政府的养老事业以及养老服务市场的养老产业产生深远的影响。而中观机制又会促发居家养老服务资金的宏观机制，即对我国扩大内需的可持续的经济发展方式产生影响，有利于传统产业结构升级，加快经济结构调整，促进经济持续健康的发展。通过对上海市未来居家养老服务资金规模发展趋势的预测，为后面章节进行居家养老服务资金困境分析和对策研究做好理论和实证的基础。

# 第四章　政府资金支持居家养老服务的困境分析

居家养老作为一项社会福利政策，从政策出现到具体实施，政府都扮演着重要的作用。在这一章节将首先梳理我国居家养老服务政策和居家养老服务资金政策的发展演进，接着再重点分析上海市居家养老服务工作推行中政府资金的支持现状和发展困境。通过对政府支持居家养老服务的两种资金类型的来源、规模、投入的构成以及补贴的标准进行深入分析研究，发现破解政府资金支持居家养老服务的困境就是要建立起政府资金的长效投入机制。

## 第一节　居家养老服务政策的发展概况

居家养老服务政策的发展与我国老年人的社会福利制度的改革以及我国的社区服务发展有着紧密的联系。我国的社会福利制度不同于西方发达国家包含了社会保障制度的社会福利，是狭义的为增进和完善社会成员尤其是生活困难者的社会生活的一种社会制度安排，我国的社会福利是一种补缺型的社会福利制度。早在20世纪80年代我国就出现了居家养老的理念和政策，步入21世纪后国家政府相关部门结合基层社区的发展规划相继出台了居家养老服务的具体实行办法（王莉莉，2013）①，这些举措都标志着我国老年社会福利制度的日益成熟（戴卫东，2012）②。

---

① 王莉莉：《中国居家养老政策发展历程分析》，《西北人口》2013年第2期第34卷，第66—72页。

② 戴卫东：《改革开放以来老年福利制度建设的经验与教训》，《武汉科技大学学报》（社会科学版）2012年第4期第14卷，第363—367页。

## 一　居家养老服务政策的发展演进

居家养老服务政策的发展是伴随着国家对老年问题的认知变化开始的，从最早成立全国老龄工作委员会关注老年人的养老问题，而后将居家养老与社区服务业的发展相结合，我国的居家养老服务政策一直呈现出建设以社区服务为中心主导的社会养老服务体系的态势。

1．居家养老服务政策的起步阶段（1980—2000）

这一阶段还没有明确的居家养老服务的理念，但是重点明确了养老社会化服务和基层社区的为老服务。1983 年，全国老龄工作委员会《关于老龄工作情况与今后活动计划要点》开始关注老年人的生活照料，建议各地根据自身地区特点建设与老年人活动、就医和生活照顾相关的服务设施。这是国家政策文件中首次提及居家养老服务的一项重要内容，即老年人日间照料中心的建立。1985 年，卫生部出台的《关于加强我国老年医疗卫生工作的意见》中指出要大力发展家庭病床，在社区层面开展对老年人的医疗服务，为行动不便的老年人提供就医方便，这为以后居家养老的医疗服务提供了政策支持。

1992 年，国家明确发布文件要求加快第三产业发展，尤其是居民服务业。这为社区的居民服务业快速发展提供了政策依据，并为以后的居家养老服务工作开展奠定了基础。1993 年，民政部联合全国老龄办等多个部委提出了发展社区服务业的方向，明确养老服务是社区服务业的一个主要内容。1994 年，《中国老龄工作七年发展纲要（1994—2000）》强调要大力发展社区服务业，并以社区为中心兴办各种提供老年照料服务的社会组织。1996 年，国家颁布的《中华人民共和国老年人权益保障法》明确了我国的养老仍要依靠家庭，但可以通过发展社区建设，在基层社区建立起符合老年人生活需要、精神文化需要、医疗护理与康复护理需要等服务机构和设施。2000 年民政部的《关于加快实现社会福利社会化的意见》非常明确地提出了我国老年福利事业的发展方向，老年人的养老方式定性为以居家为基础、社区为依托、社会福利机构为补充。

表4-1　　居家养老服务政策起步阶段的相关文件

| 年份 | 文件名称 | 主要规定 | 发文号 |
| --- | --- | --- | --- |
| 1983 | 《关于老龄工作情况与今后活动计划要点》 | 提出建立老年人活动中心、开设老年医院或诊所、开设老年人日间公寓。首次提出建立与居家养老服务有关的老年人日间照料中心。 | 中老字［1983］2号 |
| 1985 | 《关于加强我国老年医疗卫生工作的意见》 | 提出在社区层面开展老年人的医疗服务，为居家养老医疗服务提供了政策支持。 | —— |
| 1992 | 《中共中央、国务院关于加快发展第三产业的决定》 | 提出要大力发展第三产业，为社区的居民服务业快速发展提供了政策依据，并为居家养老服务工作开展奠定了实施基础。 | 中发［1992］5号 |
| 1993 | 《关于加快发展社区服务业的意见》 | 明确养老服务是社区服务业的一个主要内容。 | 民福发［1993］11号 |
| 1994 | 《中国老龄工作七年发展纲要（1994—2000）》 | 强调要大力发展社区服务业，并以社区为中心兴办各种提供老年照料服务的社会组织。 | —— |
| 1996 | 《中华人民共和国老年人权益保障法》 | 明确我国的养老仍要依靠家庭，通过发展社区服务，逐步建立起适应老年人需要的生活服务、文化体育活动、疾病护理与康复等服务设施和网点。 | 中华人民共和国主席令第七十三号 |
| 2000 | 《关于加快实现社会福利社会化的意见》 | 明确了老年人的供养方式上坚持以居家为基础、以社区为依托、以社会福利机构为补充的老年福利事业的发展方向。 | 国办发［2000］19号 |

资料来源：根据国务院、民政部和全国老龄委等相关部门的原始文件整理而得。

2. 居家养老服务政策的形成阶段（2001—2007）

这一阶段我国形成了以居家养老为基础的社会养老体系。2001年，全国老龄委发布了《中国老龄事业发展“十五”计划纲要（2001—2005年）》。纲要中明确指出，我国的老年照料服务体系的建设要依托社区，在这个时期内开始形成政府、社会、家庭及老年人个人相结合的经济供养体系。同年，卫生部下发了《关于加强老年卫生工作的意见》，把老年卫生服务列入社区卫生服务的重要内容，并提出在社区要通过家庭出诊、家庭护理、日间观察、临终关怀等服务解决老年人大部分的健康护理问题。2001年，民政部的《“社区老年福利服务星光计划”实施方案》实践了居家养老服务工作，居家养老模式在很多地区得到了推广。2006年，国务院下发的《关于加快发展养老服务业的意见》和全国老龄委的《中国老龄事业发展“十一五”规划》，都对我国的养老服务体系进行了规定，是以居家养老为基础、社区服务为依托、机构养老为补充，并且通过鼓励发展居家养老服务业来加快老年人的社会福利服务体系建设。

表4－2　　**居家养老服务政策形成阶段的相关文件**

| 年份 | 文件名称 | 主要规定 | 发文号 |
| --- | --- | --- | --- |
| 2001 | 《中国老龄事业发展“十五”计划纲要（2001—2005年）》 | 提出要初步形成以社区为依托的老年照料服务体系，初步建立政府、社会、家庭和个人相结合的经济供养体系，保障老年人基本生活。 | 国发［2001］26号 |
| 2001 | 《关于加强老年卫生工作的意见》 | 提出在社区要通过家庭出诊、家庭护理、日间观察、临终关怀等服务解决老年人大部分的健康护理问题。 | 卫疾控发［2001］205号 |
| 2001 | 《“社区老年福利服务星光计划”实施方案》 | 具体实践了居家养老服务工作。 | —— |
| 2006 | 《关于加快发展养老服务业的意见》 | 明确指出要逐步建立和完善以居家养老为基础、社区服务为依托、机构养老为补充的服务体系，鼓励发展居家养老服务业。 | 国办发［2006］6号 |
| 2006 | 《中国老龄事业发展“十一五”规划》 | 提出要加快建立以居家养老为基础、社区服务为依托、机构养老为补充的老年人社会福利服务体系。 | 全国老龄委发［2006］7号 |

资料来源：根据国务院、民政部和全国老龄委等相关部门的原始文件整理而得。

3. 居家养老服务政策的快速发展阶段（2007年至今）

这一阶段我国的老龄事业进入了快速全面的居家养老服务推进时期，确定了以居家养老为重要内容的社会化养老服务体系。2008年，国家出台的《关于全面推进居家养老服务工作的意见》中明确规定了居家养老服务的内容，并强调了支持居家养老服务的配套措施。2011年，《中国老龄事业发展“十二五”规划》和《社会养老服务体系建设“十二五”规划》中都明确指出社会养老服务体系的建设由2006年“十一五”规划中的机构养老为补充改为以机构为支撑。在这个阶段，政策文件中对社会化的养老服务体系的建设基础由之前的“家庭”转向“居家”，也说明了家庭内部的由子代向父代进行赡养的养老功能开始逐渐向社会市场化的养老服务提供转变，虽然老年人养老的住所没有变化，仍然是居住在家庭中，但是养老服务的提供主体开始由家庭成员转向社会或社区的专业养老服务人员。2013 年，国务院印发的《关于加快发展养老服务业的若干意见》中明确指出养老服务业发展的重点方向，即大力发展居家养老服务网络，推进医疗卫生与养老服务相结合。

表 4－3　　居家养老服务政策快速发展阶段的相关文件

| 年份 | 文件名称 | 主要规定 | 发文号 |
| --- | --- | --- | --- |
| 2008 | 《关于全面推进居家养老服务工作的意见》 | 明确规定了居家养老服务的内容，并强调了支持居家养老服务的配套措施。 | 国办发［2000］19 号 |
| 2011 | 《中国老龄事业发展“十二五”规划》 | 明确指出应建设以居家为基础、社区为依托、机构为支撑的社会养老服务体系。 | 国发［2011］28 号 |
| 2011 | 《社会养老服务体系建设“十二五”规划》 | 明确指出应建设以居家为基础、社区为依托、机构为支撑的社会养老服务体系。 | 国办发［2011］60 号 |
| 2013 | 《关于加快发展养老服务业的若干意见》 | 明确要求要大力发展居家养老服务网络，推进医疗卫生与养老服务相结合。 | 国发［2013］35 号 |

资料来源：根据国务院、民政部和全国老龄委等相关部门的原始文件整理而得。

## 二　居家养老服务资金政策的发展演进

居家养老服务资金的政策是伴随着社区服务业发展而提出的配套措施。1992 年国家在明确加快对第三产业发展的政策决定上，认定居民服务业是第三产业中重要的一项内容，对于其资金的筹集方面，主张大胆利用海外资金、技术和销售渠道，通过发行债券、股票等各种途径、方式筹集资金。对于有着较好生存能力的企业，可以由银行或城乡信用社发放小额固定资产贷款和简易设备维修贷款等，在产业政策内，给予新办的第三产业的企业进行一定时期内的缓征或减征所得税。1993 年，民政部发布的《关于加快发展社区服务业的意见》要求各级财政部门可将社区服务中心认定为社会福利事业单位，并根据本地区的财政状况，在其开办期间给予适当补助。要求各级政府增加对社区服务业的投入，广泛吸收社会资金和引进国外资金用于发展社区服务业，各级民政部门要增加社会福利有奖募捐对社区服务业的投入，使其基本建设、更新改造投资的比重得到提高。按照市场化原则，实行灵活弹性的定价机制，针对不同服务的对象和内容，实施不同标准的服务价格，尤其对老弱病残，服务价格必须优惠。2000 年，民政部等下发的《关于加快实现社会福利社会化的意见》明确指出社会福利事业要投资主体多元化，形成国家、集体和个人等多种所有制结构并存。各级政府在发展社会福利事业时，可以采取以点带面的方式，优先重点发展具有示范性特点的社会福利机构，探索政府和民间社会力量出资举办社会福利机构的方式以及相应的管理监督模式，并且在资金的开源上，增加中国社会福利彩票的发行额来为社会福利事业筹措更多的资金。同时，对进行社会捐赠的组织或个人给予税收优惠政策，对社会福利机构在用地用电用水方面给予优惠政策扶持。2001 年，全国老龄委发布的《中国老龄事业发展“十五”计划纲要（2001—2005 年）》，要求对老龄事业逐步形成制度化的财力投入机制。在国家发行的彩票收益中要明确一定比例用于老龄事业的发展。同时，要调动社会各方面的积极性，建立多元化的老龄事业投入机制。2006 年，全国老龄委发布的《中国老龄事业发展“十一五”规划》明确要求要加大老年福利服务设施建设的财政投入，采取税收优惠、减免费用、信贷支持等措施鼓励社会资本进入老年福利服务设施建设领域，积极发展老年人社会福利事业。2008 年，民政部《关于全面推进居家养老服务工作的意见》要求加大政府投入力度，合理配置资源。各级政府应转变职能，制定“民办公助”的政策措施，鼓励和支持社会力量参与、兴办居家养老服务业，贯彻落实支持居家养老服务的税收优惠政策和减免税政策。2011 年，《中国老龄事业发展“十二五”规划》中鼓励社会资本投入老龄产业，并要求研究制定、落实引导和扶持老龄产业发展的信贷、投资等支持政策。同年，《社会养老服务体系建设“十二五”规划》中要求多方筹措社会养老服务体系建设资金。从政府的各级财政资金、民政系统的彩票公益金以及经济金融政策调控上，强调了资金对社会养老服务体系建设的重要性，要保证地方各级政府强化在社会养老服务体系建设上的支出责任，形成财政专项资金用于支持公益性养老服务设施的建设；各级民政福利彩票公益金都要增加投入以优先保证养老服务体系建设；政府通过信贷支持、用地保障、政府购买等形式，引导企业、公益组织等社会力量参与养老服务的提供。2013 年，国务院下发的《关于加快发展养老服务业的若干意见》中强调各级政府加大资金投入，安排财政性资金支持养老服务体系建设，并完善土地供应政策，税费优惠政策和补贴支持政策。

表4－4　居家养老服务资金政策的相关文件

| 年份 | 文件名称 | 主要规定 | 发文号 |
| --- | --- | --- | --- |
| 1992 | 《中共中央、国务院关于加快发展第三产业的决定》 | 鼓励利用社会资金，通过发行债券、股票等各种途径、方式筹集资金；对新办企业缓征、减征所得税。 | 中发［1992］5号 |
| 1993 | 《关于加快发展社区服务业的意见》 | 要求政府财政、社会资金和社会福利有奖募捐对社区服务业的投入。 | 民福发［1993］11号 |
| 2000 | 《关于加快实现社会福利社会化的意见》 | 投资主体多元化，采取民办公助方式吸引社会力量兴办社会福利机构，增加福利彩票发行额度来筹措更多资金；对社会捐赠的组织和个人给予税收优惠政策；对社会福利机构在用地用电用水方面给予优惠政策扶持。 | 国办发［2000］19号 |
| 2001 | 《中国老龄事业发展“十五”计划纲要（2001—2005年）》 | 要求对老龄事业逐步形成制度化的财力投入机制。在国家发行的彩票收益中要明确一定比例用于老龄事业的发展。 | 国发［2001］26号 |
| 2006 | 《中国老龄事业发展“十一五”规划》 | 要求加大老年福利服务设施建设的财政投入，采取税收优惠、减免费用、信贷支持等措施鼓励社会资本进入老年福利服务设施建设领域。 | 全国老龄委发［2006］7号 |
| 2008 | 《关于全面推进居家养老服务工作的意见》 | 要求加大政府投入力度，合理配置资源。各级政府采取“民办公助”的政策，鼓励和支持社会力量参与、兴办居家养老服务业，贯彻落实支持居家养老服务的税收优惠政策和减免税政策。 | 国办发［2000］19号 |
| 2011 | 《中国老龄事业发展“十二五”规划》 | 鼓励社会资本投入老龄产业，并要求研究制定、落实引导和扶持老龄产业发展的信贷、投资等支持政策。 | 国发［2011］28号 |
| 2011 | 《社会养老服务体系建设“十二五”规划》 | 要求各级政府强化在社会养老服务体系建设中的支出责任，安排财政性专项资金，支持公益性养老服务设施建设；福利彩票公益金要增加资金投入；通过用地保障、信贷支持、补助贴息和政府采购等多种形式，积极引导和鼓励企业、公益慈善组织及其他社会力量加大投入。 | 国办发［2011］60号 |
| 2013 | 《关于加快发展养老服务业的若干意见》 | 要求各级政府加大投入，安排财政性资金支持养老服务体系建设，并完善土地供应政策，税费优惠政策和补贴支持政策。 | 国发［2013］35号 |

资料来源：根据国务院、民政部和全国老龄委等相关部门的原始文件整理而得。

## 第二节　政府资金支持居家养老服务的运作机制

上海市自2001年大力推行居家养老服务以来，政府的财政资金给予了大力的支持。在坚持社会福利社会化，构建以居家养老为主、机构养老为辅的养老福利事业体系的指导思想下，居家养老服务的开展结合“万人就业项目”，积极组建社区助老服务机构，为老年人提供专业化的居家养老服务，逐步建立起市、区（县）、街道（乡镇）三级居家养老服务网络。其推行原则，体现的是政府推动与市场化运作相结合、为老服务与推进再就业相结合和政府补贴服务与个人自费购买服务相结合。

### 一　上海市居家养老服务的相关政策

上海市从2000年开始在静安、嘉定、黄浦等六个区进行居家养老服务的试点，2001年全面推广居家养老服务，上海市政府在2004年专门召开居家养老推进工作大会，将居家养老纳入市政府的实事项目，并将居家养老服务资金纳入市、区两级财政预算。至此，居家养老服务工作一直是市政府民政局的实事项目。期间，上海市政府、民政局发布了与居家养老相关的文件十余件。政府资金支持的居家养老服务有两种形式：一是由经过专业培训的服务人员上门为老年人提供照料；二是在社区创办老年人日间服务中心，为老年人提供日托服务。政府通过对社区居家养老服务设施和享受居家养老服务的老年人进行补贴两种方式进行资金投入。

### 二　居家养老服务的组织机构

上海市居家养老服务的组织机构是市、区（县）和街道（乡镇）三级居家养老服务管理机构，实行垂直管理。居家养老服务的主管部门是市和区县两级民政部门，与居家养老服务有关的政策发布、宏观调控以及资金的统筹拨付都由其完成。

具体的组织结构如下：市和区县分别成立居家养老服务指导中心，街道（镇）成立居家养老服务中心和社区助老服务社，这三个层级的居家养老服务机构接受政府委托，组织实施居家养老服务。人员按区县层面不少于5人，街镇层面不少于3人配置。各级居家养老服务组织的日常管理、需求评估、统计结算等工作人员的收入待遇和日常运作经费等，由各级政府相应予以保障。从居家养老服务管理机构的执行职能上看，居家养老服务管理机构有制定居家养老服务的操作规范、服务评估、服务统计、监督市场等工作，同时，对于政府购买的居家养老服务，还要做好发放服务券和结算服务资金等工作。区县级的居家养老服务中心认定是民办非企业单位，由政府向社会进行招标，符合招标条件并通过资格认定的社会组织，经民政部门许可后，进行法人登记。主要开展面向社区老年人的上门护理照料和日间护理照顾服务。社区助老服务社按照市场化运作方法，组织为老服务队伍，为老年人提供专业化服务。区（县）居家养老服务中心专门设置有评估员，来开展对申请居家养老服务补贴老年人身体状况的评估工作。

## 三　居家养老服务的资金运作机制

上海市居家养老服务的资金由两部分组成：一部分是居家养老服务机构资金；另一部分是居家养老服务购买资金。居家养老服务机构资金又分为建设资金和运营资金，居家养老服务购买资金又分为政府购买资金和家庭购买资金。除去家庭自费购买服务资金以外，绝大部分的居家养老服务资金是来源于政府财政资金和福利彩票公益金。政府对居家养老服务的资金支持由市、区（县）和街道（乡镇）各级政府的资金配比形成。

1. 居家养老服务机构的资金运作方式

2000 年上海市居家养老服务工作的开始充分利用了社区内原有的各种社会资源和服务设施来开展为老助老服务，直至 2004 年才结合万人就业项目组建了社区居家养老助老服务社。2004 年上海市民政局出台的关于深化居家养老服务工作的文件上海市民政局《关于进一步推进深化居家养老服务工作的通知》（沪民福发［2004］6 号）对居家养老服务机构资金的政府支持方式做了详细的规定。明确居家养老服务机构的建设资金和运营资金的承担主体及承担数量，其中主要涉及的服务机构是居家养老助老服务社的建设和日常运营（结合上海市 2003 年的万人就业项目），可见表 4－1。2008 年，上海市政府在全面推进居家养老服务工作的文件《关于全面落实 2008 年市政府养老服务实事项目进一步推进本市养老服务工作的意见》（沪民福发［2008］5 号）中要求在社区设立助餐点，并规定市福利彩票公益金出资的额度，要求区（县）根据实际情况相应配比。区（县）、街道（乡镇）应对其日常运作予以补贴资助。同年，上海市民政局《关于鼓励社区设立老年人助餐服务点的通知》（沪民福发［2008］

12 号）又对社区助餐点的类型、资助方式和资助主体进行了详细规定。2008 年上海市民政局在老年人日间服务机构建设的文件《上海市民政局〈关于进一步做好老年人日间服务机构建设经费补贴工作〉的通知》（沪民福发［2008］37 号）中对社区老年人日间服务机构的建设补贴进行了规定，明确市财力根据老年人日间服务机构建设的投资额，给予不同补贴额度的建设经费，同时区（县）一级政府按照市级政府出资的数量等额进行补贴，财政比较雄厚的区县可以适当增加补贴力度和额度。对于居家养老服务机构的运营资金，属于财政性资金支出的万人就业项目，可由负担经费的各级财政部门根据各部门上报工资拨付的方式，将资金直接拨到就业人员的个人账户；对属于其他资金支出的万人就业项目，可由各管理部门参照财政直接拨付办法，将资金直接拨到就业人员的个人账户。

2. 居家养老服务购买的资金运作方式

上海市早在2001 年就明确了居家养老服务购买的补贴资金的运作方式，由市、区（县）和街道按 1∶1∶1 的比例配备相应资金，但在执行过程中发现，由于街道发展不平衡，有的街道在配套资金的落实过程中出现了一些困难，影响了居家养老服务的持续发展。2003 年对其进行调整，将居家养老服务购买的补贴资金按市、区（县）1∶1 比例配备，全部用于具备居家养老服务需要且生活有困难老年人的补贴。具体的执行中，购买居家养老服务的补贴资金，由区（县）、街道（乡镇）先行支付，每年两次结账时，根据区县民政局居家养老服务经费支出情况，经市评审办审核后，按照补贴资金配套比例的规定，由市民政局根据计划预算核拨市级补贴资金。

2004 年居家养老服务购买的补贴资金中首次出现了福利彩票公益金，而且还是以市和区（县）两级福利彩票公益金等额比例形成共同出资。不同级层面的居家养老服务管理机构在进行居家养老服务购买资金的结算时，由政府为补贴老人所购买的居家养老服务券，由居家养老服务社以每月一次的形式将本月发生的服务券汇总后上报，再由所在街道（乡镇）居家养老服务中心进行相应数额人民币的结算。街道与区县、区县与市级的居家养老服务中心都是每月结算一次资金。市居家养老服务中心按照市、区（县）分担的费用比例，核拨相应的经费。2004 年上海市民政局关于助老服务社的项目文件《上海市民政局、上海市劳动与社会保障局、上海市财政局关于印发〈关于本市实施社区助老服务项目的试行办法〉的通知》（沪民福发［2004］7 号）中明确将居家养老助老服务项目的政府资金扶持纳入政府的财政预算，2005 年在完善助老服务社的文件《上海市民政局、上海市劳动与社会保障局、上海市财政局〈关于进一步完善本市实施社区助老服务项目试行办法〉的通知》（沪民福发〔2005〕15 号）中，上海市政府将市和区（县）的居家养老服务评估费用等经费列入各级政府的财政预算中。对行政区划内符合补贴标准对象多的、管理工作量重且区县财政困难的，市财政将按转移支付的规定酌情予以补助。

## 第三节　政府财政支持居家养老服务的资金总量较小

据上海市老年人口和老龄事业监测统计信息显示，2009—2012 年社区居家养老服务得到了快速的发展，老年人日间服务机构、社区助老服务社和老年人助餐点的数量逐年增加，居家养老服务机构已初具规模，提供居家养老服务的能力逐渐扩大，接受居家养老服务的老年人数量也在稳步提高，见图 4－1。截至 2012 年底，上海市共有 231 家社区助老服务社和 3.2 万名社区居家养老工作人员，向 27.2 万名居家的老年人提供了居家养老服务，得到服务的老年人占上海市户籍老年人口总数的 8%。政府投入的补贴资金总额约 2.9 亿元，得到居家养老服务补贴的老年人约有 12.6 万人，占到居家养老服务总人数的 46%，剩下的 54% 的老年人是通过自费购买的形式获得居家养老服务的。上海市拥有社区老年人日间照料中心 313 家，为 1.1 万多名老年人提供日间照料服务。全市拥有社区老年人助餐服务点 492 家，受益老年人 5.4 万名。

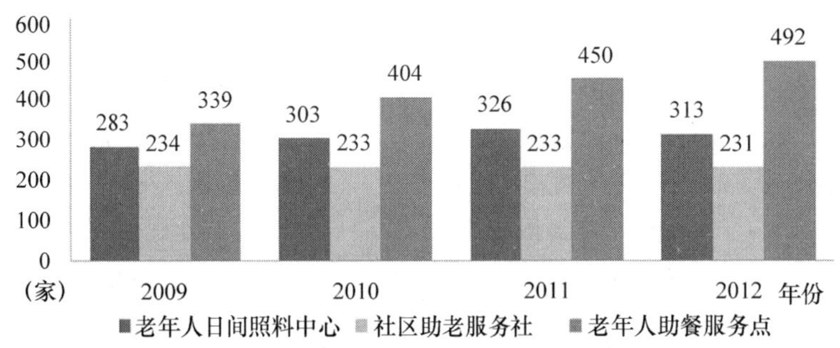


**图 4－1　2009—2012 年上海市社区居家养老服务机构**

资料来源：2009—2012 年上海市老年人口和老龄事业监测统计信息，《2012 年上海市国民经济和社会发展统计公报》。

## 一　政府财政支持居家养老服务机构的资金构成不合理

1. 政府财政对居家养老服务机构资金的补贴来源及标准复杂

经过对2000—2012年上海市政府出台的与居家养老服务相关文件的整理，见表4－5，可以看到政府对居家养老服务机构资金的补贴来源及标准，市、区（县）两级政府财政主要承担居家养老服务机构的建设费用，区县和街道两级政府财政主要承担居家养老服务机构的运营费用。由于居家养老服务工作人员是结合上海市万人就业项目所招聘的“4050”人员或外来从业人员，所以其培训费和薪酬是专门由一些专项资金负担的。从补贴标准来看，日间照料中心开办费中投资额在31万—60万元的，政府财政补贴比例占到50%—100%，投资额在61万—100万元的，政府财政补贴比例占到60%—100%，投资额在100万元以上的，政府财政补贴比例占到80%以下。社区助老服务社的开办费和工作人员的薪酬及日常运营费用都是由政府资金承担。整体来看，居家养老服务机构资金的补贴来源复杂，补贴标准也是因补贴项目不同有着复杂的标准，尤其是居家养老服务机构的运营资金的补贴。

表4－5　　上海市居家养老服务机构资金的政府补贴来源及标准

| 补贴项目 | 补贴种类 | 补贴规模 | 补贴来源 |
| --- | --- | --- | --- |
| 建设费用 | 日间照料中心开办费 | 投资额31万—60万元项目，补贴15万元/个<br>投资额61万—100万元项目，补贴30万元/个<br>投资额100万元以上项目，补贴40万元/个 | 市财政支出，区县不少于1:1配比 |
| | 助餐点开办费 | 综合型助餐服务示范点（500客/餐），补贴20万元/个<br>综合型助餐服务点（150客/餐），补贴9万元/个<br>助餐服务点（50客/餐），补贴1万元/个 | 福利彩票公益金资助，区县不少于1:1的比例配比 |
| | 助老服务社开办费 | 6万元/个 | 市促进就业专项资金 |

续表

| 补贴项目 | 补贴种类 | 补贴规模 | 补贴来源 |
|---|---|---|---|
| 运营费用 | “万人就业”从业人员培训费 | 420元/人/月 | 失业保险基金、市、区县促进就业专项资金、市外来从业人员技能培训资金、市区（县）两级财政、街道财政和服务收费 |
| | 助老服务员薪酬 | 800元/人/月（含交通费、误餐费补贴） | |
| | | 300元/人/月（劳动防护及识别用品费用） | |
| | | 缴纳全额社会保险费 | |
| | 养老服务机构日常办公经费 | 每年不少于5万元 | 街道财政 |

资料来源：根据上海市与居家养老服务工作相关文件整理而得。

2. 政府财政对居家养老服务机构的资金补贴构成不合理

由于没有获得确切的政府财政在居家养老服务机构上的规模补贴，本书根据表4-5中的补贴标准大致测算了2009—2012年上海对居家养老服务机构资金的补贴规模，见表4-6。其中，计算数据时日间照料中心开办费补贴平均以60万元/个，助餐点开办补贴平均以18万元/个，助老服务社开办费补贴以6万元/个，居家养老工作人员的平均薪酬（含缴纳的社会保险）以2000元/人/月计算。居家养老服务机构日常办公经费5万元/个。估测的数据可能偏低，原因是参考文件中的补贴数据部分是最低限数值。并且，根据文件精神，街道承担的日常办公经费的居家养老服务机构主要是助老服务社。表4-6中的资金规模未将居家养老服务管理结构即市、区两级的居家养老服务中心的管理费用列入，原因是与居家养老服务相关的文件中对居家养老服务中心、老年日间照料中心和助餐点的日常管理费用的出资方界定模糊，只要求由区（县）和乡镇（街道）政府出资，但对出资标准未明确界定。

表4-6　　2009—2012年上海市居家养老服务机构资金的政府补贴构成及规模

| 年份 | 总规模（亿元） | 建设资金 | | | | 运营资金 | | | |
|---|---|---|---|---|---|---|---|---|---|
| | | 市财政 | | 区县财政 | | 街道财政 | | 万人就业项目 | |
| | | 规模（亿元） | 占总规模比例（%） | 规模（亿元） | 占总规模比例（%） | 规模（亿元） | 占总规模比例（%） | 规模（亿元） | 占总规模比例（%） |
| 2009 | 1.2832 | 0.2631 | 20.5 | 0.2631 | 20.5 | 0.117 | 9.12 | 0.64 | 49.88 |

续表

| 年份 | 总规模（亿元） | 建设资金 | | | | 运营资金 | | | |
|---|---|---|---|---|---|---|---|---|---|
| | | 市财政 | | 区县财政 | | 街道财政 | | 万人就业项目 | |
| | | 规模（亿元） | 占总规模比例（%） | 规模（亿元） | 占总规模比例（%） | 规模（亿元） | 占总规模比例（%） | 规模（亿元） | 占总规模比例（%） |
| 2010 | 1.0135 | 0.1185 | 11.69 | 0.1185 | 11.69 | 0.1165 | 11.49 | 0.66 | 65.12 |
| 2011 | 0.9973 | 0.1104 | 11.07 | 0.1104 | 11.07 | 0.1165 | 11.68 | 0.66 | 66.18 |
| 2012 | 0.8311 | 0.0378 | 4.55 | 0.0378 | 4.55 | 0.1155 | 13.90 | 0.64 | 77.01 |

资料来源：根据表4－5的相关标准。

总体来看，2009—2012年上海市居家养老服务机构资金的政府补贴总规模是逐渐减少的，其中建设资金的补贴规模小于运营资金的补贴规模，运营资金中万人就业项目的补贴资金是居家养老服务机构资金中规模最大的，这部分资金主要承担居家养老服务工作人员的培训和薪酬，主要由市和区（县）两级的促进就业专项资金和市外来从业人员技能培训资金来负担，也可以说是由市、区（县）两级政府的财政资金承担。2009—2012年居家养老服务机构资金的50%以上用于支付居家养老服务工作人员的收入支付，并且此比例还有逐渐提高的趋势，而市区（县）两级政府用于居家养老服务机构的建设费用的资金规模在逐渐减少，其占比由2009年的41%下降到2012年的9.1%，街道财政所负担助老服务社的日常运营资金在资金总规模的占比由2009年的9.12%上升至2012年的13.9%。通过对表4－6的分析，可以知道，上海市的市与区（县）两级政府资金支持的居家养老服务机构的建设速度在放缓，而市与区（县）两级政府资金所支持的运营费用在增速，乡镇（街道）一级政府负担的维护居家养老服务社的费用也在增加。

## 二　政府财政是居家养老服务购买的主要力量

1. 政府财政对居家养老服务购买的补贴对象及标准

上海市政府财政对居家养老服务购买的补贴标准随着居家养老服务的深入开展逐渐细化，其补贴资金主要源于市、区（县）两级政府财政和市、区（县）两级社会福利彩票公益金。2003年出台的补贴对象主要是低收入生活困难的老年人，补贴标准不超过200元/人/月，资金由市与区

（县）两级政府共同承担；2004 年以后，对补贴对象的考虑开始关注老年人的身体条件，也就是说，补贴对象要同时符合经济条件和身体条件，补贴资金开始由市、区（县）两级政府财政和市、区（县）两级社会福利彩票公益金来共同承担；2008 年以后引入了对补贴老年人的评估，分轻度、中度和重度分别对补贴老年人的专项护理服务进行资金补贴，资金来源市、区（县）两级政府财政市、区（县）两级社会福利彩票公益金，其中专项护理服务资金由市、区（县）两级政府财政资金承担。

2. 市和区（县）两级政府财政是居家养老服务购买的主要力量

居家养老服务的补贴主要依赖市区（县）两级政府的投入。上海市规定居家养老服务补贴费用由市和区（县）福利彩票公益金每年各出 1000 万之外，剩下的由市区（县）政府按 1∶1 配比，并且要求有能力的区（县）应在市规定的基础上扩大补贴范围，提高补贴标准。上海市从 2000 年实施居家养老服务试点开始，社区居家养老的服务人数、补贴人数和补贴金额保持增长的态势。见表 4－7。2001—2012 年居家养老服务人数从 4790 人增加到 27.2 万人，居家养老服务补贴人数从 4790 人增加到 12.6 万人，居家养老服务补贴金额从 184 万元增加到 2.9 亿元，人均补贴金额从 384 元增加至 2302 元，十余年间人均补贴的标准增长了约 7 倍。整体来看，上海市政府对居家养老服务的资金投入力度大，推行的居家养老服务政策卓有成效。

表 4－7　**2001—2012 年居家养老服务人数及补贴增长情况**

| 年份 | 服务总人数（人） | 服务补贴人数（人） | 服务补贴总额（万元） | 人均补贴金额（元） |
|---|---|---|---|---|
| 2001 | 4790 | 4790 | 184 | 384 |
| 2002 | 8800 | 8800 | 694 | 789 |
| 2003 | 10977 | 10977 | 925 | 843 |
| 2004 | 26057 | 18858 | 1774 | 941 |
| 2005 | 54776 | 39355 | 4840 | 1230 |
| 2006 | 105000 | 59642 | 9069 | 1521 |
| 2007 | 135000 | 68413 | 12500 | 1827 |
| 2008 | 177000 | 103000 | 18700 | 1816 |
| 2009 | 219000 | 129000 | 25500 | 1977 |
| 2010 | 252000 | 130000 | 30000 | 2308 |
| 2011 | 262000 | 133000 | 33000 | 2481 |

续表

| 年份 | 服务总人数（人） | 服务补贴人数（人） | 服务补贴总额（万元） | 人均补贴金额（元） |
|---|---|---|---|---|
| 2012 | 272000 | 126000 | 29000 | 2302 |

资料来源：根据《2010 年上海社会福利年报》和2011 年和2012 年上海市老龄事业发展报告书的相关数据整理而得。

表4－8 展示了2001—2010 年上海市居家养老服务购买的资金补贴构成，其中2001—2005 年数据来自上海市民政局的上海市关于建立民政事业经费保障长效机制研究报告①，2005 年的数据是根据表4－5 中相关年份的补贴标准的文件推算而得，2006—2010 年的数据是根据上海市民政局的补贴资金构成推算而得。总体来看，政府财政的资金在2004 年以后开始投入居家养老服务购买的补贴，并且是由市和区（县）的政府财政来负担。随着居家养老服务购买的补贴总规模的扩大，市和区（县）政府财政的资金分担比例在逐渐增大，到2010 年时市和区（县）的政府财政承担了93.4%的资金量。就市和区（县）政府财政的负担比例来看，区（县）财政承担的资金比例高于市财政，2010 年区（县）财政的出资规模就达到了一半，超过了市财政的负担比例42.4%，其中的原因在于上海市政府鼓励区（县）级政府对符合居家养老服务条件的老年人要扩大资金补贴的范围和力度。

表4－8　**2001—2010 年上海市居家养老服务购买的资金补贴构成**

| 年份 | 补贴总规模（万元） | 市财政 | | 区（县）财政 | | 市福利金 | | 区（县）福利金 | |
|---|---|---|---|---|---|---|---|---|---|
| | | 规模（万元） | 占比（%） | 规模（万元） | 占比（%） | 规模（万元） | 占比（%） | 规模（万元） | 占比（%） |
| 2001 | 184 | 0 | 0 | 0 | 0 | 92 | 50 | 92 | 50 |
| 2002 | 694 | 0 | 0 | 0 | 0 | 347 | 50 | 347 | 50 |
| 2003 | 925 | 0 | 0 | 0 | 0 | 462 | 50 | 463 | 50 |
| 2004 | 1774 | 329 | 18.55 | 652 | 36.75 | 420 | 23.68 | 373 | 21.02 |
| 2005 | 4840 | 1343 | 27.75 | 1684 | 34.79 | 999 | 20.64 | 814 | 16.82 |
| 2006 | 9069 | 3534.5 | 39 | 3534.5 | 39 | 1000 | 11 | 1000 | 11 |

① 民政部规划财务司：《民政经费长效保障机制课题研究报告集》，中国社会出版社2009 年版，第243 页。

续表

| 年份 | 补贴总规模（万元） | 市财政 | | 区（县）财政 | | 市福利金 | | 区（县）福利金 | |
|---|---|---|---|---|---|---|---|---|---|
| | | 规模（万元） | 占比（%） | 规模（万元） | 占比（%） | 规模（万元） | 占比（%） | 规模（万元） | 占比（%） |
| 2007 | 12500 | 5000 | 40 | 5000 | 40 | 1250 | 10 | 1250 | 10 |
| 2008 | 18700 | 7854 | 42 | 8789 | 47 | 935 | 5 | 1122 | 6 |
| 2009 | 25500 | 10965 | 43 | 12495 | 49 | 1020 | 4 | 1020 | 4 |
| 2010 | 30000 | 12700 | 42.4 | 15300 | 51 | 1000 | 3.3 | 1000 | 3.3 |

资料来源：由表4－5和上海民政局关于居家养老服务补贴资金的信息推算所得。

## 三　政府财政对居家养老服务补贴的水平较低

### 1. 人均居家养老服务补贴水平不稳定

政府财政对于居家养老服务的补贴，经过对表4－7数据的统计分析，可以发现，2001—2012年社区居家养老服务的人数、社区居家养老服务补贴人数和社区居家养老服务补贴资金总额的增长率出现了不同程度的波动，其中尤其以补贴资金总额增长率的波动幅度最大，补贴人数增长率的波动幅度最小，见图4－2。但是考虑到通货膨胀（以2001年为基期，2002—2012年人均补贴水平分别以当期的消费价格指数进行消胀），居家

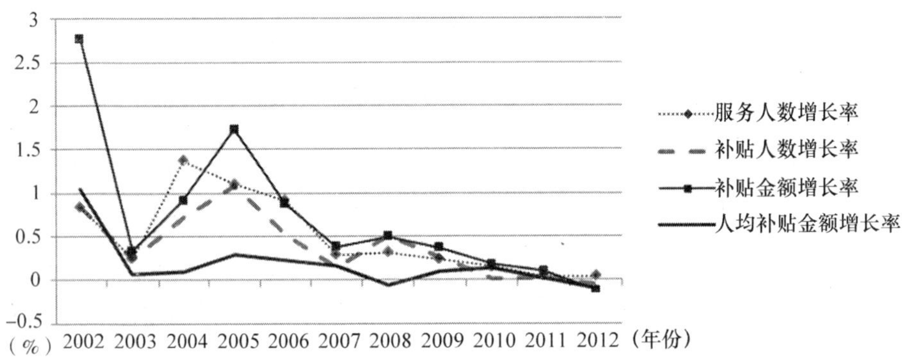


**图4－2　2001—2012年居家养老服务人数、补贴人数、补贴金额和人均补贴金额增长率**

资料来源：依据2010年上海社会福利年报，2011年和2012年上海市老龄事业发展报告书的数据整理而得（人均补贴金额以2001为基期进行消胀处理），2001—2011年CPI指数来源于各年的上海统计年鉴，2012年CPI指数来源于2012年上海市国民经济和社会发展统计公报。

养老服务人均补贴水平的增长率从2003年开始变化非常缓慢，在2008年出现了负增长（-6.08%），2012年负增长(-9.77%)，而2008年的补贴人数和补贴总额增长率却分别达到了50.56%和49.6%，2012年的却是-5.26%和-12.12%。去除通货膨胀的因素，居家养老服务人均补贴水平代表了补贴老年人的福利水平，其增长率就代表了受补贴老年人的福利增长水平。比较居家养老服务补贴总额的增长率和人均补贴增长率的变化趋势，发现受补贴老年人的福利增长水平不稳定，可见政府在资金投入方面缺乏细致的统筹考虑，具有一定的任意性。

2. 人均居家养老服务补贴水平较低

根据2009年的上海市的政策文件规定居家养老服务补贴标准为人均300元/月，专项护理补贴标准为中度人均100元/月，重度人均200元/月。加总起来的话，居家养老服务补贴标准是，轻度人均300元/月、中度人均400元/月和重度人均500元/月，80岁以上月养老金低于上海市城镇企业月平均养老金的独居或纯老家庭中的老年人，政府只负担50%的资金补贴，即轻度人均150元/月、中度人均200元/月和重度人均250元/月。比较2012年人均补贴水平2302元，折算成月度数据为人均192元/月，未达到规定的补贴标准水平人均300元/月，这其中的原因可能在于政府负担50%资金补贴的老年人比重远高于全额资金补贴的老年人比重，也就是说纳入全额资金补贴的老年人比重非常之小。再根据文件规定的收费标准8.5元/时进行换算，2012年人均补贴服务时间为22.6小时/月，平均下来达不到一天一个小时，远低于台湾（省）低收入不能自理老年人的平均补贴时间50小时/月。并且，居家养老服务收费标准8.5元/时还低于2012年上海市最低小时工标准调整为12.5元/小时，这样的补贴标准使得居家养老服务质量大大缩水。另外，从服务的实际情况看，政府资金补贴的居家养老服务主要是生活照料。如果考虑居家养老的老年人更为迫切的医疗护理服务需求的话，这个补贴标准更是杯水车薪。

比较日本、德国和法国的居家照料服务的资金标准，可以发现，这些国家的居家照料服务有多重等级和方案，会根据照料服务的类型和专业程度设计不同的资金方案。比如，日本的居家照料有七个等级，其中五个是支持的介护照料，两个是预防性的居家照料，2009年预防性的居家照料服务标准每月是600美元/人到1330美元/人，而支持性的居家照料服务标准是每月2000美元/人到4700美元/人。德国居家照料服务有三个支持方案，根据需要照料者的身体状况以及非正式照料者日常照料的数量设计了复杂的算法，其居家照料服务的费用每月在590美元/人到2000美元/人。法国对居家照料服务的评估有五种照料水平，最大的资金支持方案是每月650美元/人到1500美元/人①。这三个国家的居家照料服务的资金标准都远远高于上海的人均补贴水平，甚至是上海人均补贴水平的几十倍，这其中的差距来自完善的居家照料评估体系、细化的居家照料服务市场和成熟的居家照料服务资金体系。

## 第四节　福利彩票公益金支持居家养老服务的资金规模小

福利彩票公益金是在福利彩票销售额中按规定比例提取的专项用于社会福利事业和社会公益事业的资金。福利彩票公益金用于居家养老服务的资金支持与福利彩票“扶老、助残、救孤、济困、赈灾”的发行宗旨是基本一致的。

### 一　福利彩票公益金用于居家养老服务的政策支持

为解决社会福利事业经费紧张，急需拓展筹资渠道的问题。1986年8月8日，民政部提交的《关于开展社会福利有奖募捐活动的请示》中，建议通过向社会筹资，开展有奖募捐活动，筹集社会福利基金，用于举办残疾人、老年人、孤儿的社会福利事业来帮助有困难的人。1986年12月20日，国务院第一二八次常务会议讨论并在原则上同意了民政部的请示，1987年2月5日，中央书记处第三二三次会议也讨论并原则同意了民政部的请示。1987年5月30日，《中国社会福利有奖募捐委员会章程》和《发行社会福利有奖募捐试行办法》诞生，7月27日，中国社会福利有奖募捐券首发式在河北省石家庄拉开了序幕。至此，我国社会福利事业的资金筹集走向了社会化道路。

对于福利彩票公益金应当提取多大比例的问题，从1987年的试行办

---

① Fernadzez and Foeder. Reforming Long-term care funding arrangments in England: International lesson. *Applied Economic Perspectives and Policy*. 2012. Volume 34, Number 2, pp. 346 – 312.

法中规定的50%到1988年的45%，再到1989年的40%，直到1990年，中国社会福利有奖募捐委员会下发了《关于调整即开型社会福利奖券资金分配比例，统一全国结算方法的通知》，将鼓励彩票公益金的提取比例统一下调为30%，直到2001年福利彩票公益金提取比例又调整为35%。最终2009年，国务院制定实施的《彩票管理条例》再次明确了福利彩票公益金的提取比例为35%。目前，中央和省级政府的福利彩票公益金的分配比例是50∶50，但是，省、市、县三级政府的分配比例至今也未统一。

自第一张社会福利彩票售出之时，社会福利彩票公益金的使用范围中就确定了对困难老年人的资金资助项目。上海市自2000年开展居家养老服务就是针对低收入生活困难的老年人进行救助济困，逐渐居家养老服务的对象又细化为低收入生活困难、生活不能自理的老年人，并对失能老年人的身体进行评估，分轻度、中度和重度的失能情况分别给予不同资金补贴的居家护理服务，这其中社会福利彩票公益金发挥着巨大的作用。

## 二　福利彩票公益金用于居家养老服务的规模小

上海市居家养老服务推行之时，居家养老服务补贴的受惠面很小，其资金的支持主要由福利彩票公益金来完成，见表4－7：由2001年的184万元，增加到2003年的925万元，其中市级的福利金与区县级福利金出资比例各占一半。2004年居家养老服务工作列入政府实事项目，其补贴经费纳入财政预算，市和区（县）两级政府的财政资金开始投入居家养老服务补贴，福利彩票公益金的出资额度规定为1000万元，2005年以后福利彩票公益金的出资额度又进一步规定为2000万元，市与区（县）福利彩票公益金各承担一半。总体来看，由于文件规定福利彩票公益金的出资额度为定额，所以随着居家养老服务购买的补贴总规模的增大，福利彩票公益金的出资占比逐渐下降，从2001年的100%急速下降到2010年的6.6%。在居家养老服务机构助餐点的建设中，福利彩票公益金一次性给予2000万元的资助。

对上海市民政局发布的历年上海市本级福利彩票公益金筹集及使用情况公告的数据进行简单统计，发现上海市福利彩票公益金的提取比例在30%—35%，除了上缴中央的比例50%之外，上海市的市级和区（县）级福利彩票公益金共占50%。市级和区（县）级的福利彩票公益金的分成比例约为7∶3。2010年上海市市级的福利彩票公益金中23.43%的资金用于资助包含了居家养老服务的扶老项目，2011年此项比例增长为31.8%，2012年增长为43.46%。

以2011年为例，上海市的福利彩票销售额38.3亿元，福利彩票公益金的支出为5.4亿元。根据上海《关于全面落实2008年市政府养老服务实事项目进一步推进本市养老服务工作的意见》（沪民福发［2008］5号）要求，福利彩票公益金在居家养老服务购买的资金支出大约为0.4亿元，占到福利彩票公益金总支出的7.4%。从现实数据来看，虽然福利彩票公益金在扶老项目上的投入比例达到了31.8%，但是具体投入到居家养老服务上的资金比例仍较小。

## 第五节　政府财政负担居家养老服务资金的压力不大

### 一　居家养老服务资金占政府财政总支出比重偏小

负担居家养老服务资金的政府财政主要出自政府民政部门的民政事业经费。将表4－6所推算而得的居家养老服务机构的补贴资金与表4－8所展示的居家养老服务购买的补贴资金进行加总，可得到2009—2011年上海市居家养老服务资金的总规模以及各项占比，见表4－9。2009—2011年居家养老服务资金占民政事业费用支出比重维持在7%左右，居家养老服务资金占上海市财政总支出的比重约在0.1%，这个数据低于美国2000—2008年用于低保支出占财政总支出的2%，救济支出占财政总支出4.5%，社会服务占财政总支出的比例0.7%①，其中美国的社会服务支出是为残疾人、老年人等提供服务而向非营利组织进行的政府购买资金。同样，以居家养老服务资金占当年的GDP的比重来看，2009—2011年的平均水平0.023%也远低于英国政府在2001年社会福利中老年人照料津贴支出占GDP的比重为0.31%②。另外，2009—2011年的居家养老服务资金总规模的平均增长率约为6%，远低于2001—2011年上海市财政总支

① 民政部规划财务司：《民政经费长效保障机制课题研究报告集》，中国社会出版社2009版，第265页。

② 同上书，第180页。

出的平均增长率18.2%、上海市GDP的平均增长率11.3%①。

表4－9　　上海市居家养老服务资金总规模及各项占比

| 年份 | 居家养老服务资金总规模（亿元） | 占民政事业费用支出比重（%） | 占财政总支出比重（%） | 占GDP比重（%） |
|---|---|---|---|---|
| 2009 | 3.8332 | 6.88 | 0.13 | 0.025 |
| 2010 | 4.0135 | 7.01 | 0.12 | 0.023 |
| 2011 | 4.2973 | 6.48 | 0.11 | 0.022 |

资料来源：资金总规模源于表4－6与表4－8的加总，民政事业费用支出数据来源于《中国民政统计年鉴2012》，上海市财政总支出数据来源于《上海统计年鉴2012》。

## 二　政府财政资金投入结构有待优化

根据表4－6的数据，可以知道，政府财政在居家养老服务机构资金的补贴构成上，运营资金所占比重较大，一般在50%以上，并且有逐渐加大的趋势，这部分资金是结合万人就业项目用于结算居家养老服务工作人员的薪酬支出，资金项目繁多，来源复杂。政府财政出资解决民办非企业性质的居家养老服务组织工作人员的薪酬，在居家养老服务开展的初期可以有效保障工作的顺利进行，但是随着工作的进一步深入，持续承担会加重政府的财政负担。在居家养老服务资金社会化的趋势下，这部分资金应该逐渐转化为社会化筹资，由民办非企业的社会组织自行解决。政府财政资金应该把资金投入的重点放在居家养老服务的政府购买上。

根据表4－6和表4－8的数据，市、区（县）和乡镇（街道）三级政府财政在居家养老服务资金的出资上，市和区县政府财政负担居家养老服务机构建设的资金和居家养老服务政府购买的资金，街道一级政府负责居家养老服务机构的日常运营资金。仅从居家养老服务机构资金上看，乡镇（街道）一级政府所负担的运营资金比例高于市与区（县）负担的建设资金比例，对于基层街道政府机构而言，本身自身筹集资金的能力就弱，再加上不同地域的经济发展不平衡等因素，市和区（县）两级政府应该有相应的协调和转移支付机制来平衡基层街道的资金。同样，在居家养老服务的政府购买中，区（县）级政府的资金投入比例大于市级政府

① 数据来自《上海统计年鉴2012》。

的资金投入比例，对于经济条件好的区（县）政府不会有太大的财政资金压力，但是对于经济条件差一点的区（县）政府，市一级政府就应该有相应的转移补贴机制来保障居家养老服务政府购买的资金。

## 第六节 结语

本章对居家养老服务资金中政府资金的构成和规模进行了详细分析。按照居家养老服务机构资金和服务购买资金两种类型，对市、区（县）和乡镇（街道）三级政府资金以及市和区（县）两级的福利彩票公益金的投入构成、补贴标准和投入规模进行了横向和纵向的比较，得出了政府财政资金和福利彩票公益金的投入总量都小，投入构成不合理，提出应该建立完善的政府资金长效投入机制。

# 第五章　社会资金支持居家养老服务的困境分析

本章的内容主要关注居家养老服务资金社会化的问题，详细分析社会资金在支持居家养老服务时的市场发展困境和行业发展困境。笔者认为应着力处理好居家养老服务事业和居家养老服务产业的关系，明确居家养老服务市场机制应当发挥作用，进而分析居家养老服务行业困境的表现与原因。

## 第一节　居家养老服务资金运行社会化的必然趋势

### 一　养老服务事业与养老服务产业

经过前文的分析，可以知道，居家养老服务资金的提供者与居家养老服务的提供者并不是完全一致的。面对老年人居家养老服务的需求，政府和家庭都是老年人居家养老服务资金的直接提供者，其中，政府资金只提供给低收入、贫困并且迫切需要居家养老服务的老年人，并且有严格的经济资格审查和身体状态的评估；而使用家庭资金购买服务的老年人，是被排除在政府资金补贴范围之外，在经济条件上是要优于政府补贴的老年人家庭。由政府资金支持的养老服务在我国被纳入到民政系统的养老服务事业中，是社会福利制度中的一项重要内容。上海从2000年居家养老服务试点以来，政府资金用于居家养老服务事业的老年人占60岁以上老年人的比例大部分在4%以上，2012年是3.43%，最高比例出现在2009年为4.1%。这与2010年上海市第六次人口普查数据中，对60岁以上老年人的主要收入来源统计中领取最低生活保障金的老年人比例4%相吻合。这充分说明，政府资金用于居家养老服务事业的人口覆盖面很小，只是老年社会福利的托底保障。然而，面对老年人居家养老服务潜在的巨大需求，没有被纳入到政府资金保障范围内的老年人，他们迫切的居家养老服务需求就应该由养老服务市场来提供，由市场机制来实现服务市场的供求均衡。但是，从目前养老服务市场的运行效果来看，情况并不尽如人意。

养老服务事业和养老服务产业就像是“车之两轮”“鸟之两翼”，两者的发展是相辅相成的，两者的协调发展对于全面保障和提升老年人的生活质量具有十分重要的意义。我国的养老事业在政府主导和资金保障下有了长足的发展，以上海的居家养老服务为例，针对上海老龄化的特点，政府在社区建立了老年日间照料中心、助餐点和助老服务社，为贫困迫切需要帮助的老年人提供居家养老服务。然而，我国的养老产业的发展却相对滞后，尤其是当前居家养老服务业，提供的服务产品较为单一，专业性不高，无法满足老年人居家养老的多样化服务需求。2013 年，国务院《关于加快发展养老服务业的若干意见》（国发［2013］35 号）中，着重阐述了促进养老服务业发展的重大意义，指出发展养老服务业不仅能够满足老年人的养老需求，保障老年人的基本权益，而且有利于改善民生、扩大就业和消费需求，促进经济健康持续的长期增长。

## 二　养老服务产业与扩大内需的可持续经济增长方式

当前我国依靠投资拉动的经济增长方式已经不可持续，在全球经济形势下行的压力下，出口又受到一定的影响，作为宏观经济“三驾马车”之一的消费——尤其是国内消费就成为经济持续增长的长久驱动力。有学者研究，消费对 GDP 的贡献比投资和出口对 GDP 的贡献更具有稳定性（辛本禄等，2012）①，2013 年前三个季度消费对 GDP 的贡献率就达到了 45.9%②。人口老龄化必然导致养老服务需求增大，要释放这些巨大的养老服务需求，发展养老产业是着力点。2013 年，《关于加快发展养老服务业的若干意见》（国发［2013］35 号）中强调了市场机制在养老服务产业发展中的重要性。市场机制作为一种资源配置方式，能够充分调动各个市场参与要素的活性，实现既定条件下的优化配置，所以，完善市场机

① 辛本禄、高和荣：《拉动经济增长的新兴消费产业研究——以老龄产业为例》，《西北人口》2012 年第 4 期，第 85—88 页。

② 2013 年 10 月 21 日李克强在中国工会第十六次全国代表大会上作了经济形势报告，中工网——《工人日报》2013 年 11 月 4 日，http：//www. workercn. cn。

制、发挥市场的作用，要使社会力量成为养老服务业发展的市场主体，政府要通过完善扶持政策，吸引更多的民间资本进入养老产业中。在这个过程中，政府的引导作用不容忽视，以民办公助、补贴资助或政府购买的方式强力扶持社会力量进入养老产业领域，繁荣养老服务消费市场。

以市场为主导的养老服务产业，其资金社会化是必然趋势。养老服务产业的发展一方面可以满足老年人多样化的养老服务需求，另一方面，还可以促进就业，进一步利用人力资源，拓展新的服务劳动力市场，为繁荣老年消费市场积累人力资本。根据产业经济学的理论，形成养老服务产业，就要有一批从事养老服务产品提供的企业，发挥养老服务产业的集群效应，才能对我国的产业结构升级、经济结构转型、可持续的经济增长方式做出贡献。

## 第二节　居家养老服务的市场发展困境

自 2008 年国家提出全面推广居家养老服务以来，由于起步较晚，居家养老服务市场的发展较为缓慢，这主要与居家养老服务的福利性特点有关。政府作为推动居家养老服务工作开展的主导力量，将居家养老服务工作定位在社会福利活动，强调居家养老服务的公益性。同时，政府也提供了几乎所有的居家养老服务资金，并对进入居家养老服务市场的社会组织要求是民间的公益组织，这在一定程度上局限了居家养老服务市场的发展。

### 一　居家养老服务的市场组织特殊性

从上海市政府推行居家养老服务工作的实践来看，开展居家养老服务与促进就业是并行的，也就是说，政府向社会招募的居家养老服务的工作人员主要是失业人员，并以民办非企业的组织形式向政府补贴的居家老年人提供居家养老服务。由于该服务是社会福利性质的公益服务，所以民办非企业提供服务的性质就是非营利性。

1. 非营利组织提供服务产品的非营利性

居家养老服务最早是由政府资金保障的养老服务事业提供，是属于社会福利性质的服务，而对于提供服务的市场组织，国际上通行的名称是非营利组织。顾名思义，非营利组织提供的服务产品具有福利性质，不以营利为主要目的。非营利组织一般是指从事商品生产、流通、提供服务的民间组织，但其经济活动不以获取利润为目的。那么是不是说，非营利组织就不能从事营利的经济活动呢？答案是否定的。在界定非营利组织的非营利性时，只要明确，非营利组织通过服务或营利活动获得的收入没有用于分红，而是用于了组织活动和运作。总之，非营利组织的非营利性并不代表非营利组织不能营利①。

在我国对非营利组织的称谓并不多见，大多称之以民间组织、社会组织。民政部的民间组织管理局所认为的“民间组织”特指的是社会团体、民办非企业单位和基金会。其中，提供居家养老服务的社会组织就是民办非企业性质的单位。对于民办非企业单位的定义，褚松燕（2008）认为，民办非企业单位指的是这样的一些社会组织，它从事的是非营利性质的社会服务活动，其资金来源是由企业或事业单位、社会组织和个人等筹集的非国有资产②。以上海为例，我国的居家养老服务是由社区居家养老服务中心，也就是社区的助老服务社提供。社区的助老服务社是政府以购买的方式，将居家养老服务工作转由民办非企业服务机构承接，形成政府扶持监督和社会组织自主运营的工作格局。政府将居家养老服务工作转给民办非企业组织来完成，就是为了保证居家养老服务的公益性，更好地体现老年福利这个公共服务产品的特点。

2. 非营利组织的运行依赖政府资金

我国对于参与提供居家养老服务的社会力量（主要是指民办非企业单位），有资金来源、用途和运作方式的规定。在针对民办非企业单位的相关条例中，规定其资金来源必须合法，民办非企业单位的资产不得以任何名义被侵占或挪用，其收入必须是在规定的服务范围内的活动或服务所取得合法收入、捐赠或资助以及利息或股息的投资收益。民办非企业单位接收的捐赠和资助必须按照捐赠和资助的相关规定在合法的范围内进行使用。同时，明确规定，民办非企业单位不能从事营利经营性质的活动，但可以在从事社会服务活动中进行合理收费，以确保成本，略有盈余以能维持其活动。

从我国对民办非企业单位所从事的活动的政策规定中，可以看出，政

① 褚松燕：《中外非政府组织管理体制比较》，国家行政学院出版社 2008 年版，第 7 页。

② 同上。

府非常看重民办非企业单位的公益性，对其开展的社会服务或活动有严格的要求，认定其资金的来源以开展活动的合理收费、获得的社会捐赠和投资收益为主。并且要求民办非企业单位从事社会活动和服务时所进行的合理收费的目的是确保活动或服务的成本，只要能保证略有盈余能维持正常活动就可以了。2001 年上海市民政局《关于印发〈关于全面开展居家养老服务的意见〉的通知》（沪民事发［2001］23 号）中就明确提出居家养老服务要建立市场化的运作机制，在保证老年人的利益不受损害的前提下，鼓励社会上的任何单位、组织和个人介入这个领域，开展有序的竞争，不断提高为老服务质量，使老年人从中受益。我们很难想象，在市场竞争的环境下，一个具有独立自主运营能力的社会组织在向社会提供服务时，总是以收支相抵或略有盈余的状态如何能够长期运营下去？因此，我国对民办非企业单位的要求过于严格，容易造成其活动资金不足，从而影响社会服务的提供。更为糟糕的一点是，根据我国非营利组织的历史发展和演变，我国的非营利组织具有很强的行政色彩，没有真正的自主管理的能力（Wong et al.，2006）①，维持其运转的资金主要来自政府，依照政府的意愿和需要来完成相应的职能和工作，这与西方非营利组织由自发组织肩负为公众服务使命的内涵相去甚远。以上海的提供居家养老服务的助老服务社为例，根据前文的分析，可以知道，政府不仅对助老服务社的开办进行一次性补贴，而且还发放助老服务社的居家养老服务工作人员的薪酬，并且还要求基层的街道一级政府机构对助老服务社的日常运行提供一定的补贴。除此之外，助老服务社提供的服务也是由政府资金购买并提供给居家养老服务补贴的老年人。这样计算下来，提供居家养老服务的非营利组织从开办、运营到服务产品的销售，完全都是由政府来买单，也就是说，非营利组织提供的居家养老服务是由政府出资认购的，非营利组织开展社会服务的日常经费、工作人员的薪酬大多由政府来提供资金。在居家养老服务工作的推进中，非营利组织是相当依赖政府资金的。

3. 私人企业组织服务产品供给力量不足

除了非营利组织可以提供居家养老服务以外，私人的社会企业也可以作为市场组织来提供居家养老服务。非营利组织提供的居家养老服务产品

---

① Linda Wong, Tang Jun. NonState Care Homes for Older People as Third Sector Organizations in China's Transitional Welfare Economy［J］. *Journal of Social Policy*. 2006, 35（2）: 229 – 246.

具有公共产品的性质，是维持和保障贫困老年人失能以后的基本生活；而企业提供的居家养老服务产品体现的是服务多样化和异质性的老年人服务需求，是活跃养老服务产业的主要力量。

目前，上海已出现了一些养老服务企业，提供相对专业的居家养老护理服务，主要针对老年人不同疾病所造成的失能程度而进行的疾病康复护理。例如，痴呆病人的护理、中风病人的康复护理等，这些护理服务专业性强同时收费也较高，比如：有的专业护理企业的上门康复费用为 258 元/时，临时护理服务费用为 358 元/时①，这个收费标准已经大大超过了 2012 年上海市居家养老服务人均补贴 192 元/月。由于私人企业提供的服务专业性较强，并且定位在收入较高的老年人家庭，据上海市福寿康居家专业护理机构的护理数据显示②，接受专业居家照护服务的老年人，其收入都达到了 3000—5000 元/月，所以对于大部分收入中等的老年人而言，2000 元左右的月收入是无法负担如此高的服务费用的。从另一个角度来看，如果有更多的养老服务企业加入到居家养老服务产品的供给中来，充分竞争下是可以拉低某些养老服务项目的价格。所以，市场规律告诉我们，充分竞争条件下，整个社会是可以达到帕累托最优的。

## 二　居家养老服务的产品市场发展不足

上海市居家养老服务工作开展十多年来，基于居家养老服务的福利性，其服务的内容较为单一，主要以家庭的生活照料为主，服务内容不够多样化，不能很好满足老年人居家养老的服务需求。

1. 产品种类不够多样化

根据老年人的居家养老服务需求，当前居家养老服务产品市场上提供的产品主要有生活照料服务、护理服务等。据 2008 年全国老龄工作委员会办公室的《我国城市居家养老服务研究》中的数据显示，老年人居家养老服务需求中，生活照料服务占 25. 22%，满足率达到 22. 61%；护理服务占 18. 04%，满足率为 8. 3%；精神慰藉需要聊天解闷的占 13. 79%，满足率为 3. 16%；援助服务占 2. 25%，而满足率为 0。这充分说明，现实

---

① 《卡莉卡（上海）家政服务有限公司的收费标准》，http：//activeglobalcaregiver. cn/pricing。

② 姚丽萍：《老年护理宜“两条腿走路”》，《新民晚报》2012 年 3 月 30 日。

提供的居家养老服务内容和质量低于老年人的真实服务需求的期望。从实际市场提供的居家养老服务产品来看，家政服务的满足率是最接近其需求率，而护理服务、精神慰藉服务和援助服务在数量上都远达不到需求率。说明居家养老服务产品市场上服务产品的种类较为单一，老年人多样化的养老服务需求没有得到满足。

2. 生活照料服务在居家养老服务产品市场中占主导

据2008年《我国城市居家养老服务研究》的数据分析，生活照料服务在居家养老服务产品市场的比重最大，护理服务产品和精神抚慰服务产品的提供数量少，达不到需求数量，而援助服务的数量为零。

2010年上海市出台了《社区居家养老服务规范》，对居家养老服务的项目种类进行了详细的规定，明确了生活护理、助餐、助浴、助洁、洗涤、助行、代办、康复辅助、相谈、助医等服务，并且，对各种服务项目规定了详细的服务要求。根据上海市闵行区2012年养老服务调查分析报告称，闵行区社区助老服务社提供的服务项目有助餐（送餐上门、上门做餐和集中用餐）、生活照料（个人卫生、理发、洗衣、居家清洁等）、助浴（上门助浴、外出助浴）、助行（陪诊、陪同购物、陪外散步、代理代办等）、生活护理（喂食、如厕、翻身、帮助服药、康复指导、康复锻炼、陪同聊天等）共五大项二十小项。然而，实际上接受居家养老的老年人主要享受的服务却集中在居家清洁、送餐上门、集中用餐、洗衣等生活照料方面的服务，分别占比为60%、20%、13.3%和13.3%[①]。这其中的原因耐人寻味：一是，老年人对居家养老服务从业人员的专业性表示怀疑。虽然，社区居家养老的助老服务员为老年人提供生活照料、康复护理和精神慰藉等专业服务项目，但是老年人和子女仍然会选择相对简单的家政服务让助老服务员来做，而对于涉及疾病护理等相对专业的医疗服务时，会更倾向于选择去医院或选择专业护工来提供[②]，表现出对居家养老从业人员是否能够提供专业性服务的质疑。二是，居家养老服务从业人员真实的服务专业性。居家养老服务从业人员是否就真正具备了医疗护理服

① 周海旺等：《上海市闵行区2012年养老服务调查分析报告》，《上海老龄科学》2013年第1期，第7—25页。

② 《福利彩票公益金推进上海居家养老服务专业化》，《中国青年报》2012年9月18日，http：//www.zhcw.com/gongyi/fulao/2409731.shtml。

务的专业性呢？从上海市助老服务员的招募条件和过程来看，从业居家养老服务的人员都是失业后的再就业人员，大多没有特殊或专业的技术技能。他们虽然在上岗前进行了所从事的服务项目的专业培训，对于一般性的不需要知识背景的家政服务很容易胜任，但是对于需要有医学知识背景的疾病护理服务，在没有任何操作和实习经验的情况下，是很难做得好的。以一个专业护士的培养过程为例，在进行了两到三年的专业医学护理知识的学习以后，还要经过一年的正规医院的护理实习经历，才能够成为一名专业护士。相比之下，居家养老服务的从业人员仅仅在上岗前经过几个月的业务培训，在疾病护理的专业性上还是与医护工作人员有不少的差距。所以，居家养老服务从业人员的内在素质和老年人对养老服务的外在选择，造成了以生活照料为主的家政服务成为了居家养老服务的主要产品。

### 三　居家养老服务的劳动力市场发展不完善

从当前居家养老服务的实践来看，上海居家养老服务的开展与再就业工程是结合在一起的。居家养老服务工作没有专门的人力资源储备，从业人员大多为开展工作招募而来的，招聘条件较低，专业性较低，并且从业人员对居家养老服务工作并没有很深入的了解，主要表现为居家养老服务的从业门槛较低、从业人员的年龄偏大、教育程度较低、专业程度良莠不齐、整体薪酬水平较低等。

1. 从业门槛较低

2001 年上海市民政局《关于印发〈关于全面开展居家养老服务的意见〉的通知》（沪民事发［2001］23 号）中对居家养老服务人员的来源，明确指出要结合再就业工程，以招聘下岗人员，特别是要以招聘“4050”人员为主。2003 年上海市人民政府办公厅《关于本市组织实施万人就业项目的试行意见》（沪府办［2003］67 号）中对于再就业的人员定位在就业困难的群体，主要以失业、下岗协保和农村富余劳动力为主。

由于居家养老服务的主要内容是生活照料和护理，以体力劳动为主，并且劳动强度不是很大，并不需要服务人员有太强的专业技能，所以居家养老服务工作的从业门槛是较低的。对于一个劳动者而言，只要能够做家政劳动，经过正规的服务培训，是可以胜任这项工作的。

2. 主要从业人员的年龄偏大、教育程度较低

上海市政府推行居家养老服务工作是将其与社区助老万人就业项目结合在一起运作。据《上海市民政局关于进一步推进深化居家养老服务工作的通知》（沪民福发［2004］6号）规定，万人就业的项目要求是，从事居家养老服务的人员主要招用失业、协保人员和农村富余劳动力，着力解决上海市就业困难的人员就业。所以，招用人员的年龄是男50岁以上、女40岁以上。居家养老服务人员经招聘录取以后，要在指定的单位进行上岗培训，取得上海市护理员执业证书后，持证上岗。根据上海市闵行区2012年养老服务调查分析报告的数据显示，闵行区社区助老服务社助老服务人员大多是女性，占到总人数的比例为91.57%。35岁以下的服务人员仅占2.49%，35—45岁以上的占到36.32%，45岁以上的占到61.18%。在教育程度上，小学及以下占到3.94%，初中文化水平占到82.21%，高中或者中专以上占到12.45%，大专及以上占到1.39%[①]。总体来看，居家养老服务从业人员的年龄集中在45岁以上，教育程度大多在初中水平。

另据上海市一项家政服务人员的调查显示[②]，上海市从事家政服务的人员中，年龄在35岁以上占69%。其中，从事老年人生活照料和护理的工作人员，其年龄都在45岁以上，而35—45岁从事家政服务的人员在婴幼儿护理、产妇护理等方面更有优势，25岁以下的工作人员是没有市场的。在被调查的家政服务人员中，72%的为初中以下学历，28%的是高中及大专学历，其中为老年人提供护理和陪护服务的工作人员多为小学学历，高中及大专学历的主要提供家庭教育和育婴工作。

综合来看，上海市居家养老服务从业人员比家政服务从业人员的年龄要大，教育水平大部分在初中以下。从事养老服务的人员年龄偏大基本上是市场选择的结果，由于当前对老年人的照料和护理服务并没有更高的技术要求和技术规范，所以进入居家养老服务市场的低门槛决定了只有较弱市场竞争力的劳动者才会进入，并且居家养老服务的劳动密集型特点也决定了其工作特点是体力劳动大于脑力劳动。

---

① 周海旺等：《上海市闵行区2012年养老服务调查分析报告》，《上海老龄科学》2013年第1期，第7—25页。

② 卢汉龙、周海旺主编：《上海社会发展报告2013》，社会科学文献出版社2013年版，第250页。

3. 从业人员的专业程度良莠不齐

根据老年人居家养老服务的需求来看，目前最迫切的服务主要是生活照料和医疗护理服务，其中，生活照料服务不需要太多的专业技能，而医疗护理服务就需要有医生和护理人员的参与，其专业程度较高，专业技能较强。

政府所招用的居家养老服务人员所提供的服务是以生活照料为主，在对失能老年人提供医疗康复护理服务却没有太多的优势。并且，以居家养老服务人员的自身特点来看，这些从业人员本身在劳动力市场上就是竞争力较差的群体，年龄偏大并且教育程度较低，再学习的能力较弱，是很难胜任专业技能要求高的工作的。而对于具有一定医疗护理资格和护理技能的专业人员而言，其面对的服务群体又是收入较高的高端群体。然而，大量的中等收入老年人所需要的专业护理服务却没有相应的从业人员提供。这样两极分化如此分明的专业程度，对于居家养老服务的劳动力市场发展是极为不利的。

4. 从业人员的薪酬较低

上海市居家养老服务的助老服务员招用的是再就业工程的“4050”人员，薪酬待遇较低。根据上海市闵行区2012年养老服务调查分析报告的数据显示，社区居家养老服务机构的管理人员的平均工资为1554元/月，助老服务员的平均工资为1461元/月，评估员的平均工资为1602元/月，助老关爱员的工资为1472元/月。这个工资水平刚刚超过2012年上海市最低月工资标准1450元[①]。其小时薪酬为14.5元，[②] 稍高于2013年上海市最低小时工资标准12.5元，整体来说，居家养老服务从业人员的平均工资水平不及包含居家养老服务的居民服务、修理和其他服务业的平均工资2161.42元/月[③]，低于上海市家政服务员的工资收入水平2800—3500元[④]，且远低于上海从业人员的平均工资4720.67元/月[⑤]。相对于有

① 《2013年上海统计年鉴》，http://www.stats-sh.gov.cn。

② 《福利彩票公益金推进上海居家养老服务专业化》，《中国青年报》2012年9月18日，http://www.zhcw.com/gongyi/fulao/2409731.shtml。

③ 数据由《2013年上海统计年鉴》的居民服务、修理和其他服务业从业人员平均工资的年度数据计算而得。

④ 姚丽萍：《申城老年人看护“缺口最大”》，《新民晚报》2014年2月21日，第A2版。

⑤ 数据由《2013年上海统计年鉴》的从业人员平均工资的年度数据计算而得。

专业资质的专业从业人员而言，薪资 50 元/时—80 元/时不等，兼职人员的薪资为 30 元/时①，这些人员的平均薪酬基本可与上海从业人员的平均工资持平，但是像这样的专业从业人员数量相对较少，绝大部分从事居家养老服务的工作人员薪酬仍然很低。居家养老服务从业人员的工资水平低也是导致其流失的主要原因，2011 年上海市闵行区 13 个助老服务社流失的助老服务员占总人数的比例为 5.79%。

## 第三节　居家养老服务的行业发展困境

当前居家养老服务行业的发展未形成规模化，各个不同的市场主体并没有形成有效的竞争，政府出资提供的居家养老服务价格低、供不应求，而社会资金提供的居家养老服务价格高却供大于求，大量中等收入老年人的居家养老服务需求并没有得到满足。还有，当前居家养老服务行业的人力资源的状况和其培养机制都不足以持久推动其行业发展。

### 一　居家养老服务行业未形成规模

居家养老服务行业的规模化形成与市场机制的形成、作用以及其市场的回报率有密切关系。当前，居家养老服务行业没有统一的行业规范，居家养老服务的公益性使得非营利组织的资金运营状态基本是收支相抵，市场回报率非常低，整个上海市居民服务行业对全市的生产总值贡献很小。

1. 居家养老服务行业没有形成统一的行业规范进行有效竞争

虽然我国在 2008 年就下文要全面推行居家养老服务，但是实际上只有少数几个城市在试点运行，并没有大规模化展开居家养老服务。由于只是小范围的试点，比如北京、上海、杭州、南京、宁波等，不同的地区在推行居家养老服务时根据不同的养老习俗，制定了不同的居家养老服务规范：像上海，在 2009 年就出台了《社区居家养老服务规范》，这个规范明确规定了居家养老服务的工作人员在向老年人提供居家养老服务时应当遵守的服务标准。然而，这个规范只限于政府资金支持的社区助老服务社、社区老年人日间照料中心和社区老年人助餐服务点等社区居家养老服

---

① 《福利彩票公益金推进上海居家养老服务专业化》，《中国青年报》2012 年 9 月 18 日，http：//www. zhcw. com/gongyi/fulao/2409731. shtml。

务组织，而对于其他同样也提供居家养老服务的企业组织是没有任何约束作用的。至今居家养老服务的提供仍没有统一的行业规范，不同的市场组织各自为政，由于缺失统一的行业规范导致不同市场主体提供的服务产品不能形成有效竞争，一方面不利于老年人获得更优的服务产品；另一方面不利于居家养老服务行业对居家养老服务质量的监督和控制。

2. 居家养老服务行业的市场回报率较低

居家养老服务行业未形成规模固然与居家养老服务工作的起步较晚有关系，但是更重要的原因还在于目前居家养老行业的市场回报率较低，对社会资本的吸引力较弱。从居家养老服务的推行来分析，上海市的居家养老服务业起步较晚，距今有十余年的发展经历，由于政府一直以社会福利的方式来推行居家养老服务工作，强调居家养老服务工作的公益性，直接导致了开展居家养老服务工作的机构或组织的盈利能力很弱，基本是收支相抵或略有盈余，很难有更多的资金将居家养老服务工作继续扩大化，几乎为零的投资回报率是不可能吸引更多的社会资金用于居家养老服务机构的建设和运营。为了保持居家养老服务机构的服务提供，企业或非营利组织不得不依赖政府的资金投入，长此以往就逐渐形成了居家养老服务的市场组织与政府资金之间的恶性循环，以至于无法通过社会资金以市场化方式解困居家养老服务行业的发展。

3. 居民服务行业对生产总值的贡献很小

在国家统计年鉴的分类中，居民服务业被划分为第三产业，而居家养老服务只是居民服务业中的一个种类，在数据统计时，居民服务业与机动车、电子产品和日用产品修理业和其他服务合为一个种类。由于在统计年鉴中并没有专门罗列出居家养老服务业的生产总值数据，笔者整理了上海自居家养老服务工作开展以来，居民服务业的生产总值情况，发现总体来看，包含了居家养老服务行业的居民服务业的生产总值对上海市整体的生产总值的贡献很小。从绝对数量上看，2001—2012 年居民服务、修理与其他服务业的生产总值在增加，从 2001 年的 45.16 亿元增加到 2012 年的 221.88 亿元，但是从相对数量上看，见图 5－1，包含了居家养老服务的居民服务业占第三产业生产总值的比重在 2% 上下浮动，从 2008 年开始该比重稳定在 2% 以下，2012 年的比重在 1.82%；而居民服务业占上海市生产总值的比重在 1% 上下浮动，从 2008 年开始该比重逐渐增大，2012 年达到 1.1%。从居民服务业的生产总值情况来看，它对上海市生产总值的贡献不大，尽管第三产业对上海市生产总值的贡献率达到了50%以上，2012年为60.45%，但是，由于居民服务业在第三产业中的比重很小，所以直接导致居民服务业对上海市生产总值的贡献很小。

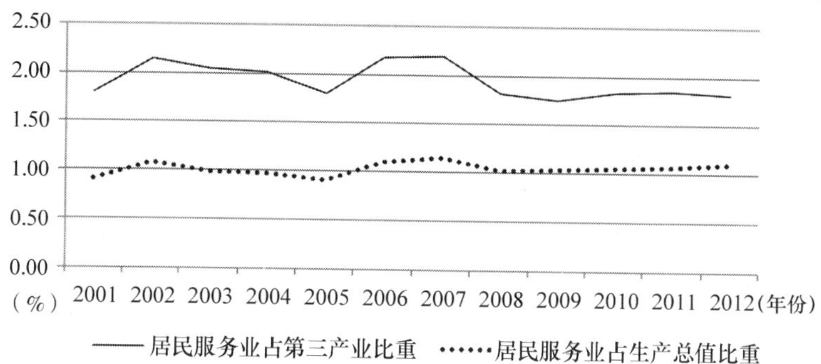


**图5-1　2001—2012年居民服务、修理与其他服务业的生产总值的占比情况**

资料来源：2003—2013年《上海统计年鉴》。

## 二　居家养老服务行业的人力资源不足以支撑行业发展

居家养老服务行业仍然是以劳动密集型为主的行业，其特点是由从业人员对老年人进行一对一或一对多的服务，主要以体力劳动为主。由于从业人员多为"4050"人员，相对年轻人而言，居家养老服务从业人员的劳动强度是比较大的。并且，由于居家养老服务行业从业人员的人力资本水平较低直接导致其收入水平较低，再加之该行业人力资源的培养机制不合理都不利于居家养老服务行业的长期发展。

1. 居家养老服务行业的人力资本水平较低

居民服务行业属于第三产业中劳动密集型的行业，它对从业人员的受教育年限基本是9.6年①，也就是初中以上文化程度。但是实际上，据2012年上海的家政服务员的调查显示，72%都在初中以下，而为老年人提供居家养老服务的人员教育水平多为小学文化程度。根据《2013年中国民政统计年鉴》中对从事社会服务人员的人力资本的统计，2012年上海市共有21495个社会服务单位，共有正式的职工数315189人，35岁以下的人数占到25.47%，36岁至45岁的人数占到40%，46岁以上的人数

① 蔡昉：《中国就业格局变化与挑战》，《全球化》2013年第5期，第24—31页。

占到34.53%，年龄结构偏大。大学专科以上文化程度的人员占到了22.38%，差不多占到总人数的1/5。有助理社会工作师职业资格水平的人员占比是0.62%，社会工作师职业资格水平的只有0.32%。可见，我国从事社会服务工作人员教育程度低、专业化程度不高，整体的人力资本水平较低。

从居家养老服务行业的一线从业人员来看，大多来自失业人员，根据蔡昉（2013）对就业人员人力资本的分析，当劳动者再就业由第二产业的劳动密集型就业转向第三产业的劳动密集型就业，需要提高受教育水平0.5年，如果转向第三产业技术密集型就业就需要提高受教育水平4.2年①。

所以，这就造成了居家养老服务行业的尴尬，居家养老服务从业人员提供的服务是以体力劳动为主的劳动密集型产品，从业人员普遍的教育程度较低和专业化水平较差导致薪酬待遇水平普遍较低。由于服务产品的技术含量不高，在服务产品市场上的竞争力就较弱，服务产品的购买方倾向于以更低的价格购买服务，逐渐造成了居家养老服务行业发展的恶性循环。要打破居家养老服务行业发展的困境，就要增加居家养老服务产品的附加值，提高服务的专业化水平，改变从业人员的知识结构和技能经验，提供多样化、细致的服务种类来繁荣居家养老服务产业。

2. 居民服务行业从业人员的平均工资极低

通过对《上海统计年鉴》中各个行业从业人员平均工资水平的比较，发现居民服务行业从业人员的工资水平是最低的。表5－1展现的就是2003—2012年上海市居民服务业从业人员的平均工资水平与全部行业平均工资水平的比较，可以发现，2003—2012年上海市居民服务业从业人员的平均工资在绝对数量是增长的，然而与所有从业人员的平均工资相比，却是呈现一直下降的趋势。居民服务业的平均工资水平一直处于全部行业平均工资水平以下，在2003年还是全部行业平均工资水平的62.82%，经过十年的发展，2012年居民服务业从业人员的平均工资水平跌至全部行业从业人员平均工资水平的45.79%。说明居民服务业平均工资的购买力水平是严重下降的，近十年来居民服务业的发展速度和水平与其他行业相比也是相当滞后的。

① 蔡昉：《中国就业格局变化与挑战》，《全球化》2013年第5期，第24—31页。

表 5－1　　上海市居民服务业从业人员平均工资情况

| 年份 | 居民服务业从业人员平均工资（元） | 全部行业平均工资（元） | 居民服务业平均工资与全部行业平均工资之比（%） |
|---|---|---|---|
| 2003 | 16060 | 25565 | 62.82 |
| 2004 | 16953 | 27796 | 60.99 |
| 2005 | 17189 | 29350 | 58.57 |
| 2006 | 17121 | 31371 | 54.58 |
| 2007 | 18287 | 35952 | 50.87 |
| 2008 | 18349 | 40897 | 44.87 |
| 2009 | 20442 | 42801 | 47.76 |
| 2010 | 22581 | 47478 | 47.56 |
| 2011 | 23242 | 52655 | 44.14 |
| 2012 | 25937 | 56648 | 45.79 |

资料来源：2004—2013 年《上海统计年鉴》。

根据上一小节的分析，居家养老服务行业的人力资本水平较低直接导致的结果就是其从业人员的收入水平也低，不仅低于居民服务业从业人员的平均工资，更低于全上海市全部行业从业人员的平均工资水平，直接导致的结果有两种。第一种是家政服务行业的从业人员愿意进入居家养老服务领域中。据 2014 年 2 月《新民晚报》的调查，大约只有 6% 的家政服务员愿意从事居家的为老服务工作①。第二种是原先居家养老服务行业的从业人员流失，转向收入更高的家政服务行业或护工行业。2011 年上海市闵行区 13 个助老服务社流失的助老服务员 65 人，占助老服务员总数的 5.79%。

3. 居家养老服务行业人力资源的培养机制不合理

居家养老服务是劳动密集型行业，从业人员提供的服务质量直接影响着市场组织的发展，所以，居家养老服务行业的人力资源对于其行业发展的作用不言而喻。当前，上海市居家养老服务从业人员的招募与培训都是由政府出资来完成，但是从招募人员的人力资本来看，年龄较大且文化程

① 姚丽萍：《申城老年人看护“缺口最大”》，《新民晚报》2014 年 2 月 21 日，第 A2 版。

度较低，其再学习的能力较弱，并且，政府的上岗培训都是短期，对于操作技能要求不高的服务内容，这些从业人员是能够掌握的；然而对于有较高知识含量的操作技能，这些从业人员恐怕是很难学习并熟练掌握，尤其像一些需要通过实习积累操作经验的服务内容，比如疾病护理服务和康复护理服务等，上岗前的短期培训是远远不能达到服务要求的。因此，从居家养老服务行业的长期发展来看，形成合理的人力资源培养机制对持久地推动行业发展是极其重要的。

### 三 居家养老服务行业未能与其他产业形成联动

哲学原理告诉我们，任何事物的存在都是有联系的，事物间通过物质的、能量的交换而得以生存发展。同样，在经济社会中，一个经济体的经济活动必然会与其他经济体发生联系，任何经济活动都不是孤立存在的。居家养老服务行业是以提供服务为主要产品的服务性行业，从业人员面对面地直接向老年人提供养老服务。虽然居家养老服务行业从事的工作是向老年人提供服务产品，但是在其提供服务的过程中会不可避免地使用一些专业的服务器械来辅助完成，比如，专门辅助失能老年人洗浴的器具、防滑的器具等。所以，居家养老服务行业的发展情况直接与其服务相关的辅助器械的产品市场有密切关系。从居家养老服务的内容看，居家养老服务行业与家政服务行业、医疗保健行业、医疗护理行业和医疗康复行业等都有着紧密的联系。

老年人在退休以后普遍开始关注自身的身体健康问题，注重养生和身体保健，期望通过改变以往不科学的饮食习惯和生活习惯来预防老年疾病的困扰，这对于老年人和社会而言都是值得提倡的。如今老龄化危机引起了政府和社会的重视，电视等新闻媒体也开始关注老年人的身体健康，经常会有关于养生和健康的节目播出，并且还大受欢迎，而这些节目的忠实观众也大多是老年人，如中央电视台的《健康之路》等。然而，目前的居家养老服务行业中并没有关注到老年人养老服务需求的特殊性，将养老保健和疾病预防等服务技能提供到服务产品中去。以居家养老服务中为老年人做餐为例，上海市《社区居家养老服务规范》中要求为老年人提供助餐服务时要尊重老年人的饮食生活习惯，并注意营养、合理配餐，每周有食谱等，这些要求只是基本实现了老年人的用餐需要，并没有注意到老年人健康养生的需求。因为不同身体状态的老年人在饮食结构和比例上有很大的差异，尽管有些食物是有营养的，但是在不同身体条件下对有的老年人却是不适宜的。比如，有的老年人患有高血压并且胆固醇较高，在饮食上就需要清淡，少盐，不宜吃高胆固醇的食物，需要多吃有降压效果的蔬果。另外，烹调食物的方法不同对饮食营养的影响也很重要。然而，这些服务技能在居家养老服务中没有体现的。如果可以将家政服务行业的技能培训与居家养老服务结合起来，不仅可以扩展居家养老服务的项目，同时也可以带动家政服务行业的发展。再比如，医疗保健行业、医疗护理行业和医疗康复行业所生产的护理器械和康复器械，都是居家养老服务开展必不可少的辅助用具。两者的发展是相互依存的，理顺并处理好居家养老服务行业与其相关行业发展的关系，是可以实现双赢共赢的局面的。

## 第四节　结语

本章对居家养老服务资金运行社会化的发展进行了较为系统的分析，说明了居家养老服务资金运行社会化的必然趋势。由于居家养老服务的市场主体的特殊性、服务产品市场发展较为单一、人力资源较为匮乏等表现阻碍了居家养老服务市场的发展，影响了市场机制的作用，整体居家养老服务行业未形成规模、现有的人力资源储备不足以支持行业发展，并且居家养老服务行业没有与其关联行业形成联动关系，从而限制了自身的发展。

# 第六章　家庭资金支持居家养老服务的困境分析

全面推广居家养老，就必须有家庭资金的支持。由于居家养老服务涉及老年消费的问题，本章首先分析老年消费的特点以及居家养老服务的潜在需求，进而分析老年人的收入约束导致的支付困境和包含了子女收入的家庭资金在居家养老服务资金支出上的困境，最后再分析金融产品发展不完善也会导致家庭资金配置的困境。通过对家庭资金支付困境的深入分析，为后面章节研究破解居家养老服务资金困境奠定基础。

## 第一节　居家养老服务的潜在需求巨大

### 一　未来人口老龄化、高龄化的趋势

上海市的老龄人口基数大，老龄人口占总人口比重以及高龄人口占总人口比重一直呈现上升趋势。随着医疗技术的逐步提高，老年人口的期望寿命也在不断提高。截至2012年末，上海市60岁及以上老年人口367.32万人，占总人口的25.7%。65岁及以上老年人口245.27万人，占总人口的17.2%。70岁及以上老年人口169.13万人，占总人口的11.9%。80岁及以上高龄老年人口67.03万人，占60岁及以上老年人口的18.2%，占总人口的4.7%。2012年上海市人口的期望寿命已达到82.41岁，其中男性80.18岁，女性84.67岁。百岁以上老年人达到1251人[①]。

第六次人口普查数据显示，上海市常住60岁以上老年人口中43.68%身体健康，43.59%基本健康，9.02%不健康但生活能够自理，

① 数据来源于2012年上海市老年人口和老龄事业监测统计信息，http://www.shrca.org.cn/44。

3.71%生活不能自理。随着年龄的增大，老年人口健康状况不断下降，寿命内非健康状态（不健康和生活不能自理）的比重逐渐提高。见图6－1，2010年上海市80岁以上的老年人口中非健康状态几乎达到30%，并且随着年龄增大，非健康状态的比例逐渐增加，95岁以上这个比例达到60%左右。根据中国老龄科研中心2010年底的调查，全国城市80岁以上的高龄老年人口中，有一半需要不同程度的照料护理。因此，老年人在预期寿命不断提高的情况下，寿命内非健康状态延长势必会增加老年人的生活照料和医疗护理的需求。

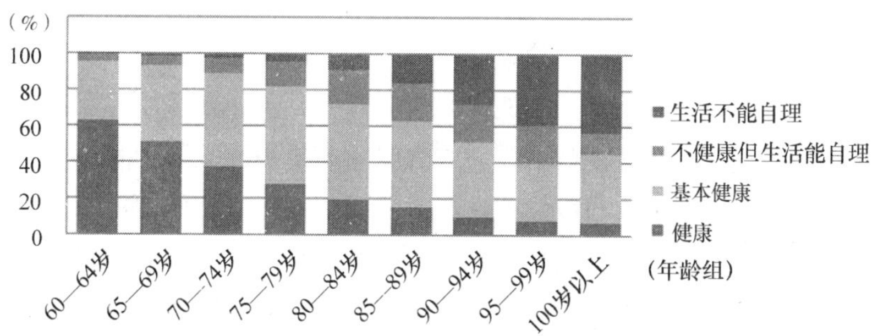


**图6－1　2010年上海市老年人健康状况构成情况**

资料来源：经第六次全国人口普查数据整理。

自20世纪70年代施行计划生育政策以来，上海市平均每户家庭人数由1980年的4.06人下降至2011年的2.90人，家庭中每一就业者所负担的人数也由1.68人上升至1.84人，家庭规模的日益缩小决定了家庭养老功能的逐渐弱化①。2004—2012年上海的纯老家庭人数从70.96万上升到84.60万，增长了19.22%，独居老年人从16.56万人增加到23.35万人，增长了41%。80岁及以上的纯老家庭人数从9.2万人增加至21.49万人，增长了133.59%。80岁以上的高龄纯老家庭占高龄老年人的比重从22.6%上升至32.06%②。从2013年起上海市新增老年人口中的80%以上将为独生子女父母，上海人口老龄化呈现出独生子女父母老龄化的新趋势。另外，根据上海市人口和计划生育委员会公布的数

① 数据来源于《上海统计年鉴2012》。

② 数据根据2004—2012年上海市老年人口和老龄事业监测统计信息整理计算而得，http://www.shrca.org.cn。

据，目前，上海无生育可能的“失独”家庭有7000余户，且以每年500户的趋势递增[①]。

## 二 老年消费需求的特点

1. 老年人是纯粹的消费者

根据生命周期消费理论，一个经济理性人会在一生这个长期的时间里对其收入进行跨期分配，以便实现在整个生命期内最优化的消费配置。每个人年轻时进入工作期、中年达到工作的鼎盛时期，晚年进入退休期，在各个时期人的收入与消费决策都是不一样的。年轻时，刚进入工作期，收入较少而消费的冲动和欲望较高，此时的消费是大于收入的，几乎没有储蓄或者说是负储蓄；中年后，随着工作时间的延长，知识的积累体现为人力资本增高，收入开始不断增长，并且收入高于消费，这个时期增长的高收入不仅补偿了年轻时的负储蓄，而且开始为年老进行储蓄；老年后，退出劳动力市场，没有了收入来源，此时他变成了一个纯粹的消费者，其消费的资金来源于工作时期积累的储蓄。国家的社会保障制度就是通过社会保险的形式进行强制储蓄来实现代内或代际间的资金分配，以达到最优的消费配置。

2. 老年人的消费偏好改变

进入老年以后，人的生理机能逐渐退化，现实的生存和生活需要改变了他们的消费偏好，当然不同收入约束的老年人会有着不同的消费偏好。大体来看，老年人的消费需求主要集中于生活照料服务和健康保健护理服务（李建民，2001）[②]，这与马斯洛的需求层次理论中较低一级层次的需求一致，主要集中于生理的、安全的和感情的需求，这些需求需要通过外部条件才能得到满足。同样，尤其是对于身体状态不是很健康的老年人而言，生活照料服务和健康护理服务是最为迫切。

3. 老年人的收入依赖养老金

从经济学上来讲，老年人的消费需求是建立在消费偏好上的有效消费

---

① 钱蓓：《如何让“失独”家庭“老有所依”》，《文汇报》2013年2月18日，http://sh. eastday. com/m/20130218/u1a7199684. html。

② 李建民：《老年人消费需求影响因素分析及我国老年人消费需求增长预测》，《人口与经济》2001年第5期，第10—16页。

需求。它包括两个方面，即老年人的收入水平和老年人的消费倾向。老年人的收入水平在有社会保障制度的条件下是以养老金来衡量的。就目前现实的数据来看，绝大多数老年人在退休以后的主要生活来源就是养老金。正如表6－1所描述的那样，2010年上海市60岁以上的老年人中有90.2%是有独立生活来源的，其中，81%是来自养老金，5.1%是来自劳动收入，4%来自最低生活保障金，0.1%是来自财产性收入，依靠家庭其他成员供养和其他生活来源方式占到的比例都是4.9%。从年龄别的数据来看，60—69岁的低龄老年人91.3%是有独立生活来源的，其中，79%来自养老金，8.9%来自劳动收入，3.3%来自最低生活保障金，0.1%来自财产性收入，家庭成员的供养和其他生活来源方式的比例分别是4.4%和4.3%；70—79岁的中龄老年人89.8%有独立生活来源，其中84.1%来自养老金，1.5%来自劳动收入，4.2%来自最低生活保障金，家庭成员的供养和其他生活来源方式的比例分别是4.6%和5.5%；80岁以上的高龄老年人87.4%是有独立生活来源的，其中81.3%来自养老金，0.3%来自劳动收入，5.8%来自最低生活保障金，家庭成员供养和其他生活来源方式的比例分别是7.1%和5.5%。从数据可以看出，随着老年人年龄逐渐增大，有独立生活来源的老年人比例在减少，依靠家庭成员供养和其他生活来源方式的比例在增加，但是在有独立生活来源的老年人中，养老金在其收入中的比重仍然是占绝大多数。也就是说，这些老年人在退休以后收入水平还是相当稳定的。

4. 老年人的消费倾向低于年轻人

从老年人的消费倾向上来看，由于老年人的养老金水平基本是确定的，老年人对未来收入的预期也是相当稳定的，所以老年人的消费是基于当前的养老金水平的，在消费能力上也是会量力而行，以收定支，不会出现冲动消费或过度消费的现象。并且老年人的消费行为也会受到惯性作用，对价格敏感度高（应斌，2005）①。由于老年人长期的消费习惯所决定的消费惯性会使得老年人的消费更为理性，在消费品的选择上会更综合价格和质量的因素。然而，相比于年轻人而言，老年人似乎更为节俭，原因有二：其一可能在于长时间形成的消费习惯；其二可能与年轻人的收入

---

① 应斌：《我国老年消费者消费行为的演进》，《商业时代》2005年第26期，第22—23页。

水平相比，老年人较低的养老金水平可能会造成身体失能时无法支付巨大的医疗费用，所以在消费时基于预防性储蓄的心理因素，其消费倾向比年轻人更低。有学者认为老年人的消费水平是年轻人消费水平的0.7（李建民，2001），还有的认为是0.8（王金营等，2006）①。

## 三 居家养老服务的潜在需求

1. 老年人的健康状况随着年龄增大逐渐变差

据2008年全国老龄工作委员会办公室组织的《我国城市居家养老服务研究》的成果表明，老年人年龄越大健康状况越差。其中，60—69岁低龄老年人的健康状况较好，自理比例为93.2%，部分自理比例为5%，不能自理比例为1.8%；70—79岁中龄老年人的健康状况较差，自理比例为81.5%，部分自理比例为12.2%，不能自理比例为6.3%；80岁以上高龄老年人的健康状况最差，自理比例为54.3%，部分自理比例是26.8%，不能自理比例是18.9%。从数据上可以看出，尤其是高龄老年人，部分自理与不能自理的比例总和达到了45.7%，这就意味着高龄老年人中几乎有一半的老年人是需要照料的，或者说是有居家照料服务需求的。那么这些服务由谁来提供呢？要么是家庭子女的非正式照料，要么是市场提供的社区正式照料服务。

2. 家庭空巢化现象严重

根据2008年全国老龄工作委员会办公室组织的《我国城市居家养老服务研究》中显示，地级以上大中城市老年人的空巢家庭比例达到了56.1%，其中独居老年人的比例是12.1%，与配偶同住的占44%。随着生活水平的逐渐提高，家庭的住房条件改善，越来越多的年轻人在成家之后选择与父母分开居住，以保持各自独立的生活空间，也有的是子女在外地组建家庭，与父母不在一地居住。无论是何种原因，家庭的空巢化现象以及趋势在不断扩大，尤其是父母在成为80岁以上的高龄老年人以后，老年人的照料服务将基本成为常态。

3. 老年人居家养老服务的需求强烈

根据2008年全国老龄工作委员会办公室组织的《我国城市居家养老

① 王金营、付秀彬：《考虑人口年龄结构变动的中国消费函数计量分析——兼论中国人口老龄化对消费的影响》，《人口研究》2006年第1期，第29—36页。

服务研究》表明，85%以上的老年人都有享受居家养老服务的意愿。其中，48.5%的老年人有各种各样的居家养老服务需求，需要家政服务的占25.22%，需要护理服务的占18.04%，需要聊天解闷的占13.79%，需要援助服务的占2.25%。然而，实际上我国城市居家养老服务需求的总满足率只有15.9%，其中家政服务满足率为22.61%，护理服务满足率为8.3%，聊天解闷的满足率为3.16%。从调查数据上可以看出，老年人现实的居家养老服务需求是很强烈的，但是实际的服务需求满足率不高。仅就助老的家政服务需求而言，根据《新民晚报》2014年2月调查的数据显示，上海市60—70岁老年人多需要手术后的康复护理服务，需要助老服务员懂护理知识，掌握注射、推拿按摩等专业技术，71—80岁老年人多需要饮食起居等家政服务，81—90岁老年人多需要饮食起居的家政服务和失能老年人的生活护理服务。①

根据2010年上海市第六次人口普查数据，60岁以上人口未婚、离婚和丧偶的人数总和，即独居老年人占60岁以上人口的比例为24.33%。根据2010年上海市老年学会《上海老年人口信息》中统计的纯老家庭的户籍人口数是94.56万人，占60岁以上人口的比例为28.57%。由于纯老家庭的老年人和独居老年人没有子女可以帮助进行生活照料和护理服务，所以他们都是当前迫切需要社区提供居家养老服务的。从老年人的身体健康状况来看，2010年上海市第六次人口普查数据显示，60岁以上老年人口中9.02%是不健康但生活能够自理，3.71%是生活不能自理，加总起来大概有12.73%的老年人，也就是42.13万人迫切需要社区提供居家养老服务。从老年人居住方式上看，独居的比例24.33%和纯老家庭的比例28.57%均高于2012年上海市居家养老服务覆盖面7.40%。从老年人的身体健康比例上看，2012年上海市老年人身体不健康急需居家养老的比例12.73%同样也高于当年的居家养老覆盖面7.40%。如果选择最低的比例12.73%和最高的比例28.57%，那么，2012年最迫切需要居家养老服务的老年人人口数量在46.76万人到104.94万人，远高于实际服务人数27.20万人。

---

① 姚丽萍：《申城老年人看护“缺口最大”》，《新民晚报》2014年2月21日，第A2版。

## 第二节　老年人收入约束导致的支付困境

### 一　养老基金是老年人的主要收入来源

根据第六次人口普查数据，见表6－1，2010年上海市90.2%的60岁及以上的老年人口有独立的生活来源，主要有劳动收入、离退休金、最低生活保障金和财产性收入。其中，离退休金和养老金所占比重最高，占到老年人总收入的81.0%。不同年龄组老年人生活来源的差异不大，最主要的区别体现在低龄老年人有一定比例的财产性收入而高龄老年人没有，高龄老年人随着年龄的增大依赖家庭成员供养的比例加重，同时获得最低生活保障金和其他收入来源的比例也在增加，也就是说老年人的预期寿命越长，其陷入贫困的可能性就越大。

表6－1　**2010年上海老年人生活来源情况**　单位:%

| 年龄 | 独立生活来源 | | | | | 家庭其他成员供养 | 其他 |
|---|---|---|---|---|---|---|---|
| | 合计 | 劳动收入 | 离退休金养老金 | 最低生活保障金 | 财产性收入 | | |
| 合计 | 90.2 | 5.1 | 81.0 | 4.0 | 0.1 | 4.9 | 4.9 |
| 60—69岁 | 91.3 | 8.9 | 79.0 | 3.3 | 0.1 | 4.4 | 4.3 |
| 70—79岁 | 89.8 | 1.5 | 84.1 | 4.2 | 0.0 | 4.6 | 5.5 |
| 80岁及以上 | 87.4 | 0.3 | 81.3 | 5.8 | 0.0 | 7.1 | 5.5 |

资料来源：上海市老龄科学研究中心，http：//www.shrca.cn/4925.html。

### 二　老年人不同收入来源对居家养老服务支付的影响

根据2010年上海市第六次人口普查数据，60岁以上不同收入来源老年人的健康状况构成如表6－2，从生活的收入来源来看，离退休养老金的人数和比重最高，这在上一小节中已有讨论，其次是家庭成员供养和其他方式，之后就是劳动收入、最低生活保障金和财产性收入。在以养老金为主要收入来源的老年人中，42.79%是健康的，44.96%是基本健康的，8.7%是不健康但可自理的，而3.55%是生活不能自理的；由家庭成员供养的老年人中，35.29%是健康的，41.75%是基本健康的，15.41%是不健康但可自理的，7.55%是生活不能自理的；以劳动收入为主要收入来源的老年人中，73.63%是健康的，25.53%是基本健康的，0.78%是不健康但可自理的，0.06%是生活不能自理的；以最低生活保障金为主要来源的老年人中，37.53%是健康的，42.91%是基本健康的，13.44%是不健康但可自理的，6.12%是生活不能自理的；以财产性收入为主要收入来源的老年人中，56.89%是健康的，36%是基本健康的，7.11%是不健康但可自理的。

表6－2　2010年上海市60岁以上老年人不同收入来源的健康状况构成

| 主要生活来源 | 60岁以上人口（人） | 健康 | | 基本健康 | | 不健康但可自理 | | 生活不能自理 | |
|---|---|---|---|---|---|---|---|---|---|
| | | 人数（人） | 比重（%） | 人数（人） | 比重（%） | 人数（人） | 比重（%） | 人数（人） | 比重（%） |
| 总计 | 345592 | 150971 | 43.68 | 150631 | 43.59 | 31175 | 9.02 | 12815 | 3.71 |
| 劳动收入 | 17780 | 13092 | 73.63 | 4540 | 25.53 | 138 | 0.78 | 10 | 0.06 |
| 养老金 | 279827 | 119746 | 42.79 | 125811 | 44.96 | 24349 | 8.70 | 9921 | 3.55 |
| 最低保障金 | 13871 | 5206 | 37.53 | 5952 | 42.91 | 1864 | 13.44 | 849 | 6.12 |
| 财产性收入 | 225 | 128 | 56.89 | 81 | 36.00 | 16 | 7.11 | 0 | 0.00 |
| 家庭成员供养 | 17000 | 6000 | 35.29 | 7097 | 41.75 | 2620 | 15.41 | 1283 | 7.55 |
| 其他 | 16889 | 6799 | 40.26 | 7150 | 42.34 | 2188 | 12.96 | 752 | 4.45 |

资料来源：2010年上海市第六次人口普查数据。

对比来看，家庭成员供养、其他方式供养、最低生活保障金和养老金的老年人中，不健康和生活不能自理的比例较高，分别是22.96%、17.41%、19.56%和12.25%。其中，在家庭成员供养和其他方式供养这两种形式下，老年人没有独立经济来源（见表6－1），不能够任意支配自己的收入。最低生活保障金和养老金对老年人来讲是独立经济来源，但是，可以肯定地说，以最低生活保障金为主要生活来源的老年人一定是低收入的贫困老年人，其主要收入都用于生活必需品的开支，虽然居家养老服务的需求迫切，但是囿于收入约束养老服务的需求不可能会得到满足，这样的老年人在身体失能状态下是应该得到政府资金支持来获得居家养老服务的。对于绝大多数以离退休金或养老金为主要生活来源的老年人来讲，2011年上海市的平均养老金水平达到7976元，见表6－3，其中低收入家庭的养老金水平为4464元，中低收入的养老金水平为8871元，中等收入的是9343元，中高收入的是9532元，高收入的是7848元，相比较2011年上海市的居家养老服务的人均补贴标准2481元/人，低收入家庭的养老金水平较难以维持，需要政府资金的支持，而对于中等以上收入的家庭而言，居家养老服务需求在资金允许的情况下是可以形成购买力的。

表6-3　2011年不同收入分类家庭社会保障支出与离退休金或养老金收入　单位：元

| 费用项目 | 平均 | 低收入 | 中低收入 | 中等收入 | 中高收入 | 高收入 |
|---|---|---|---|---|---|---|
| 社会保障支出 | 3387 | 1704 | 2017 | 3251 | 3989 | 6253 |
| 养老金 | 7976 | 4464 | 8871 | 9343 | 9532 | 7848 |

资料来源：《上海统计年鉴2012》。

## 三　基本养老保险制度的支付风险

1. 人口老龄化导致制度赡养率提高风险

2013年12月13日，中国社会科学院发布的《中国养老金发展报告2013》称，全国基本养老保险参保人数的增加幅度正在放缓，22个省份的养老保险基金收入增速下滑。截至2012年底，我国城镇职工基本养老保险总参保人数为3.04亿，2012年增加了7.17%，增速慢于2011年的10.44%。其中参保职工人数为2.3亿，比上年增长6.57%，增速回落了4.58%；离退休人员数量为7445.68万人，比上年增长9.07%，增速提高了0.81%。缴费人员增速下降和领取养老金人数增速增加，导致了城镇职工基本养老保险的制度赡养率由2011年的31.65%上升到32.4%。以上海2003—2012年的基本养老保险制度的参保人数和领取养老金的离退休人员的人数来看，见图6-2，2003—2012年上海市领取养老保险的人数增长率基本稳定在4%左右，而基本养老保险参保人数的增长率却极不稳定，2011年的参保人数激增导致该年的增长率达到70.75%，同时导致制度赡养率直线下降到39.26%，2012年参保人数缓慢增加，增长率达2.27%，退休人数增长率3.97%高于2011年的增长率3.39%，致使城镇基本养老保险的制度赡养率从2011年的39.26%上升到39.92%。由于养老金双轨制等突出问题，参加基本养老保险的人员退保的现象开始出现，

2013 年累计就有 3800 万人由于各种原因退出了城镇基本养老保险[①]，在人口老龄化加重，退休人数的增长速度快于进入工作人数的增长速度时，这无疑是加大了制度赡养率提高的风险。

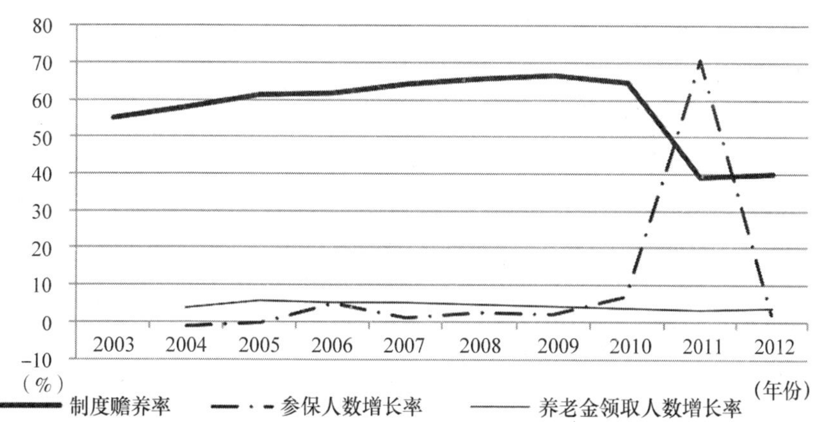


**图 6－2　2003—2012 年上海市城镇基本养老保险制度参保情况**

资料来源：2005—2013 年《上海统计年鉴》。

2. 基本养老保险基金支出增速放缓

据 2013 年中国社会科学院发布的《中国养老金发展报告 2013》显示，2012 年城镇职工基本养老保险基金总收入为 20001 亿元，比 2011 年增长了 18.39%，总支出为 15562 亿元，比上一年增长了 21.91%。城乡居民基本养老保险基金支出占收入的比重看，全国总计达到了 62.85%，比上一年提高了 7.91%。以上海的城镇基本养老保险的收支情况为例，见表 6－4，2003—2012 年基本养老保险的支出占收入的比例从 98.43% 降低到 81.04%。主要的原因在于基本养老保险基金的支出增速下降。2012 年基本养老保险基金收入的增速 27.76% 高于 2011 年的增速 22.4%，而 2012 年的基本养老保险基金支出的增速 13.51% 低于 2011 年的增速 17.23%。在领取养老金的人数绝对增加的情况下，基金支出增速放缓意味着人均养老金水平的降低。

① 2013 年 10 月 21 日李克强在中国工会第十六次全国代表大会上作了经济形势报告。中工网——《工人日报》2013 年 11 月 4 日，http：//www.workercn.cn。

表 6－4　　2003—2012 年上海市城镇基本养老保险收支情况

| 年份 | 城镇基本养老保险 | | | | |
|---|---|---|---|---|---|
| | 基金收入 | | 基金支出 | | 基金支出与基金收入的比例（%） |
| | 金额（亿元） | 增速（%） | 金额（亿元） | 增速（%） | |
| 2003 | 294.2041 | – | 289.5766 | – | 98.43 |
| 2004 | 326.0809 | 10.83 | 319.9441 | 10.49 | 98.12 |
| 2005 | 359.8224 | 10.35 | 362.12 | 13.18 | 100.64 |
| 2006 | 424.177 | 17.89 | 413.9918 | 14.32 | 97.60 |
| 2007 | 502.0022 | 18.35 | 501.7355 | 21.19 | 99.95 |
| 2008 | 675.136 | 34.49 | 639.2091 | 27.40 | 94.68 |
| 2009 | 790.4324 | 17.08 | 739.6978 | 15.72 | 93.58 |
| 2010 | 889.9 | 12.58 | 847.5 | 14.57 | 95.24 |
| 2011 | 1089.2 | 22.40 | 993.5 | 17.23 | 91.21 |
| 2012 | 1391.6 | 27.76 | 1127.7 | 13.51 | 81.04 |

资料来源：2004—2013 年《中国统计年鉴》。

并且，虽然我国的基本养老保险制度实行的部分积累制，但是在实际的操作中仍然是现收现付制，个人账户中的资金并没有积累而形成了巨大的缺口。2013 年中国社会科学院发布的《中国养老金发展报告 2013》显示，2012 年我国城镇职工基本养老保险个人账户缺口为 5602 亿元，比 2011 年扩大约 240 亿元。而人力资源与社会保障部统计，2012 年城镇职工基本养老保险的个人账户累计记账额高达 29543 亿元，比 2011 年增加了 18.84%。2012 年 13 个做实个人账户的试点省份中，基金收入共计 722 亿元，累计做实个人账户基金收入为 3499 亿元。2012 年城镇职工基本养老保险基金累计结余额为 23941 亿元，即使减去做实的个人账户基金，个人账户的空账依然超过 2.6 万亿元。基本养老保险制度个人账户的空账缺口持续加大会对未来养老金的可持续支付能力产生风险。

3. 养老金替代率偏低

上海市人均养老金水平基本上高于全国平均水平，与当年的职工平均工资相比，两者之比所代表的养老金替代率水平在 2003—2012 年处于先降后升的趋势，但是总体水平低于 50%。也就是说，人均养老金水平还不及社会平均工资的一半，低于国际劳工组织所制定《社会保障最低标准公约》提出的养老金替代率最低目标55%的国际警戒线①。这样的养老金水平对老年人生活质量的提升有相当大的影响。比较2003—2012年养老金增长率与消费物价指数CPI（该指数是以上年为基期），见表6-5，可以发现，养老金增长率与CPI指数的变化是同方向的。也就是说，人均养老金水平是随着CPI指数的上升而上升，下降而下降，达到了养老金水平与CPI的同步调整，然而，整体的养老金水平不高。

表6-5　2003—2012年上海城镇基本养老保险制度替代率情况

| 年份 | 人均养老金水平（元） | 增速（%） | 职工平均工资（元） | 养老金替代率（%） | CPI指数（上一年=100） |
|---|---|---|---|---|---|
| 2003 | 11057.86 | - | 22160 | 49.90 | 100.1 |
| 2004 | 11719.33 | 5.98 | 24398 | 48.03 | 102.2 |
| 2005 | 12390.96 | 5.73 | 26823 | 46.20 | 101 |
| 2006 | 13376.77 | 7.96 | 29569 | 45.24 | 101.2 |
| 2007 | 15757.28 | 17.80 | 34707 | 45.40 | 103.2 |
| 2008 | 18464.64 | 17.18 | 39502 | 46.74 | 105.8 |
| 2009 | 20343.81 | 10.18 | 42789 | 47.54 | 99.6 |
| 2010 | 22254.99 | 9.39 | 46757 | 47.60 | 103.1 |
| 2011 | 25077.9 | 12.68 | 51968 | 48.26 | 105.2 |
| 2012 | 26923.63 | 7.36 | 56300 | 47.82 | 102.8 |

资料来源：2005—2013年《上海统计年鉴》。

另据2013年上海统计局的本市城乡居民养老意向调查报告中，对60—79岁的老年人月收入进行调查统计，发现在1000元以下的占11.5%，1000—2000元的占26.9%，2000—3000元的占41.1%，3000—4000元的占12.7%，4000元以上的占7.8%②。其中比重最多的

① 《拉升养老金替代率别开错药方》，中国经济网，2013年9月13日。http://finance.ifeng.com/a/20130913/10677800_0.shtml0。

② 上海统计局：《本市城乡居民养老意向调查报告》，http://www.stats-sh.gov.cn/fxbg/201309/261755.html。

收入分组是2000—3000元，三分之二的较低龄老年人的收入水平都在3000元以下，可以想见老年人的收入水平是较低的。另据光大银行发布的中国首个养老消费指数，目前老年人群维持正常养老生活水平所需要的费用支出为2000元/月至4000元/月①。将2013年的调查的老年人收入数据与养老指数进行比较，发现老年人的收入水平仅能维持基本生活。

## 第三节　家庭资金对于居家养老服务的支持困境

### 一　居住方式相对独立导致老年人家庭比重较大

如今社会生活节奏加快，生活方式多样化，越来越多的老年人倾向于独立居住，而不愿意同子女长时间居住在一起。根据2010、2011年和2012年上海市城调队对上海市258973户家庭的调查统计显示，61.1%的家庭是没有退休老年人的，也就是说61.1%的家庭是不与老年人同住的，有21.26%的家庭中有一个退休老年人，16.58%的家庭中有两个退休老年人，0.35%的家庭中有三个退休老年人，0.01%的家庭中有四个退休老年人。综合来看，大部分的家庭是成年子女和父母分开居住，约五分之一的家庭是一对成年夫妻与一个老年人共同生活，约六分之一的家庭是一对成年夫妻与两个老年人共同生活，不到1%的家庭与三个以上的老年人共同生活。从数据推断，老年人一般在身体健康时会采取独立居住，只有在身体状态恶化需要照料时才会与子女同住。

另据2010年上海市第六次人口普查数据显示，全市2262295户含有60岁以上老年人的家庭户中，有916186户是独居或纯老（只有两个老年人）的家庭，占到有老年人家庭总数的40.5%；有一个老年人的家庭占家庭总数的比例是35.4%；有两个老年人的家庭占家庭总数的比例是21.46%；有三个老年人的家庭占家庭总数的比例是1.49%；家庭中只有老年人和未成年亲属的家庭的比例是1.15%。总体来看，老年人的独立生活状态使得他们的生活资金主要依赖自己的收入——养老金，较低养老金的老年人家庭生活质量会低于较高养老金老年人家庭的生活质量，这些

① 杨汛：《国内首个养老消费指数发布》，《上海老年报》转载《北京日报》2013年6月15日。

老年人家庭会对居家养老服务有需求。对于与子女居住的老年人而言，由于可以经常得到子女的非正式照料，居家养老服务需求的程度不及独立生活的老年人。

从上海市老年人家庭的构成上看，与子女同住的家庭中，老年人数量为一个的家庭占到三分之一，老年人数量为两个的占到了五分之一，全部是老年人的家庭几乎占到二分之一，这也充分说明，家庭子女的减少所引致的家庭规模缩小，使得成年子女负担的赡养老年人数量增大，以独生子女为例，一个成年子女就要负担两个老年人的赡养责任，在成年子女成家以后的居住安排方式上，老年人也不得不选择独立居住。并且，老年人在退休以后还不得不承担起抚养未成年孙辈的责任，在数据中，1.15%的家庭中是由老年人和未成年亲属构成的。

## 二　家庭规模缩小导致家庭内部转移支付的渠道减少

我国自实行计划生育政策以来，家庭人口数量逐渐减少，见图6－3。上海市的平均每户家庭人口从1980年的4.06人持续下降到2012年的2.89人；平均每户就业人口从1980年的2.41人逐渐下降到2012年的1.55人；平均每一个就业者负担的人数从1980年的1.68人上升到2012

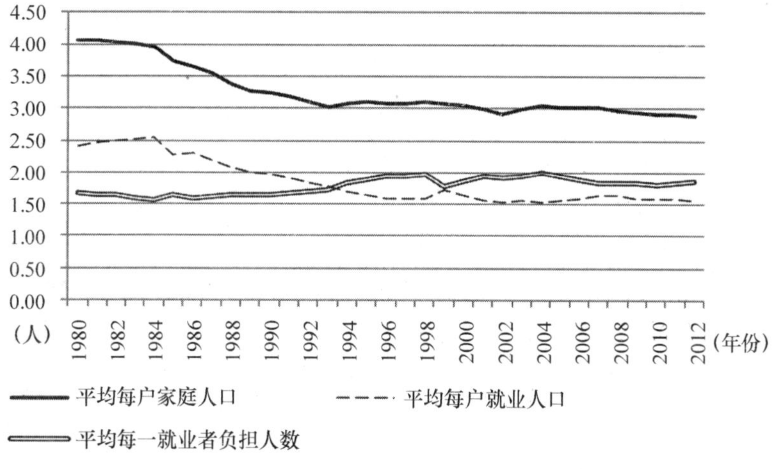


**图6－3　1980—2012年上海市家庭规模情况**

资料来源：根据2012—2013年《上海统计年鉴》的相关数据整理。

年的1.86人。在多子女情况下，可以通过子代的数量来平摊父代的赡养成本，这样，对于每一个子女而言，赡养的成本较小，并且赡养的负担较轻。然而家庭规模缩小直接导致的子女数量减少，使得父代不能够从子女的数量上来获得更多的赡养收益。以当前最普遍的独生子女家庭状态来看，一个子女供养两个老年人的压力必然大于多个子女供养两个老年人的压力，假定老年人从退休开始在整个期望寿命内所需要的赡养费用是一定的，那么一个孩子供养一个老年人的费用压力一定是大于两个孩子供养老年人的费用压力的。子代数量的减少导致父代在年老时获得养老费用的渠道减少，这种家庭内部转移支付渠道的减少使得“养儿防老”的家庭养老形势越来越严峻。

### 三　子女家庭的规模增大导致家庭赡养支付减少

由于上海的老龄化水平高于全国水平，所以上海在多年前就放开了二胎的生育政策。根据我国实行计划生育政策的时间发展来看，当前即将进入独生子女父母步入老龄化的时代，在这个时间点，恰好又赶上放开二胎的生育政策，符合独生子女条件的成年子女可以多生育一个孩子，这就造成了家庭养老的尴尬：独生子女家庭的父母要依靠孩子来养老，而成年的独生子女又会面临养育多个孩子的重担。根据上海市城调队2010—2012年的调查的家庭数据显示，在2010—2012年成年子女家庭中有6.5%的家庭会给父母支出赡养费用，其中，97.54%的家庭的人口数量是在3人以下，家庭人口数量在3人的所占比重最大，为75.86%，也就是说，成年子女家庭在有孩子时更倾向于给父母赡养费用，原因可能是当成年子女有孩子时父母的年龄偏大，需要更多的赡养费用。然而，随着孩子的数量增加时，对父母赡养支出的比重急剧减少，当家庭人口数量为4人时，成年子女家庭支出赡养费用的比重为1.36%，当家庭人口数量增加为5人时，成年子女家庭支出赡养费用的比重降为0.1%，当家庭人口数量增加到6人时，没有成年子女家庭为父母支出赡养费用，这其中的原因可能在于成年子女的孩子数量增加导致对下一代的教育费用增加，从而减少了对父母的赡养支付。

以上海市城调队在2012年对上海部分家庭抽样调查得到的家庭收入和家庭成员情况数据为基础，选取了2012年的家庭月收入、家庭人口数量与家庭教育程度和家庭月赡养支出费用等变量，构造回归模型：

$$Y = \alpha + \beta_1 \cdot X_1 + \beta_2 \cdot X_2 + \beta_3 \cdot X_3 + \varepsilon$$

其中，因变量Y是赡养支出费用，$X_1$是成年子女家庭的月收入，$X_2$是成年子女家庭的人口数量，$X_3$是成年子女家庭的平均教育水平。为了更好地反映赡养支出水平与家庭收入和规模之间的关系，在样本的选择上，只选择了有赡养支出行为的成年子女家庭样本，在回归分析中，赡养支出费用与家庭月收入都取对数形式。通过最小二乘法回归，见表6-6，发现家庭月收入与赡养支出之间是正相关关系，而成年子女的家庭规模与赡养支出费用之间是负相关，并且回归结果都很显著，也就是说，子女家庭规模越大，其对老年人的赡养支出就越少。

表6-6　　**成年子女家庭的赡养支出与家庭规模的回归结果**

| | (1) | (2) | (3) |
|---|---|---|---|
| 变量 | 赡养支出 | 赡养支出 | 赡养支出 |
| 家庭收入 | 0.621*** | 0.600*** | 0.536*** |
| | (0.1000) | (0.105) | (0.116) |
| 家庭教育水平 | | 0.0400 | 0.0392 |
| | | (0.0589) | (0.0651) |
| 家庭人口数量 | -0.335*** | -0.320*** | -0.339*** |
| | (0.0986) | (0.101) | (0.106) |
| 地区虚拟变量 | | | 0 |
| | | | (0) |
| 地区虚拟变量 | | | -0.0663 |
| | | | (0.358) |
| 地区虚拟变量 | | | -0.384 |
| | | | (0.425) |
| 地区虚拟变量 | | | -0.264 |
| | | | (0.375) |
| 地区虚拟变量 | | | 0.0134 |
| | | | (0.380) |
| 地区虚拟变量 | | | -0.0800 |
| | | | (0.368) |

续表

| | (1) | (2) | (3) |
|---|---|---|---|
| 变量 | 赡养支出 | 赡养支出 | 赡养支出 |
| 地区虚拟变量 | | | -0.607 |
| | | | (0.422) |
| 地区虚拟变量 | | | -0.396 |
| | | | (0.351) |
| 地区虚拟变量 | | | -0.597 |
| | | | (0.384) |
| 地区虚拟变量 | | | -0.518 |
| | | | (0.346) |
| 地区虚拟变量 | | | -0.664 * |
| | | | (0.354) |
| 地区虚拟变量 | | | -0.0285 |
| | | | (0.802) |
| 常数项 | 2.378 ** | 2.314 ** | 3.302 *** |
| | (0.939) | (0.945) | (1.004) |
| 样本观察值 | 326 | 326 | 326 |
| R-squared | 0.119 | 0.120 | 0.165 |

Standard errors in parentheses

*** $p<0.01$, ** $p<0.05$, * $p<0.1$

## 四 子女家庭生活压力大导致转移支付逆流

由图6-3可以看出，自2000年平均每户家庭的每一个就业者所负担的人口数量维持在1.9附近，说明家庭中子女的赡养压力是很大的。2005年上海市老龄科研中心开展的老年人口状况与意愿的调查中显示①，家庭的内部经济供养关系中，老年人对子孙的补贴多于子孙对老年人的供养。城镇老年人中有20.7%得到子孙的赡养补贴，将近八成的老年人没有收到子女或孙辈的赡养资金；而老年人为子女或孙辈支出各种补贴的比例占到了42.7%，远超过了得到赡养补贴的老年人比例。导致家庭内部转移

① 卢汉龙、周海旺主编：《上海社会发展报告2013》，社会科学文献出版社2003年版，第234页。

支付的逆向，与家庭赡养压力大有很密切的关系，尤其在子女经济状况较差的家庭中，当子女面临收入水平低、孙辈上学的经济压力和家庭购房的支付压力下，老年人更愿意为子女拿出资金进行分担，减轻子女的经济压力。

由于计划生育政策所导致的当前即将退休一代的老年人的子女多为独生子女，在成长中备受父母呵护，一直生活在父母的羽翼之下，独立自主性不强，缺乏社会生存能力，即使在成年以后依然事事依靠父母，“啃老一族”在当前社会上也是较为普遍的社会问题。在这样的家庭环境中，即使成年子女已经成家，当生活不如意，经济出现困窘，老年人大多会在经济上帮助子女，一般城市的老年人在退休后会有一定的积蓄和养老金，这也恰好为老年人向子女提供经济援助提供了可能。由于低龄老年人退休不久，收入也较之于高龄老年人会有更多，因此，低龄老年人会更乐意在经济上为子女分担生活压力，从而导致家庭的转移支付出现了由老年人向子女进行流动。随着老年人年龄增大，自身生活费用的不断增大，这种转移支付会逐渐减少，继而出现子女向老年人进行赡养的经济支付。

## 第四节　金融产品发展不完善导致家庭资金配置困境

### 一　商业护理保险未对居家养老服务形成资金支撑

在当前的社会保障制度下，上海市已经做到人人皆保，但是医疗保险只能用于住院费用的支付，老年人患病后的长期康复护理费用只能自付。目前国内主要的商业护理保险有康宁长期看护健康保险（2005 年）、全无忧长期护理个人健康保险（2006 年）以及瑞福德长期护理保险（2006 年）等。以全无忧长期护理个人健康保险为例，它规定投保年龄为 18 岁到 59 岁，缴费期有趸缴、5 年、10 年和 20 年，缴费年龄越高投保费用就越高。见表 6－7。如果一个家庭夫妻两人 40 岁同时投保，保费各 10 万元，缴费 20 年的话，则每年需要缴费 19900 元。如果是夫妻两人 59 岁投保，保费各 10 万元，则需一次性缴纳 37.62 万元。这样的巨额保费一般收入的家庭是无法承担的。当前，护理保险属于健康保险的一种，截至 2009 年底，商业健康保险产品数目达到 1546 款，其中疾病保险产品占 35.7%，医疗保险产品占 62.3%，护理保险产品和失能收入损失保险产品各占1%[①]。2012年上海市商业保险中健康保险保费收入占所有保费收入的比例是7%[②]，仅占健康保险1%的护理保险产品的保费收入占所有保险保费收入的比例就微乎其微了。

表6－7 **“全无忧长期护理个人健康保险”保险费表（每1000元保额）**

单位：元

| 年龄 | 男性 | | | | 女性 | | | |
|---|---|---|---|---|---|---|---|---|
| | 趸缴 | 5年 | 10年 | 20年 | 趸缴 | 5年 | 10年 | 20年 |
| 18岁 | 778 | 184 | 104 | 59 | 754 | 178 | 100 | 57 |
| 25岁 | 911 | 216 | 122 | 69 | 887 | 210 | 118 | 67 |
| 30岁 | 1021 | 242 | 136 | 78 | 995 | 236 | 133 | 76 |
| 40岁 | 1277 | 304 | 173 | 101 | 1246 | 296 | 168 | 98 |
| 50岁 | 1583 | 381 | 221 | – | 1542 | 370 | 212 | – |
| 55岁 | 1752 | 427 | – | – | 1714 | 414 | – | – |
| 59岁 | 1897 | – | – | – | 1865 | – | – | – |

资料来源：中国人民健康保险股份有限公司“全无忧长期护理个人健康保险条款”。

究其原因，传统的家庭养老观念大大影响了家庭对养老资金的配置。在中国传统文化中，养儿防老的思想根深蒂固，家庭养老保障机制通过父代对子代的人力资本投入来获取更高的养老回报（郭庆旺等，2007；[③] 贾俊雪等，2011）[④]。在一个三代同堂的家庭里，成年子女同时承担着赡养父母和抚养未成年子女双重责任。成年子女赡养父母是基于其对自身人力资本投资的利他主义回报（Barro，1974）[⑤]，而成年子女抚养未成年子女是出于利己主义动机期望晚年获得更高的养老回报。究竟成年子女会将家

① 贾莉：《我国须尽快完善护理保险制度》，《中国保险报》2010年11月5日（http：//insurance. hexun. com/2010－11－05/125448201. html）。

② 由中国保险行业协会网站数据计算（http：//www. iachina. cn/09/01/05/content/0046_news. html）。

③ 郭庆旺、贾俊雪、赵志耕：《中国传统文化信念、人力资本积累与家庭养老保障机制》，《经济研究》2007年第8期，第58—72页。

④ 贾俊雪、郭庆旺、宁静：《传统文化信念、社会保障与经济增长》，《世界经济》2011年第8期，第3—18页。

⑤ Barro，R. J. Are Government Bonds Net Wealth？［J］. *Journal of Political Economy*. 1974，82（6）：1095－1117.

庭资源更多用于赡养父母，还是抚养未成年子女呢？这取决于成年子女赡养父母的利他主义动机和抚养未成年子女的利己主义动机的强弱。如果把健康看作投资品的话，由于老年人口的健康折旧率高，投资健康的回报率会随着年龄的增长而下降（Grossman，1972）[①]；而教育也同样作为人力资本的投资品，教育的投资回报却会带来更高的边际生产率（Becker，1962）[②]。当家庭资源受到约束或存在社会保障的话，成年子女会更倾向于选择将更多的家庭资源投入到抚养未成年子女。由于我国的医疗保障制度仅对住院费用支付，却不包含长期的护理费用。因而，家庭对老年人长期护理费用的忽视和估计不足导致了家庭不选择商业保险来进行居家养老服务的资金支付。

## 二　推行以房养老困难重重

以房养老，也称为住房反向抵押贷款，在国外是一种比较成熟的金融产品。通过将住房抵押给金融机构，抵押人可以依据约定，在期限内定期取得一定数额的养老金或老年公寓的养老服务。以房养老在我国是个新生事物，在国家层面上还没有相关的政策法规对其推行进行规定。早在2007年上海市就尝试了以房养老的试点，在政策规定上，要求老年人先转移房屋产权，公积金管理中心再将房屋以一定租期返租给老年人，租金与市场同价，房款和租金款都是一次性交付。尽管试点推行后有不少老年人前来咨询，但是最终很多家庭都选择了放弃。归结原因，传统的养老观念是主要障碍（朱劲松，2011）[③]。按照传统的养老观念，根据之前分析的家庭养老保障机制，老年人一般会将房产作为家庭资产留给子女而非抵押给金融机构以换取养老金或养老服务。并且，在当前房价居高不下的情况下，以房养老形式对于房屋持有人来说，意味着未来房屋价值损失的风险。

除此之外，以房养老这个金融产品，在我国刚刚引入，还没有规范的

① Grossman, M. On the Concept of Health Capital and the Demand for Health [J]. *Journal of Political Economy*. 1972, 80: 223 - 255.

② Gary S. Becker. Investment in Human Capital: A Theoretical Analysis [J]. *Journal of Political Economy*. 1962, 70 (5): 9 - 49.

③ 朱劲松：《中国开展“以房养老”影响因素的实证分析》，《东北财经大学学报》2011年第2期，第78—82页。

执行标准和评估程序，而且，以房养老的推行涉及房地产业、金融业等一些企业和社会保障、医疗保障等一些政府部门，要求不同行业和部门之间的对接协作，对其运作的质量要求相当高。在当前我国法治不健全，尤其是金融市场发展不完善的情况下，如何公平有效地推行以房养老来保障老年人的合法权益，是一个需要国家层面上的推动，各部门共同努力才能解决的问题。还有，我国的住宅房屋 70 年产权的限制也是推行以房养老的一个障碍，当老年人向金融机构抵押房产时，房屋的使用年限也所剩不多了，对于金融机构而言，为老年人办理住房反向抵押贷款会导致金融机构面临房产处置困难、资金损失的风险，不利于金融机构的发展。由于我国的金融政策不允许金融混业，保险公司不允许做反向按揭业务，目前有一些银行参与到这项业务中，但是这种反向按揭业务时间越长风险越大，尤其在当前房屋价格走向不甚明朗，这对于金融机构而言，都是潜在的风险，难以提高其推行以房养老的积极性。

## 第五节　结语

通过本章的实证分析，尽管居家养老服务的潜在需求很大，但是老年人的收入来源面临着一定的支付风险，而依靠子女提供的家庭资金也存在一定的不确定性，这使得家庭养老的经济功能并不能完全承担居家养老费用，这需要我们从更理性的角度去审视家庭资金如何来支持居家养老服务，或许依靠个人规划好跨期的消费计划，为年老的养老服务资金进行积累更为可行。

# 第七章　构建政府资金投入长效机制的对策研究

政府资金肩负着居家养老服务机构的建设、居家养老服务的购买和引导社会资金进入居家养老服务产业的责任，无论是居家养老服务事业，还是居家养老服务产业都离不开政府资金的统筹规划、长效机制的实现。首先，针对居家养老服务事业，政府财政支持的形式、规模和方法都应该形成制度化，通过构建政府资金的保障机制来保障政府资金投入的稳定性和有效性；其次，在政府资金引导社会资金以市场化的方式促进居家养老服务产业时，就需要政府明确居家养老服务的产业规划，完善政府的税收优惠机制等。

## 第一节　构建政府资金保障机制

居家养老服务作为我国社会福利制度中的养老事业，政府的资金投入起着至关重要的作用。政府对居家养老服务资金的支持方式和力度是整个养老服务市场发展的风向标，强有力地推动着养老服务产业的发展。可以说，养老服务产业发展的初始动力是要依靠政府资金来提供，其持久动力是要依靠市场，也就是社会资金来提供。

### 一　纳入政府财政预算，形成专项资金

形成政府资金在居家养老服务投入上的长效机制，实现资金投入的稳定性，首要的就是要统一来源，将资金支出的层次提高到政府财政预算中，才能有效避免居家养老服务资金不足的风险。

1. 形成政府财政的居家养老服务专项资金

对于居家养老服务事业的支出，政府将其纳入财政预算，形成专项资

金，不仅可以统一当前复杂的资金来源，有助于政府资金支出的稳定性，而且可以在政府的更高层级上对居家养老服务资金的支出责任进行明确，统一居家养老服务的财权与事权，在制度上推进社会福利制度的发展。

（1）专项资金利于统一复杂的资金来源

上海市居家养老服务资金虽然大多依靠政府支出，但是并未形成制度化的资金投入模式。根据前文分析，资金的来源极其复杂，涉及市、区（县）和街道三级政府部门多达十几个。比如，助老服务员的培训费来自市外来从业人员技能培训资金，其薪酬来自市、区县两级的促进就业专项资金。不同的居家养老服务项目有着不同的资金来源渠道，这样的管理方式直接出现的结果就是，居家养老服务的开展需要多部门协调管理，容易形成多头管理，造成无谓的损耗，过多的资金来源易造成过高的资金使用成本，由于多项资金不容易同时到位，资金使用的步调不一致又会导致资金使用的低效率。

（2）纳入政府财政预算利于明确政府的支出责任

将居家养老服务资金纳入政府的财政预算内，可以明确政府在居家养老服务工作中的资金支出责任，同时也是体现政府关注民生，实现社会福利的重要举措。上海市连续几年都把居家养老服务工作纳入政府财政预算中，有力地推动了居家养老服务的发展，这也恰恰说明了政府财政资金的有力支持对社会福利发展的推动力量。政府作为社会福利制度的主导力量，它对养老事业的发展至关重要。要明确政府资金的支出责任，就应该在财政预算中将居家养老服务纳入进来，将居家养老服务的财权和事权统一，保证政府的资金支出与其所承担事务责任相匹配。根据目前我国的财税分权体制，建议在最高一级的政府部门设立居家养老服务的专项资金，在财政预算内统筹居家养老服务的资金支出，根据不同级政府的资金支出比例来协调不同级政府在居家养老服务工作的事务权力。

（3）纳入财政预算利于政府资金支出的稳定性

政府将居家养老服务资金纳入常规的财政预算体系内，可以在最大程度上保障政府资金支出的稳定性和规模化。政府可以根据居家养老服务发展的目标，调整政府财政资金的投入方向和数量，一方面可以实现居家养老服务资金的可持续性，另一方面可以实现居家养老服务工作的规模化。并且，专项资金的管理方式可以保障居家养老服务资金支出的时效性和高效率。同时，还可以有效避免资金来源复杂化出现的较高资金使用成本，有利于居家养老服务工作的常规化开展和推行。

（4）不同的居家养老服务项目实行单独核算

根据前文分析，可以知道，居家养老服务涉及居家养老服务机构、工作人员、评估员、助老员和受惠的老年人等一系列与其资金有关的部门和人员，居家养老服务有着诸多的项目，这些项目的资金来源统一到财政预算之后，就可以按照市、区（县）和街道三级政府部门分别成立居家养老服务的专项资金，并按照不同的居家养老服务项目分别进行核算。比如说，居家养老服务机构的建设资金、运营资金和居家养老服务的购买资金等要进行单独核算，划清相互的边界，不得相互挪用占用。建立居家养老服务专项资金使用的管理责任制，明确专项资金的管理部门，坚持专款专用，建立好专项资金的使用台账，加强专项资金的财务管理和监督管理。

2. 进一步加大政府财政的投入总量

通过前文分析，上海市财政对于居家养老服务资金的投入总量较小，还应该进一步加大政府财政的投入总量，原因主要有两方面。

（1）当前居家养老服务的总体服务覆盖面小，受惠的老年人比例小，不利于带动养老服务产业的发展

上海市 2001—2012 年居家养老服务的覆盖面从 2009 年以后维持在 7% 以上，见图 7－1。2010 年达到最大覆盖面 7.6%，而后的 2011 年和 2012 年连续下滑，2012 年的服务覆盖面为 7.4%。从居家养老服务是否为自费和政府资金补贴来看，政府资金补贴的服务覆盖面从 2009 年开始呈现下降趋势，而自费的服务覆盖面一直呈现上升趋势，说明老年人对居家养老服务的提供是相当欢迎的，然而政府资金补贴的老年人范围在逐渐缩小。基于老年人迫切需要居家养老服务的需求，建议政府扩大居家养老服务的规模，不仅在居家养老服务机构的供给能力上，而且在政府资金补贴老年人的比例上，都要进一步加大资金投入总量，根据上一章节对上海市 2010 年 60 岁以上老年人生活来源的数据，4% 的 60 岁以上的老年人是以最低生活保障为主要来源，这些老年人是最应该得到政府资金补贴的。因此，政府还要继续加大对居家养老服务资金的投入，以养老事业的发展带动养老服务产业的发展。

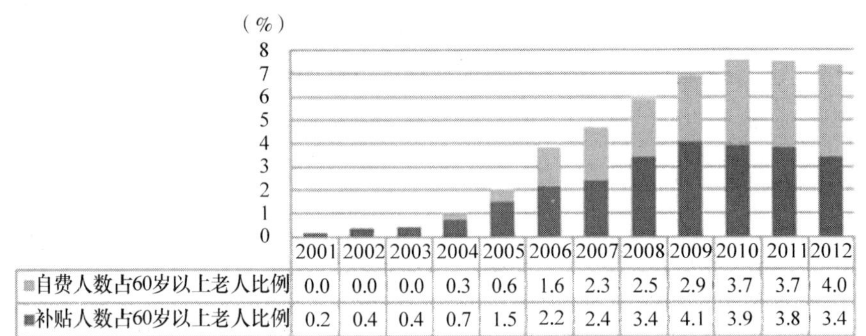


| | 2001 | 2002 | 2003 | 2004 | 2005 | 2006 | 2007 | 2008 | 2009 | 2010 | 2011 | 2012 |
|---|---|---|---|---|---|---|---|---|---|---|---|---|
| ■自费人数占60岁以上老人比例 | 0.0 | 0.0 | 0.0 | 0.3 | 0.6 | 1.6 | 2.3 | 2.5 | 2.9 | 3.7 | 3.7 | 4.0 |
| ■补贴人数占60岁以上老人比例 | 0.2 | 0.4 | 0.4 | 0.7 | 1.5 | 2.2 | 2.4 | 3.4 | 4.1 | 3.9 | 3.8 | 3.4 |

**图7－1　2001—2012年居家养老服务覆盖面结构**

资料来源：根据2010年上海社会福利年报和2011年和2012年上海市老龄事业发展报告书的相关数据整理而得。

（2）居家养老服务的年人均居家养老服务补贴水平不高。

通过第四章的分析，2012年上海市居家养老服务的人均补贴水平为2302元/人，折算成月度数据为人均192元/月，如果以2012年上海市最低小时工工资标准12.5元/小时来计算，受补贴老年人得到服务的时间约为15.36小时/月，基本上也就是一天半个小时。如此短的服务时间，对于老年人的养老照料来说可谓杯水车薪。如果不加大资金投入力度进行服务时间的延长，恐怕居家养老服务会逐渐流于形式。而且，对于实际的居家养老服务内容而言，大多以家政服务和生活照料为主，内容较为单一，并不能真正解决老年人患病的医疗护理服务问题。关于居家养老服务内容的问题，笔者会在下一个章节详细讨论，这里不再赘述。

因此，政府应该重视老年福利。考虑到老年福利中的养老事业对养老服务产业的影响和带动作用，给居家养老服务工作的推广分配更多的资金资源，在不断扩大居家养老服务覆盖面的基础上，进一步丰富对居家养老服务的内容，同时加强居家养老服务的硬件和软件建设，为居家养老服务的社区发展和养老服务的产业化发展搭建平台。

## 二　优化政府资金的投入结构

通过前文分析，政府在向居家养老服务工作投入资金时，是以市、区（县）和街道三级部门的形式。不同的居家养老服务项目，市、区（县）和街道三级部门按照一定的比例分配不同的资金，有的资金来自财政资金，有的来自各级部门的自筹资金。要使政府资金在居家养老服务上能够发挥最大的作用，不仅要加大对其资金的投入，而且要优化其资金投入的结构。

1. 政府资金投入的结构要随着社会化的发展进行调整

政府资金在居家养老服务上的投入结构主要是其在居家养老服务机构和居家养老服务购买上的规模比较。随着更多社会资金参与到居家养老服务提供的过程中，政府的资金应当越来越发挥其引导作用，逐渐减少在居家养老服务机构上的投入，引导更多的市场组织参与到居家养老服务的提供中来。

（1）着力发挥政府资金的引导作用

在社会福利社会化的大背景下，政府资金在居家养老服务机构的建设和运营费用的支出上，应该相应地进行调整和变化。根据第四章的分析，在居家养老服务机构的政府资金支出上，已有 50% 以上用于居家养老服务工作人员的培训与薪酬的运营费用上，而用于居家养老服务机构的建设费用远小于运营费用，从 2009 年的 41% 下降到 2012 年的 9.1%，居家养老服务机构的运营费用却是从 2009 年的 59% 上升到 2012 年的 91.9%，这个不合理的资金投入比例使得政府主要承担起了居家养老服务工作人员的收入责任，而在居家养老服务设施、专业服务设备的提供上负担很少，或者说，较大的运营费用挤占了建设费用的空间。

上海市政府在政策文件中明确提出养老机构的建设要提倡“公办民营”或“民办公助”的形式，那么，在居家养老服务机构的资金投入方面，建议政府应将资金主要投入居家养老服务设施的建设中去，为居家养老服务工作搭建更好的服务平台。同时，政府资金还应该用到积极引导居家养老工作人员的培训上，做好供需双方的信息沟通，而对于居家养老服务机构的运营资金，可以更多地放手给民办非企业（非营利组织）的社会组织来筹集，集中力量当好居家养老服务机构监督者，对服务的规范性、标准化和质量水准进行监管。

（2）鼓励社会力量参与居家养老服务的提供

从目前上海的实践来看，政府同时承担着居家养老服务的提供和居家养老服务购买的双重责任，市场力量参与较小，这可能与居家养老服务的公益性有关，政府可以采取更多的灵活措施来鼓励社会力量提供养老服务，不仅仅是非营利组织，还包括私人的市场组织。比如，可以采取

“以奖代补”的方式，改变过去对居家养老服务机构进行补贴的方式，通过引入市场机制，以竞争结果的方式向比较好的服务机构进行资金奖励。有更多的社会力量参与居家养老服务的提供，就可以使得政府资金的投入有的放矢，理顺政府资金投入结构，明确政府资金的投入方向，而不是胡子眉毛一把抓。

2. 扩大政府购买的规模

政府以购买居家养老服务的形式补贴给老年人，对于老年人个体而言，是受惠最大的，所以，对于政府购买补贴的内容上，应该更加体现老年福利制度的公平性和关注更多的失独老人和空巢老人。

（1）应体现老年福利制度的公平性

截至 2012 年，受惠于政府购买的老年人有 12.6 万人，仅占 2012 年 60 岁以上老年人数量的 3.43%。由于我国实行的户籍制度，上海市推行居家养老服务工作并没有考虑非上海户籍老年人的服务需求，出台补贴服务对象的资格条件时，就明确规定是上海市的户籍老年人。本着对我国老年福利制度的公平性的考虑，通过政府购买形式向老年人进行居家养老服务补贴时，应当充分考虑非户籍老年人的养老需求，可以通过综合评估老年人收入及其子女收入的总体情况，对符合补贴条件的老年人进行部分或全额的资金补贴。如果考虑非户籍老年人的居家养老服务需求的话，那么 2012 年实际上需要政府购买的老年人总体数量应该是高于 3.43%。因此，政府应该基于居家养老服务政策所覆盖人群的公平性，扩大政府购买的规模，因为相比较于户籍老年人，非户籍老年人陷入贫困的可能性要高于户籍老年人，由于无法享受到户籍制度所带来的隐形福利，这些老年人的养老需求往往会被忽略。所以，扩大政府购买的规模，减少户籍与非户籍的差别，可以有效减少老年人的贫困现象，有利于实现对弱势群体的援助，增进社会和谐。

（2）应更多关注失独老人和空巢家庭

在我国，失独老人是比较特殊的群体，这是在我国实行计划生育政策下出现的。当前失独家庭问题正逐步显现，并有日益严重的趋势。作为中国率先开展计划生育的城市，上海的独生子女家庭比重更高，伴随而来的失独老人的养老问题也更加严重。根据上海市妇联与复旦大学社会发展与公共政策学院合作完成的关于上海市失独家庭状况的调研报告，截至 2012 年底，上海市失独家庭的数量约为 3.9 万户，其中 50 岁以上的失独父母数量约2.4万户，占到失独家庭总量的60%；40—50岁的失独家庭数量约8000户，占失独家庭总量的20%①。随着2013年上海市独生子女父母步入老年期，失独老人的养老问题尤其值得关注。对于失独老人而言，独生子女的死亡会导致没有后代为其养老，进入养老机构又面临诸多限制，没有子女陪伴的晚年生活异常凄凉。政府应该为失独老人的晚年生活承担起经济责任，为其居家养老服务给予资金补贴。另外，独生子女政策也会导致出现纯老家庭或空巢老人的增多，政府在居家养老购买中应当更多考虑这些没有子女照顾的老年人的养老需求，在资金投入上给予更多的支持。

由于老年人退出劳动力市场以后更容易陷入贫困，尤其是没有子女后代的老年人，并且根据实证研究表明，政府公共支出的总规模与基尼系数之间存在较为显著的负相关关系，即公共支出规模增大，基尼系数就会变小。因此，扩大政府购买规模的公共支出，有助于更好地实现社会公平，增加社会福利。

3. 明确各级政府的资金投入边界

前文已经明确讨论了市、区（县）和街道三级政府在居家养老服务资金配置中各自承担的责任，但是在相关文件中对一些居家养老服务机构，比如，老年日间照料中心、助餐点，以及市和区（县）两级的居家养老服务中心的日常工作经费的投入，并没有明确资金投入边界，只是原则规定由区县和街道进行相应的资金资助。这样模糊的资金投入边界，既不利于居家养老服务机构的正常运转，导致工作经费挤占挪用项目经费的现象发生，又不利于各级政府之间在居家养老服务工作中的管理和配合，导致工作无法顺利开展。

根据第四章的分析，在居家养老服务机构的资金费用上，市、区（县）和街道三级政府同时负担了其建设费用和运营费用，几乎在每个项目的资金运作上都有三级部门的参与，但却没有明确的资金投入边界，建议可以由区县政府通过居家养老服务的财政专项资金承担居家养老服务机构的开办费用和运营费用，区县政府负担主要资金费用责任，街道财政负担次要资金费用责任。而对于居家养老服务购买的资金费用上，建议完全

① 陈静：《上海失独家庭约3.9万户　养老问题日益突出》，中国新闻网，2013年8月22日，http://www.chinanews.com/sh/2013/08-22/5195900.shtml。

由市一级政府的财政力量负担。秉承着财权与事权相统一的原则，不同级政府承担不同的居家养老服务资金项目，明确相互的资金投入边界，可以有效调动区县政府对居家养老服务工作开展的积极性，提高政府资金的运作效率。当然，对于不同级政府之间资金的运作还需要设计相关的工作流程和标准，要有一定的审计和监督机制来保障资金使用。

## 三　形成稳定的资金投入比例

形成政府资金在居家养老服务上的长效投入机制，保障资金投入的稳定性的一个重要方面，就是形成稳定的政府资金投入比例。不同级政府以相对固定的方式进行资金投入、投入的比例构成要相对稳定合理，才能对居家养老服务工作的推行形成规模，这一工作的稳定性和持久性在初始时期对居家养老服务市场的形成有很强的促进作用，会逐步引导养老服务产业向正规化的方向发展。

1. 各级政府在居家养老服务资金的投入比例

确定各级政府在居家养老服务资金上的投入比例，一方面可以加强居家养老服务资金保障的稳定性，另一方面有助于明确不同级政府在不同居家养老服务项目上的经济责任，突出各级政府在财权和事权上的匹配。根据前文的分析，上海市居家养老服务机构的资金中，由区（县）政府与街道政府共同负担了资金责任，由于区（县）政府承担主要资金责任，街道政府承担次要责任，那么在这部分资金的分配上，就要形成这两级政府固定的资金投入比例。以澳大利亚和日本为例，澳大利亚的居家和社区照料，中央政府与地方政府投入的占比是6∶4。日本的社会长期护理保险中政府承担保费的一半，其中中央政府负担50%，市政府和县政府各负担25%。所以，沿着其他国家政府在居家照料中资金投入比例的经验轨迹来看，上海市居家养老服务机构的资金投入中，区县政府和街道政府大概可以依照6∶4或7∶3的比例来分配资金，具体的比例数值可以通过实践操作运转来进行调整。

2. 居家养老服务资金与GDP或财政收入同比例增长

形成稳定的资金投入比例的另一个含义就是要使政府资金用于居家养老服务资金的增长与GDP或政府的财政收入增长同比例。这样，可以确保每年的新增财力的一部分都能用于居家养老服务的事业上，保障居家养老服务的稳定发展，也可以使居家养老服务业获得更多的资金动力，更快更好地发展社会福利事业。

根据第三章对未来居家养老服务资金规模的趋势预测得出的结论，政府在形成稳定的资金投入比例时，要注重对老年人进行补贴的人均居家养老服务资金增长率与通货膨胀率同步调整的机制形成。要使老年福利水平始终体现国家经济发展所带来的好处，就要在人均居家养老服务补贴资金的增长率上实现净增长率，即 GDP 或财政收入的增长率减去通货膨胀率所得到的净增长率，它代表着老年人所能得到的净福利水平。在当前我国的社会福利制度逐渐由国家救助进入适度普惠的过程中，资金投入处于逐渐加大的过程，资金投入的方式和数量需要规范和稳定，因此，形成稳定的政府资金投入比例，不仅要在资金总量上实现与 GDP、政府财政收入和通货膨胀率等宏观指标同步，而且在不同居家养老服务项目上，不同级的政府也要有固定的制度化的比例进行投入。

### 四　建立规范的资金转移支付制度

居家养老服务资金涉及市、区（县）和街道三级政府机构和不同种类的项目资金，不同地区经济发展水平的不均衡性也很明显，虽然在市一级层面资金的分配可以达到统一性，但是在区（县）级，各自不同的资金筹措能力也会影响居家养老服务工作的开展。因此，考虑到不同地区经济发展的不平衡，建立规范的资金转移支付制度不仅可以解决部分地区资金不足的问题，而且可以实现居家养老公共服务的均等化。

由于上海市 17 个区（县）的经济发展水平不平衡，延伸到基层街道，不同区县街道的经济发展水平同样不平衡，又由于不同区（县）街道辖区内居家养老服务机构数量和需要居家养老服务补贴的人数也存在不平衡，因此，当某些地区的财力与其辖区内需要投入的资金总量不匹配时，在各级政府财政对居家养老服务形成稳定的资金投入比例时，就需要建立规范的资金转移支付制度来弥补财力不足地区的资金缺口，保障居家养老服务资金的使用。市一级政府应当根据上海市财政的自身情况，制定市级向区（县）级政府的资金转移支付办法和区（县）级政府向街道级政府的资金转移支付办法，以确保居家养老服务的均等化。

在建立规范的资金转移支付制度时，可以根据政府的财政预算，如果区县级政府与居家养老服务相关的财政预算支出超出了其财政收入，就可以由市一级政府向区（县）级政府进行资金转移支付，同时上一级政府还应该做好相关的审计工作和监管工作，确保合理有度的资金转移支付。同时，在制定资金转移支付制度时，还要明确资金转移支付的方式和额度的设计，一方面能够保障上一级政府向下一级政府资金转移支付的效率，另一方面也要通过资金转移支付方式采取相应的措施，来提高下一级政府资金的使用效率，以免下一级政府过度依赖上一级政府的资金。同样，也可以考虑在同级政府间进行相互的资金转移支付，有相应的规范约束才能真正发挥资金转移支付制度的效果，来支持基层政府开展社区的居家养老服务工作。

## 五　加大福利彩票、慈善事业和社会捐赠对居家养老服务的资金支持

我国自发行福利彩票之初，就明确规定了福利彩票公益金的用途是扶老、助残、救孤和济困。它是通过政府下属的专门发行机构来运作的，所筹福利资金不纳入国民收入，而是作为一条重要的资金补充渠道，直接用于发展社会福利和社会救助事业。目前，在我国居家养老服务的资金支持上，福利彩票公益金、慈善事业和社会捐赠都做出了巨大的贡献。同样，养老事业的发展也离不开社会福利事业、慈善事业的大力支持。

1. 进一步扩大福利彩票公益金对居家养老服务的投入

福利彩票公益金用于居家养老服务，充分说明了居家养老服务工作的公益性特点。根据第四章对福利彩票公益金的分析，可以知道，福利彩票公益金的用途主要在于对贫困老年人居家养老服务的提供，既有居家养老服务机构的建设，比如助餐点和助老服务社的开办费用，又有居家养老服务的购买补贴。根据上海市实践的情况来看，福利彩票公益金在居家养老服务工作的推进中是最早使用的，在相关的政策文件中可以看到，大多数政府财政资金的进入是在福利彩票公益金的使用之后。虽然在上海市居家养老服务工作中，福利彩票公益金扮演了主要的角色，但是其资金的支付比例与上海市的三级政府财政总量相比，还是比较小。从今后居家养老服务的资金发展来看，居家养老服务仍然需要福利彩票公益金的投入来保证其公益性，只是在资金的支持力量上仍是以政府的财政力量为主，但是并不是说福利彩票公益金就不需要加大投入了，从本文对福利彩票公益金的分析看，福利彩票公益金仍有进一步加大资金投入的可能。

根据前文的分析，上海市市级和区（县）级的福利彩票公益金的分配比例大约是7∶3，在市级的福利彩票公益金对扶老服务的资助中，居家

养老服务的资助比例较低。并且，在关于居家养老服务的文件中规定，区县级与市级的福利彩票公益金对居家养老服务的出资比例为1∶1，也就是说，市一级得到的福利彩票公益金约是区县级福利彩票公益金的2.3倍，然而在居家养老服务的资金投入中，市级福利彩票公益金和区（县）级福利彩票公益金的出资比例是相同的。因此，这些规定是不利于福利彩票公益金对居家养老服务的资助，考虑到市级和区县级福利彩票公益金的分配比例7∶3，那么，市级的福利彩票公益金还有资金增加投入的空间，建议可以在市级和区（县）级福利彩票公益金的出资比例上适当增加市级福利彩票公益金的额度，比如，可以选择2∶1或按照分配比例7∶3来规定居家养老服务项目上两级福利彩票公益金的出资比例，以继续扩大福利彩票公益金对居家养老服务的资助力度。

2. 加大慈善事业和社会捐赠对居家养老服务的资金支持

居家养老服务工作的公益性可以吸引更多的慈善团体、公益基金和社会捐赠来为其提供资金支持。政府应该出台相关的政策、培训等方法以促进慈善事业和社会捐赠对居家养老服务的资金支持。

（1）慈善事业对居家养老服务的资金支持

在国外有专门的社区义工为居住在家的老人提供为老服务，在我国也有相应的志愿者组织为老人提供义务的志愿服务。居住在家养老的老人中有很多是需要精神慰藉的，义工或者志愿者能够倾听老年人的心声、乐于并善于与老年人进行沟通，尤其是失独或空巢的老人，能够在很大程度上稳定老人的情绪，从另外一个角度来说，就是为居家养老服务提供了资金的支持。政府应当为这些志愿者提供一定的心理方面的培训，让这些志愿者更好掌握老年人的心理特点和行为方式，以更加细心和细致的态度、以更专业化的水准为老年人提供精神慰藉服务。

（2）社会捐赠对居家养老服务的资金支持

2000年《财政部、国家税务总局关于对老年服务机构有关税收政策问题的通知》（财税［2000］97号），对单位或个人向公益性的养老服务机构捐赠的税收减免方式进行了规定，明确了在企业和个人缴纳的所得税中可以进行全额扣除。而2008年实行的新《企业所得税》法却规定，企业进行的公益性捐赠支出，在年度利润总额12%以内的部分准予扣除；个人进行的公益、救济性的捐赠，在年度内应纳税所得额30%以内的部分准予扣除。通过比较分析，笔者认为，政府对慈善事业和社会捐赠用于居家养老服务的资金支持应给予政策鼓励，应当进一步提高社会捐赠税前扣除的比例，保留全额扣除的优惠政策，无论是对社会捐赠的个人还是企业。

从国外的养老服务产业发展的轨迹来看，政府的主导作用在养老服务产业的发展初期举足轻重。政府在扶持产业发展时，采取了对养老服务产业的指导、人力资源的职业培训和养老服务企业的税收优惠等政策措施。

随着养老功能的逐渐社会化，社会力量已经成为居家养老服务的主要提供者。虽然，当前提供居家养老服务的非营利组织在资金上依赖政府，然而，从居家养老运行的长期性来看，以市场机制为中心来发展居家养老服务产业才是居家养老服务资金可持续运行的根本。在市场化发展的过程中，政府对居家养老服务产业的规划和指导必不可少，在维护公平竞争的市场环境的同时，政府对激励民间资本进入居家养老服务产业应采取税收优惠的措施，不仅应对提供养老服务的企业和社会组织，而且应对为居家养老服务提供资金捐助的企业和个人。

## 第二节　市场化促进居家养老服务产业发展

### 一　市场化是居家养老服务产业发展的根本

市场作为经济资源配置的一个手段，可以引导生产要素的合理流动从而达到最优的配置状态。养老服务最初在计划经济体制的养老事业下只能提供给少部分的老年人，随着我国的社会福利制度由补缺型向适度普惠型的转型，再加之人口老龄化的加重，越来越多的老年人迫切需要居家养老服务，然而政府财力提供的养老服务远远不能满足当前和未来的需要，而市场经济体制下通过市场化的形式由企业或民间组织提供居家养老服务，不仅是我国养老事业发展的要求，也是解决我国人口老龄化的方法。发达国家成熟的养老服务产业经验告诉我们，走市场化发展的道路可以更好地应对老龄化的人口风险。

1. 市场化是我国养老事业发展的要求

一直以来，我国的养老服务业发展是与社会福利制度中的养老事业密切联系在一起的。最初在计划经济条件下，养老事业主要是政府为一些有着特殊条件的老年人提供的养老服务，覆盖面极小，并且提供养老服务的形式也大部分是养老院，即使是家政服务也没有专门针对老年人的养老服务，在那个时期并没有形成自由的养老服务市场。随着改革开放以后市场经济体制的逐渐建立，同时老龄化问题逐渐凸显，政府开始重视老年人的权益，成立了全国老龄工作委员会，并在 1983 年首次提出老年人的居家养老服务问题。1992 年，国务院发布的《关于加快第三产业的决定》提出要发展第三产业，并明确居家服务业是第三产业发展中的重点。随后，一系列关于社区服务业的工作意见和建议见诸国家的政策中，2000 年，民政部出台的《关于加快实现社会福利社会化的意见》提出老年人的供养方式应坚持以居家为基础、社区为依托的老年福利事业发展方向。从此，我国的养老事业开始关注更多老年人的养老问题，并且养老事业开始走向资金的社会化，政府在政策导向上还是有意识地推进养老服务业的发展，但由于养老服务市场未形成规模，并没有形成养老服务的产业化。2006 年，国务院办公厅下发的《关于加快发展养老服务业的意见》明确提出要发展养老服务业，鼓励发展居家养老服务业。2008 年国家提出要全面推进居家养老服务工作，并在 2013 年又颁布了《关于加快发展养老服务业的若干意见》，针对当前的社会养老服务形式，指出发展居家养老服务的方向就是要扩展居家养老服务网络，丰富居家养老服务的内容，将其与社区的医疗卫生服务相结合。至此，我国养老服务业发展的方向和路线逐渐明确：养老服务业的发展是要结合居家养老的形式，新建住宅小区要配套一定数量的养老设施，而且，养老服务业要走与老年人健康服务相结合的道路。

从国家政府对老年人的养老福利事业的政策发展脉络来看，养老福利事业将要逐渐走向大多数老年人，说明一个国家的福利事业是应该造福于全部老年人的事业，那么这项老年人的福利事业就需要动员全社会的力量形成合力才能做好，它是需要以市场机制为支撑的发达的养老服务产业，其中包含了成熟的养老服务市场和充足的养老服务人力资源。

2. 市场化是应对我国老龄化问题的方法

当前，我国应对老龄化问题最突出的障碍就是“未富先老”的国情，这也是我国在解决老龄化所引发的老年人养老问题上比西方国家更具复杂性的原因。我国改革开放 30 多年以来，市场体制的初步建立，但其运行尚不成熟，国民的人均收入水平与发达国家有相当的差距。国家在集中力量发展经济的同时遭遇了人口老龄化的问题，显然，在应对人口老龄化、化解人口老龄化的危机方面，国家是准备不足的。没有坚实的经济基础和发达的养老服务市场，完全依靠政府来解决老年人的养老问题是不现实的也是不可行的。2013 年我国 60 岁以上的老年人是 2.0243 亿，预计 2053 年这个人口数量将会达到 4.87 亿峰值，人口老龄化水平将由目前的 22.01%逐年增加到 21 世纪中叶的 35%左右，无疑，如果不尽早确立我国养老服务的发展方向，老龄化加重的趋势会进一步加大养老福利事业工作的难度，从而影响整个经济发展的速度和质量。

根据世界各国化解人口老龄化危机的经验，养老的最佳形式是就地养老，提倡以社区为依托的居家养老。但是从我国居家养老的工作实践来看，并未形成全国性的推广，只是在几个经济条件较好的城市开展了居家养老服务试点，上海就是其中之一。通过前文对上海居家养老服务的分析，可以知道，上海老年人对居家养老服务的需求较旺盛，然而，养老服务业的发展速度严重滞后于养老服务需求增长的速度。尽管上海市政府出资为老年人提供了居家养老服务，但是，服务覆盖范围小并不能满足更多老年人的多样化服务需求。因此，为减少政府在居家养老服务上的资金负担，走市场化发展居家养老服务产业不失为一个好方法。通过市场来提供居家养老服务产品，不仅可以满足多样化的养老服务需求，而且可以促进养老服务产业化的形成。从整个国民经济上讲，有利于发展第三产业，增加新的就业岗位，促进国家的经济结构的转型，不但可以化解人口老龄化危机的风险，而且可以以养老服务产业发展为契机促进经济的长期增长。

3. 市场化是发达国家养老服务产业发展的经验

与我国的老龄化问题不同，发达国家的老龄化危机是在市场经济发展成熟、整个国家的经济基础牢固稳定的情况下出现的。由于有强有力的经济实力支撑和较早起步的市场化提供养老服务，养老服务产业在发达国家的发展已经相当成熟，在有些国家，养老产业已成为国家经济的主导产业。

发达国家的养老服务是以社区照顾为中心的居家养老服务，有集中式老年公寓的养老服务，还有上门提供的养老服务。对于老年人而言，接受居家的养老服务已成为日常生活不可或缺的一部分。从发达国家养老服务产业发展的实践看，政府大力倡导以市场化的方式来发展居家养老服务产业，通过优惠政策鼓励企业进入居家养老市场，规范并监督居家养老服务市场，积极发挥企业在居家养老服务市场中的作用。利用社会力量来发展居家养老服务业已经使得养老产业在一些国家成为了重要的经济增长点。

早在1986年美国老年人的消费额就达到了8000亿美元，占到了美国当年GDP的18%①。在日本，养老产业已经是日本主要的支柱产业，据日本《21世纪经济政策的课题与展望》报告称，日本的养老产业在2001—2025年期间将会实现每年平均2%的经济增长率②。市场化发展居家养老服务产业是发达国家解决人口老龄化的国际经验，对我国起步晚、发展慢的养老服务产业有着很强的借鉴作用。以日本为例，日本早在20世纪70年代就进入了老龄化社会，这与上海进入老龄化社会的时间基本一致，日本政府在这个时期大力支持养老服务产业的发展，通过一系列的产业政策，加大政府对养老服务企业的支持力度，比如税收优惠等，大概在80年代日本的养老服务产业就初具规模，90年代逐渐形成了成熟的养老服务市场，具有一整套细致规范的养老服务行业标准。就我国的养老服务产业而言，抓住发展机遇，走市场化的道路才能化解当前和未来的人口老龄危机。

## 二　明确居家养老服务的产业规划

从居家养老服务市场和行业的发展困境来看，政府的干预和引导作用是非常必要的。要使居家养老服务的供给满足需求，政府就要积极发挥政策引导作用，在明确居家养老服务的产业规划的基础上，突出老年人照料服务的规范性、可操作性和专业性，引导居家养老服务市场和行业的良性发展，为我国扩大内需实现健康可持续的经济增长方式开辟新道路。

1. 出台与老年人照料相关的法律法规

维护老年人的合法权益，保障老年人晚年生活的质量，在明确老年人长期照料服务的客观性的基础上，政府研究并出台与老年人照料相关的法律法规不仅是所有工作的首要，也是重中之重。这不但是居家养老服务产业发展的基石，而且是居家养老服务资金可持续发展的先决条件。

根据国际经验，发达国家居家养老服务产业的发展离不开老年人照料的立法制度保障。比如德国，在实施长期护理保险制度之前就颁布了

---

① 李沛霖：《美国养老产业的发展及其对我国的启示》，《广东经济》2008年第6期，第50—52页。

② 陈茗：《日本老龄产业的现状及其相关政策》，《人口学刊》2002年第6期，第7—11页。

《联邦照料法》《负担平衡法》《联邦补偿法》等，为老年人提供长期照料服务确定了法理依据，同时也给养老服务产业确定了发展的依据。同样，日本政府以法律的形式先后颁布了《生活保护法》（1950 年）、《国民年金法》（1959 年）、《老年福利法》（1963 年）、《老年保健法》（1982 年）、《护理保险法》（1997 年）等保障了老年人晚年生活的基本权益，并给老年人所需要的居家养老服务内容和养老服务企业的发展指明了方向，为日本的养老服务产业奠定了坚实的法律基础，尤其是在强制性地实行了社会护理保险制度以后，养老服务产业得到了蓬勃的发展，走向成熟。而我国在老年人养老服务照料这方面的法律保障显然是滞后的。1996 年国家才颁布了《老年人权益保障法》，明确了老年人的基本养老金和医疗保障。随后，国家又颁布了《中国护理事业发展规划纲要（2005—2010）》、《关于加快发展养老服务业的意见》（国办发［2006］6 号文件）、《老年人社会福利机构设置的基本标准》、《老年人护理分级标准》等，但对老年护理——尤其是居家护理的定位仍不清晰，同时也缺乏与老年护理服务、护理保险直接相关的法律法规保障。为保障老年人能够享受居家养老服务的权益，还应该出台类似《养老保险法》《老年福利事业法》《老年人保健法》《护理保险法》等法律，既能满足老年人的实际养老需要，又能实现老年人的基本权利，还能促进养老服务产业的发展。

2. 制定居家养老服务的行业规范

制定居家养老服务产业的行业标准与规范，包括居家养老服务业的标准、养老服务机构的资质标准、老年公寓或老年社区的住宅标准、管理标准等，有助于推动居家养老服务产业的可持续发展。

发达国家在进行市场化发展养老服务产业时，都注重对养老服务产业的行业规范的制定。日本在养老服务产业的发展初期，政府非常注重产业发展的统筹规划，制定养老服务市场的服务规范和行业标准，明确养老服务的种类、服务标准、流程和质量等，有力地推动了养老服务发展的产业化。又比如美国，对社区养老服务业有很多种服务项目分类的制定标准，按保障性质分有综合性、医护性、生活性、娱乐性和学习性服务；按服务方式分有上门、户外、直接和间接服务；按服务对象的按年龄、身体状况、经济条件的不同细分；按时间划分可分为短期性、长期性、白昼性和全日性[①]。不同分类项目的服务标准也不尽相同，可以针对老年人的不同身体条件和服务需求提供个性化服务，满足老年人不同养老服务需求的组合。同样，具有提供养老服务资质的企业，也可以根据行业规范来自行确定企业的服务内容，确定企业服务产品的发展重点。

（1）统一居家养老服务行业的基本规范

虽然上海市出台了社区居家养老服务规范，但是此规范是仅对政府主办的非营利组织的助老服务员的服务要求，并没有扩展至整个上海市的居家养老服务的行业。上海市应该针对整个居家养老服务行业制定服务规范和标准，细化服务种类和项目：对不同年龄、不同身体状况和不同经济条件下的老年人照料护理服务都要有详细的服务种类和规范。所有从事居家养老服务提供的企业或社会组织都在这个行业规范下提供服务，这对促进未来居家养老服务产业化的发展有重要的作用。

（2）将老年人的健康养老方式与居家养老服务的行业规范结合起来

提高老年人晚年的生活质量就是要减少其在寿命内非健康状态的时间。当前老年人都很注重健康生活方式，那么在居家养老服务的提供上，可以考虑将健康养生的方法运用到居家养老服务的提供中来，体现养生预防与疾病控制并重，提高老年人生活质量的幸福感。中医是中华民族永久的文化传统，其中有很多健康的保健养生办法，比如提倡食疗、穴位按摩、针灸等，那么，在向老年人提供居家养老服务时，就可以考虑有养生效果的服务种类。比如，在制定居家养老服务中上门做餐服务的行业规范时，就可以借鉴养生食疗的方法，根据不同类型疾病的老年人制定相关的做餐规范，像高血压老年人、糖尿病老年人等饮食的禁忌和常用的烹调方法。再比如，对于医疗康复服务，康复手段和方法要明确，尤其是需要运用康复器械的，要有专业医师的指导规范。

3. 加强服务专业性的指导培训

养老服务产业作为新兴产业，其从业人员的专业性不容忽视。根据前文的分析，老年人年老后的身体状态的变化要求照料服务内容不再是简单的家务操作，而是需要具备一定的老年医学、护理学、营养学以及心理学的专业人才才能胜任的服务工作，因此对养老服务产业人力资源的培养就显得尤为重要。

---

① 麻凤利主编：《中国老龄产业发展的机遇与挑战》，中国社会出版社2010年版。

发达国家对从事养老服务工作的人员，在上岗前都会对其进行专业技能的培训。法国对养老服务产业的从业人员进行指导培训，政府会同企业一起，出资对从业人员进行职业培训，或者将职业培训与大学教育或职业教育结合在一起，提高养老服务从业人员的从业素质和能力。还有，美国从事养老服务工作的从业人员，都是执有专业技能资格的人员。比如说，美国的养老院或护理院有专门的医生和护士，也有社区医生或家庭医生为居家的老年人提供养老服务，尤其是针对老年人进行疾病康复护理服务的工作，大多由具备资格认证的物理治疗师助理和职业治疗师助理在专业治疗师的监督下完成①。

从目前我国养老服务产业的劳动力市场现状来看，大多从事居家养老服务的是再就业的人员，年龄偏大，文化水平较低，在上岗前势必要经过专业技能的培训。由于居家养老服务的多样化需求，政府应该对从业人员提供服务的专业性上进行指导培训，明确行业规范和服务标准。

（1）可以根据居家养老服务种类的不同，设置不同的服务岗位，可依照从业人员的不同知识背景进行相关服务的专业培训。

根据经济学中专业化分工的原理，可以将居家养老服务按照不同服务类型和特点分为若干个服务岗位，比如说家政服务岗位、个人护理岗位、疾病护理岗位和康复护理岗位，其中，家政服务岗位主要进行上门做餐、家居清洁、洗衣等，这样的服务岗位对从业人员的技能要求不高，只需要在培训上明确服务规范；个人护理岗位针对的是身体状态不佳的老年人所进行的一对一的贴身服务，主要帮助老年人喂餐、洗澡、陪同出行、聊天等，这样的岗位同样对从业人员的技术技能要求不高，但是要求从业人员细心、耐心，有良好的沟通能力；疾病护理岗位针对的是处于疾病中或康复期的老年人，主要从事帮助老年人吃药、打针、疾病护理等，这样的岗位要求从业人员有专业的医疗护理知识背景，对于患病老年人的饮食心理护理、疾病感染的控制与预防、生命的体征观察与护理等有很强的预判能力和丰富的护理经验，尤其是老年常见疾病；康复护理岗位针对的是由于疾病造成身体失能的老年人，主要帮助老年人进行身体训练，恢复基本的身体活动能力，比如骨折后的康复训练、中风后的康复训练等，这样的岗位要求从业人员有更全面和专业的

① 裴晓梅等：《老年长期照护导论》，社会科学文献出版社 2010 年版。

医学知识背景，能够对不同的失能情况制订出相应的康复训练计划。针对不同的服务岗位，政府或企业在出资进行培训时，可依据国家的居家养老服务的行业规范和标准来进行，同时也应该有相应的上岗资格认证。据调查，从事家政服务的工作人员经过培训取得了职业资格证书后，收入基本上涨10%左右①。所以，政府提供专业性服务的指导培训，有利于提升从业人员的专业素养和技能，提高服务的技术含量，从而提高服务价格，提升整个行业从业人员的薪酬水平。

（2）形成居家养老服务评估、服务和监督等流程的专业化服务。

与居家养老的服务内容专业性指导培训一样，对居家养老的管理工作上也应该有专业化的指导培训。由于老年人的身体状态不同，导致居家养老的服务需求也不完全相同，首先应该由专业的养老服务评估员对老年人居家养老的情况进行评估，确定不同类型的服务内容和频次，然后再由养老服务的工作人员根据评估情况提供相应的服务内容，其间应该由专人对养老服务的质量进行监督反馈，实时调整居家养老服务的工作方案。

（3）将居家养老服务产业与大学的职业教育联系在一起，共同培养养老服务的专门人才。

由于居家养老的服务工作不仅需要了解老年人的生理和心理状态，而且还要熟悉居家养老服务工作的类型和内容。因此从居家养老服务产业发展的长期性考虑，培养专门化的人才应是发展养老服务产业非常重要的一个环节。第一，鉴于居家养老中医疗护理服务有其专业性特点，可以根据社会的养老需求，专门在大学中开展有关老年人疾病诊断、治疗、老年常见疾病护理以及康复护理的职业教育，同时加强对养老服务产业中评估人员的培养也很重要。第二，可以在大学中开展对老年学、老年医学等学科的科学研究，发展对老年社会工作的理论研究，开发老年用品和老年服务种类，更好地为老年人提供服务。从长远发展的角度看，养老服务产业化所需要的专业人才，应该具有更宽厚的知识背景，仅仅靠短期的职业培训是无法达到的，这就需要有专业化的职业教育介入进来，将养老服务产业化发展与大学教育或职业教学结合，可以有效地为养老服务产业储备优秀的人力资源。

---

① 卢汉龙、周海旺主编：《上海社会发展报告2013》，社会科学文献出版社2013年版，第254页。

4. 整合医疗资源发挥社区医疗优势

老年人身体状态变差，容易患慢性病，需要频繁就医和复诊，尤其是老年人在患病后往往行动不便，就医不甚方便。大医院为了更好地利用医疗资源，一般会接纳急性或重病的患者，而对于老年患者，往往会在急性病症消退之后，主张老年人出院，建议在家养病。因此，建立以社区医院为依托的社区医疗体系，整合社区的医疗资源以充分发挥社区医疗卫生的优势，可有效解决老年人居家养老的看病问题。

居家养老服务中最重要也是家庭成员无法提供的服务就是医疗卫生服务。比如在美国，老年人如要就医，可以联系社区医生或家庭医生进行上门服务，如需康复护理的话，可以进入专门的老年人康复训练中心，会有专业的康复训练师指导肢体训练直至康复。而我国基层的社区医疗并没有太关注老年人的医疗服务需求，没有充分发挥社会医疗在居家养老服务上的优势。从老年人养老的地域限制上来讲，居家养老服务更多还要依托社区的资源优势来为老年人提供服务。由于在居家养老服务中老年人的医疗护理服务和康复护理服务占有不小的比例，而这一类服务的专业性较强，必须是有具备一定医学知识背景和护理技能的人才能担当。在我国社区基层的医疗卫生发展中，首先，应该发展社区全科医生和家庭医生，鼓励社区医生提供上门服务——尤其是对于行动不便的老年人。通过建立一系列的激励制度，解决社区全科医生的编制、晋升和待遇等问题，确保社区医疗卫生事业发展的长期性。其次，在社区医疗卫生人员的专业技能上，注重培养与老年疾病诊断、老年疾病康复护理以及老年心理健康有关的专业医护人才。再次，结合老年人居家养老的服务需求，可以针对性地开辟老年疾病上门诊断服务、老年疾病上门护理服务、老年疾病跟踪及上门复诊服务和老年疾病的康复服务等，这样既可以有效拓展基层社区医疗卫生机构的医疗服务范围，又为老年人居家养老提供专业化的医疗服务。最后，可以依托社区医疗卫生机构，向为老年人提供居家养老服务的从业人员进行简单、常用的护理服务培训。从上海实行居家养老服务以来，从事居家养老服务的工作人员大多是下岗再就业人员，年龄偏大，文化程度较低，只能够对老年人进行简单的日常家政服务，即助餐、助浴、助行等，对失能老年人的褥疮护理等一些较为专业的服务并不能够胜任，所以，可以由社区医疗机构的医护人员针对老年常见疾病的护理方法和手段，对养老服务人员进行培训，发挥基层医疗机构方便居民、服务居民的宗旨。

## 三　培育公平竞争的市场环境

市场化发展居家养老服务产业就是要形成自由的、公平竞争的市场环境，减少政府的行政干预，实现健康有序、可持续发展的居家养老服务产业。就上海的居家养老服务实践上看，目前仍然是由政府在全力支持居家养老服务事业，虽然也有民间力量、民间资本的介入，在市场力量上依然政府占据主导地位。由于养老服务行业的公益性，大多参与居家养老服务的组织是民办非企业组织，也就是非营利组织，从我国现阶段非营利组织的发展来看，从事居家养老服务的非营利组织大部分是有政府背景的，在资金使用上依靠政府。那么市场化发展居家养老服务产业，就要减少政府干预的影响，首要的就是处理好政府与非营利组织的资金关系。

1. 与非营利组织形成良好的资金关系

从国际上非营利组织的资金发展来看，其收入来源主要有会费、服务收费、经营收入、社会捐赠（包含有个人捐赠和企业捐赠）、政府资助等。根据美国约翰·霍普金斯大学萨拉蒙教授等人对包括发达国家和发展中国家在内的22个国家非营利部门的研究，社会捐赠占全部非营利收入的平均比例仅有11%，服务收费和销售收入占到了49%，而政府补贴和政府购买占到了40%①。尽管各个国家国情不同，大体来看，非营利组织的资金收入可按照其主导筹资渠道的不同而分为市场主导型和政府资助主导型两种模式②。美国是非营利组织市场化筹资模式的典型代表。美国政府基本不直接从事社会公益事业，而是通过项目招标的方式委托非营利组织来提供公共服务。非营利组织根据自身的专业特点和优势进行投标，申请社会公益事业的项目资金，政府会对提交申请的非营利组织进行审核和考察，向符合要求的非营利组织发放项目资金。政府不会对资金使用的方式进行干预，但是会对项目的运作进行监管。英国、德国和日本都是典型的非营利组织政府资助型筹资模式。德国各级政府每年都会有很多资金用于社会福利项目，通过社会招标的方式向非营利组织购买公共服务。非营

① Jeremy Kendall, *The Voluntary Sector: Comparative perspectives in the UK*, London and New York: Routledge, 2003, 32.

② 褚松燕：《中外非政府组织管理体制比较》，国家行政学院出版社2008年版，第106页。

利组织要想获得政府的项目资金就应当向政府有关部门递交详细的项目申请书和实施计划，政府会根据项目实施的要求选择预期实施效果最好的非营利组织来完成。

所以，借鉴发达国家政府与非营利组织的资金关系互动上，我国政府与提供社区居家养老服务的非营利组织的关系，应改变目前非营利组织在资金补贴上依赖政府的现状，减少政府对非营利组织的行政干预，政府向非营利组织购买服务可以通过公开招标，以合约外包的方式，这样，非营利组织在竞争的市场环境下竞标可以充分保障其所提供服务的高质量，也可以保证政府向非营利组织提供资金使用的有效性。同时，政府也要做好对非营利组织资金使用的监管，项目购买前采取公开竞争的形式，项目购买后要有相应的评价机制来监管资金的使用效率。

2. 充分发挥市场机制的作用

充分发挥市场机制的作用就是要在居家养老服务市场中体现出价格的作用。虽然养老服务行业有其公益性的特点，但是并不是所有的居家养老服务企业都必须要从事公益性的服务活动。居家养老服务行业要产业化，就必须要使养老服务企业有利可图，有利润可以分享。也就是说，即使是提供养老服务的非营利组织也是可以同时提供公益性的居家养老服务和非公益性的居家养老服务。公益性和非公益性的养老服务产品是针对不同收入类型老年人服务需求的，对于贫困老年人的养老服务需求，政府有义务承担资金责任来提供公共产品，具有公共产品属性的养老服务就应该具有无利或微利，但是这样的养老服务产品却是保障最基本养老需求的；而对于经济条件较好的老年人而言，他们的养老服务就不再是公共产品，完全可以从市场上购买，依照自身需要选择个性化的养老服务，这样的养老服务产品比起政府提供的公共产品，在服务内容和质量标准要高很多，那么它就应该完全是非公益性，或者说是营利性的。

居家养老服务产业的繁荣最终还是要依靠市场机制来发挥作用。原因有三个。一是，可以保障居家养老服务企业的生存。一般来讲，进入居家养老服务市场的组织多是非营利组织，要实现非营利组织的独立性就要使其有独立的资金生存能力。根据上一节分析，国际上大多非营利组织的经费来源多来自经营性的活动，鼓励我国的非营利组织提供营利性的养老服务产品，有利于增强其生存能力，避免过度依赖政府资金，从根本上减少政府力量的干预。二是，通过价格机制，优胜劣汰，展开健康有效的市

场竞争。只有通过市场竞争的环境，才能淘汰质量差的服务产品，保留质量好的服务产品。任何居家养老服务的种类和项目都要经过市场的检验，才能甄别出哪些服务是老年人真正需要的，而哪些服务是老年人不需要而应该淘汰的。并且，通过市场机制的作用，还可以明确居家养老服务与社区医疗资源结合的服务类型和项目，从而更好地实现社区资源与居家养老服务的结合。三是，通过价格机制可以满足居家老年人多样化的需求。作为公共产品由政府提供给贫困老年人养老服务是保障老年人基本生活权益的，而对于更多经济条件较好的老年人而言，他们已经有了最基本的养老服务保障，其需要的居家养老服务的内容会更丰富，需求会更多样化，那么，通过市场的价格机制，就会有居家养老服务企业供给满足这些老年人需求的多样化服务。

### 四　完善政府的税惠机制

政府激励社会力量提供居家养老服务的措施之一就是进行税收优惠。2001 年，上海市民政局就老年服务机构的税收政策发文《上海市民政局关于转发〈财政部、国家税务总局关于对老年服务机构有关税收政策问题的通知〉的通知》（沪民事发［2001］12 号），分别对兴办非营利性或公益性的老年服务机构，向非营利性或公益性的老年服务机构进行捐赠的单位和个人，给予免税或税收优惠措施。

1. 对非营利组织的活动进行税收优惠

在政策文件上，政府对于非营利组织提供非营利性的居家养老服务是实行免税政策的，这与国际上大多数国家对非营利组织的税惠政策是一致的。但是，对于免税的资格和条件并没有详细的界定，造成了政策执行上的模糊。第一，在非营利组织的免税资格认定上，我国新《企业所得税法》中对非营利组织免税资格进行了明确确定，然而根据条款规定，非营利组织的免税资格可以由民政机构、税务机构等多个行政机构参与认定，这样一来，其免税资格的认定权归属不明确，易造成非营利组织资格认定的不统一，导致其不容易获得税收优惠政策。第二，在收入类型的免税认定上，2007 年我国颁布的《企业所得税法实施条例》规定，非营利组织进行营利的活动收入不享有税收优惠。然而，在实际操作中并没有相关的规定对非营利组织的营利活动与非营利活动进行区分。像美国和德国会对非营利组织在其规定的公益性服务范围内进行免

税，而与公益性服务之外的营利性活动会按照一般公司的所得税率进行纳税。因此，对于我国的非营利组织，要改变其依赖政府资金的现状，就要使其筹资能力加强，那么从事营利性活动是必然，这也是国际上大多数的非营利组织筹资的主要方法，所以通过区分非营利组织提供的服务性质来实行税惠政策可以有效保障非营利组织的公益性，即提供非营利性服务的予以免税政策，而对于营利性服务进行一定比例的征税。第三，在经营过程中土地、车船使用税方面，虽然在与非营利组织经营有关的税法规定中都明确了优惠或免税的政策，然而，2011 年我国新颁布的相关车船税法中并没有对非营利组织自身使用的车船进行相应税收优惠的规定。政策制定与具体实施的不一致易挫伤非营利组织参与社会服务的积极性。

2. 对社会捐赠的企业或个人进行税收优惠

对于企业或者个人向非营利组织进行资金捐赠，我国也有相应的税收优惠政策。对于企业的捐赠，我国新《企业所得税法》规定的税前扣除比例是 12%，这比之前 3% 的扣除比例更加有利于鼓励企业向非营利组织捐赠。而加拿大的企业向慈善机构捐赠时适用的税法规定，企业是可以享受其应纳税所得额 75% 以内的税前扣除。所以，相比之下我国还可以进一步提高对企业捐赠的税前扣除比例。对于个人捐赠，目前税法规定个人向非营利组织捐赠的税前扣除优惠 30%。有学者研究，如果取消慈善捐赠扣除将使个人的慈善捐赠减少 10%—20%（安体富等，2005）①。所以，加大对个人慈善捐赠的扣除比例可以进一步提高个人对非营利组织的慈善捐赠。

## 五　遵循赡养习俗开发养老地产

养老地产一直是养老产业中比较受关注的一个项目，同样也是养老产业中发展最早也是最快的一个项目，它之所以能够吸引老年人和子女的关注，原因在于养老地产所能够提供的更利于老年人生活的养老服务，而更深层次的原因就在于住房对于家庭的意义。

对于西方国家，人人崇尚独立自由，子女在成年结婚以后都会选择与

---

① 安体富：《非营利组织税收制度：国际比较与改革取向》，《地方财政研究》2005 年第 12 期，第 4—10 页。

父母离开，独立居住；同样，老年人即使在年老不工作以后也会选择独立居住。在这样的文化背景下，老年人养老问题主要依靠社会，国家有完善的社会保障制度来实现老年人的社会化养老。一般老年人在年老以后有丰厚的退休金，可以根据健康状况和意愿来选择入住不同类型的老年公寓和养老院，这些老年住宅所在的社区都会提供健全的社会服务，基本可以满足老年人所有的养老需求。然而在东方的亚洲国家，由于受到儒家文化的影响，传统意识上仍然以家庭为核心，老年人在年老后希望与子女住在一起共享天伦之乐，而子女秉承“百善孝为先”的古训来供养年老的父母。在日本和新加坡就有房地产企业在开发两代人甚至是多代人在一起居住的住房。像日本在老年住宅方面很重视家庭养老功能，有不少老少同住或有分有合等新型住宅体系。日本的《老年福利法》中鼓励社会开发供几代人共同居住的住房，并采取优惠政策促进老少同住以便于老年人养老的住宅。在日本政府住房政策的推动下，“两代居”的住宅模式出现，老年人与成年子女共同居住在一起，但是老年人与已婚的成年子女有相互独立的生活空间，一般老年人住在房屋的底层，房屋底层设有专门的扶手以及防滑地面等养老设施，这些适老性的设计更加人性化，方便老年人居住，成年子女及其小孩住在房屋的较高层，客厅等房间为家庭公共使用。这种“两代居”的住宅方式合中有分，分中有合，将老少多代的生活方式和生活规律的差异在住宅空间上进行相应处理，既满足老年人的养老需要，同时也适应现代年轻人的需求。新加坡在 1982 年实行的“多代同堂组屋计划”，对与父母共同居住的年轻人进行家庭购房政策优惠①，同样也是鼓励老年人与子女同住。

一直以来我国居民的购房需求处于刚性，几乎家家户户——尤其是城镇居民都会购买房屋来稳定生活，似乎房屋更成为家庭生活和心理归属感的一个象征。从目前家庭购买房屋的实际情况来看，家庭在住房上的花费占到父母与子女两代人总收入的相当一部分，所以，结合住房和家庭的养老功能开发养老地产不失为一个较好的思路。另据 2012 年家庭幸福感热点问题调查显示②，父母与子女居住在同一个小区或临近小区的家庭幸福

---

① 于宁：《我国养老地产发展研究：世博效应及启示》，《上海经济研究》2010 年第 12 期，第 105—115 页。

② 调查来自于 http：//www. shrca. org. cn/5112. html。

感高于与子女共同居住的家庭幸福感，也高于与子女不临近居住的家庭幸福感，随着父母年龄的增长，父母与子女居住临近也便于子女对父母进行照料。所以，父母与子女的居住方式对父母的养老问题有重要的作用。当前，我国养老地产的发展得到了国家政策的支持，国家对于养老用地有着诸多的政策优惠措施，不少的房地产商跃跃欲试，社会资金开始聚拢养老地产业。据保险业对养老地产回报率的估计，相比较于保险资金在其他投资标的的回报率在3%—4%之间，保险资金投资养老社区的预期年投资回报率为10%左右，投资回报期在10年左右。正是由于养老地产有着相对稳定的投资收益，众多保险资金都已涉足养老地产，像新华人寿、中国人寿、中国平安、合众人寿和泰康人寿等①。因此，结合养老地产发展的势头和我国的赡养习俗，可以借鉴亚洲国家日本和新加坡的做法。由于我国与这些国家有着相似的传统文化，在老年人的养老问题上不同于西方国家，所以在老年人的居住安排和养老方式上，可以尝试开发老少同住型的养老地产，在房地产的功能上注重强调养老功能，房屋的设计和建造上关注老年人生活的适应性，并且开发的小区有相应的养老设施和医疗卫生设施，可以提供满足老年人生活的不同需求的服务。另外，对于公益性的保障住房，政府可以考虑在房屋建设上做一些适老性的设计，对于愿意与老年人同住的子女，在申请保障住房时给予一定政策的购买优惠或租金优惠。

## 第三节　结语

政府资金对居家养老服务工作的全面推广起着至关重要的主导作用，其资金投入的方式、方法和侧重点关系到养老事业和养老产业的发展，如何构建政府资金投入的长效机制是本章重点研究的问题。一方面，构建政府资金的保障机制，即政府将用于居家养老服务的资金列入财政预算，形成专项资金、优化政府用于居家养老服务机构建设和购买的资金投入结构、形成稳定的资金投入比例、建立规范的资金转移支付制度、并加大福

① 张颖：《泰康人寿上海拿地建社区，打造“候鸟式”养老社区》，《国际金融报》2013年11月8日，第7版。

利彩票、公益事业对居家养老服务的支持；另一方面，积极发挥政府资金政策的引导作用，通过明确居家养老服务的产业规划、培育公共竞争的市场环境、完善政府的税收优惠机制、开发养老地产等政策措施，来促进居家养老服务产业的发展。

# 第八章 构建可持续发展的居家养老服务资金保障体系的对策研究

根据前文分析，我国现在的居家养老服务产业并没有完全形成，要实现居家养老模式的可持续发展就必须重视家庭资金的作用。为构建可持续发展的居家养老服务资金保障体系，本书提出在短期、中期和长期内要使政府资金、社会资金和家庭资金相互配合发挥作用。短期内还要更多依赖政府资金的力量，在居家养老服务设施的建设、居家养老服务工作的推广、居家养老服务行业规范以及居家养老服务人力资源的培养上，由政府资金的投入和政策的引导激励；中期内加速居家养老服务行业的发展，促进商业保险市场对居家养老服务的支持，提高居家养老服务的水平；长期内逐渐改变家庭的消费与储蓄的跨期配置行为，形成保障老年人晚年生活质量的社会护理保险制度。

## 第一节 重视家庭资金对居家养老服务的支持

在我国，家庭依然是老年人养老的主要场所，从另一个意义上讲，更是老年人晚年生活的精神归宿。虽然，居家养老可以由社区或社会组织为老年人提供养老服务以实现子女不能完成的家庭养老功能，但是，在居家养老服务资金的提供上家庭的经济供养是不能忽视的。不管是老年人还是子女，都要对居家养老服务的重要性和其资金需求量的大小有充分认识，以便于做好个人的资金规划或家庭的资金配置。

### 一 正视老年照料费用支出

人步入老年以后，身体机能逐渐老化，再加之身体抵抗力减弱使得患病的几率大大增加，疾病的康复护理就需要有专人进行照料，如果子女不

能胜任照料工作，就需要由专业人员来完成，这就产生了老年照料费用。

1. 疾病康复的照料费用

随着年龄的增长，老年人身体的自我恢复功能较差，患病率较高。根据2008年第四次国家卫生服务调查分析报告，我国老年人的慢性病患病率是43.8%，其中，城市和农村分别为53.2%和38.9%。并且在不同收入组老年人口中慢性病患病率的差异不大，也就是说不管老年人的收入高低，慢性病的患病率大概是相同的。相比较于农村老年人，城市老年人有着更高的患病率，达到了53.2%。较高的患病率意味着有更多的医疗护理费用的支出，我国60岁以上城镇居民的自费医疗支出比40岁居民高出50%—100%，80岁以上居民的自费医疗支出比40岁居民高出100%—170%（孟昕、克里斯汀·杨，2006）①。也就是说，年龄越大，疾病康复的自费医疗支出更多，显然，80岁以上的高龄老年人的自费医疗费用支出高于80岁以下老年人的自费医疗费用支出，远高于40岁中年人的自费医疗支出。在我国的医疗保障体制下，住院看病的大部分费用可以由医疗保险承担，那么老年人的自费医疗费用支出基本可以认同于非住院治疗的疾病康复照料支出。城市老年人最易患慢性病的前五位疾病分别是高血压、糖尿病、缺血性心脏病、心脑血管和慢性阻塞性肺病②，这些疾病不可逆转，很难完全治愈，而且需要长时间服药和护理，发病恢复后还会不同程度地给身体造成失能，当老年人出现生活不能自理时就需要长时间的照料护理服务了。

另外，老年人中老年痴呆症的患病率有增加的趋势，美国心脏协会与美国卒中学会联合发布的科学声明称，发达国家65岁以上人群痴呆症的患病率可能超过10%，阿尔兹海默病患病率每4.3年翻一番，血管性痴呆患病率每5.3年翻一番③。在日本，社会护理保险中居家养老护理的七个等级中，“要支援”是最低的两个护理等级，“要介护”是较高的五个护理等级，其中，在“要介护”的老年人中50%是罹患痴呆症的老年人。

---

① 孟昕、克里斯汀·杨：《老龄化与中国城市居民医疗支出》，《中国劳动经济学》2006年第1期，第3—20页。

② 卫生部统计信息中心：《第四次国家卫生服务调查分析报告》，中国协和医科大学出版社2009年版。

③ 根据爱唯医学网，2011－07－22，http：//www.elseviermed.cn/news/detail/Dementia_prealence_ double_ every_ five_ years。

在我国，60岁以上人群老年痴呆症患者近600万人，平均患病率为3.5%，随着年龄增长，患病率会越来越高，然而，老年痴呆症患者的就诊率相当低，就诊率不到二成[①]。目前，我国对老年痴呆症的认识还需要深入，一旦老年人罹患痴呆症，就需要始终有人陪护照料，那么由此所产生的照料费用也是需要老年人及其子女有清醒认识的。

2. 身体失能的照料费用

随着老年人的年龄增大，身体器官的功能退化也会逐渐导致失能，并且大多老年人常患的疾病所引发的并发症或后遗症都会不同程度地导致身体失能。身体失能会给老年人的生活带来诸多不便，日常的衣、食、住、行都会受到影响，失能程度严重的达到生活不能自理的情况下，老年人的吃饭、穿衣、行走、洗浴等日常的生活护理都需要有专人照料。这种情况的身体失能，不仅给老年人的生活造成不便，影响了晚年的生活质量，而且给子女带来不小的生活压力。如果以一个子女舍弃工作在家全职照顾失能老年人的机会成本来说，老年人身体失能所导致的子女家庭养老的费用是相当可观的。

所以，只有充分认识老年人的生理状态，以及由其引发的高昂的老年照料费用，才能未雨绸缪，做好老年人居家养老服务的资金规划。否则任何低估或忽视老年照料费用都会造成老年人晚年养老资金不足，生活质量下降。

## 二　跨期规划老年照料费用

根据生命周期理论，一个人可以通过跨期收入分配来平滑一生的消费，要达到一生消费效用的最大化就应该做好跨期的消费规划，当然，这要以充分认识老年庞大的照料护理费用为前提。老年人在工作时期有收入时可以进行预防性储蓄，为年老的照料护理服务提供支付；也可以在工作时期有收入时购买商业护理保险，当然这种情况要以发达的照料护理服务市场和完善的商业护理保险市场做支撑；还可以加入社会护理保险，这是在国家有社会护理保险制度的情况下。笔者认为，由于老年人的消费特点决定了老年人的消费倾向较低，并且消费习惯偏于传统，所以，在对老年

---

① 《老年痴呆发病率呈上升趋势 子女别忽视老年人犯“糊涂”》，《南通日报》2012年10月10日，http://www.ntjoy.com/news/ms/2012/10/2012-10-10156094.html。

人老年照料护理费用进行跨期规划时，采用保险的形式便于老年人接受，并且也能够使老年人乐于消费。

1. 商业保险形式

采用商业护理保险来配置居家养老服务资金，一方面可以解决老年人居家养老服务的资金问题，另一方面也可以减轻家庭子女的照料和资金支出的负担。购买商业护理保险实际上是对个人一生的消费进行的跨期配置，为了更好地避免未来年老不能支付高昂的养老资金风险，选择在年轻或收入较高时投保，不失为解决年老时养老费用筹措的一个方法。目前，我国的商业保险市场上，有私人性的商业养老保险、人寿保险等与老年人养老资金有关的保险，但是与养老服务相关的商业保险却很少，根据第四章的论述，只有少数的几家保险公司开发了商业护理保险对养老的护理服务承担资金保障，然而，其投保金额较高使得商业护理保险并没有较大的覆盖面（商业护理保险的保费收入占健康保险类保费收入的不到1%），这里面的原因不仅仅是老年人的参保意识不足，而且与我国的商业护理保险以及养老服务产业发展不足有着密切的关系。商业护理保险与养老服务产业就像是毛和皮的关系，养老服务产业的发展是商业护理保险发展的前提，商业护理保险只是一种金融产品的手段，是为居家老年人的养老服务提供更好的资金保障的。所以以商业护理保险形式解决居家养老服务的资金配置，必须以养老服务产业的蓬勃发展为先。

2. 社会保险形式

采用社会护理保险就需要政府发挥主导作用，强制性地通过代际或代内的资金互济来实现老年人居家养老服务的资金支付。就目前我国的社会保障制度来说，社会保障的总缴费率达到40%（个人11%，企业29%），远远高于美国17.35%（个人7.65%，企业9.7%）和日本26.89%（个人13.12%，企业13.77%）[①]的社会保障税，如果像日本一样建立专门的社会护理保险的话，将会进一步提高社会保障缴费率，从而加重国家、企业和个人的财政负担，不利于社会护理保险的运行。可以考虑在医疗保险制度中开展护理保险项目，目前上海的一些社区已经开展了居家养老服务采用医疗保险支付的试点，这对于解决居家养老

① 罗彦、李浩燃、唐露薇、白天亮：《我国社保缴费率并非全球最高》，《人民日报》2012年9月11日，http：//finance. people. com. cn/n/2012/0911/c1004－18971819. html。

服务的资金问题是一个有效的方法。但是由于居家养老服务种类的多样性和复杂化，利用医疗保险来支付全部的居家养老服务显然也是不现实的。

如今，我国城镇的基本医疗保险制度有城镇职工医疗保险制度和居民医疗保险制度，其中城镇职工医疗保险制度在1998年建立，而城镇居民医疗保险制度在2007年建立。2002—2012年上海市城镇基本医疗保险的收支基本处于盈余的状态，见表8－2，由于城镇职工医疗保险制度实行比较早，基金的结余积累好，多于城镇居民医疗保险制度的基金结余。以当年的医疗保险基金结余除以当年的参保人数来看，城镇职工医疗保险的人均基金结余从2007年的1020.69元/人上升到3437.5元/人，城镇居民医疗保险的人均基金结余2011年是49.92元/人，2012年是106.63元/人。从当前城镇基本医疗保险制度基金结余的支付能力来看，是可以考虑为老年人居家养老服务进行医疗保险支付的。不过，由于2012年上海市居家养老服务的人均补贴水平达到了2306.1元/人，如果将全部的居家养老服务都用医疗保险来支付显然是不现实。可以将居家养老服务中的部分医疗护理服务以医疗保险形式支付，其他一些服务让老年人以现金的形式支付。由于城镇职工医疗保险制度的基金结余积累好于居民医疗保险制度的基金结余，所以，在医疗保险支付居家养老服务时，可以对两种不同医疗保险制度的参保人采取不同的结算方法，也可以通过对两种不同医疗保险制度的基金结余进行调剂，以达到对不同参保老年人采取相同的结算方法。

总之，采用保险形式来保障居家养老服务资金，不仅是政府的制度设计，而且与老年照料护理市场的发展程度、保险业和资本市场的活跃度有很大的关系。

### 三　提倡家庭的非正式照料

虽然居家养老服务可以由专业的养老服务机构来提供，但是家庭的非正式照料与专业养老服务机构的正式照料相比较而言，家庭的非正式照料有无可比拟的优点。

1. 可以节约养老成本

根据国外的研究结论，正式照料与非正式照料有着很强的替代关系

(Stabile et al. , 2006)①，所以，不同于市场提供的正式照料服务，家庭成员提供的非正式照料可以有效节约家庭用于居家养老服务资金的支出。对于一些家庭经济情况既不太富裕，也不是很贫困，达不到政府补贴资格的家庭来说，提倡家庭成员对老年人的非正式照料和护理可以有效减少养老成本，并且，相比较专业的养老服务工作人员而言，家庭成员更为了解老年人的生活习惯和饮食口味，这样的非正式照料会让老年人感觉更舒适、心情也更舒畅。

2. 提供家庭成员的精神慰藉

对于老年人而言，年老以后退出工作领域，生活和身体健康状态的改变使得精神状态出现变化。据世界卫生组织（WHO）统计，老年人口中罹患抑郁症的老年人占7%—10%；患有躯体疾病的老年人中有一半伴有抑郁症的症状。而世界各地老年人精神疾病的调查显示，老年人群中抑郁症是发病率最高的，其次是老年痴呆症。北京大学国家发展研究院发布的《中国人口老龄化的挑战：中国健康与养老追踪调查全国基线报告》显示，截至2011年底，中国约有1.85亿60岁及以上的老年人，其中40%大约7400万老年人有较高程度的抑郁症状，这些统计数据为我们关注老年人的精神健康敲响了警钟，良好和谐的家庭关系，家庭成员的陪伴的照料是帮助老年人维护精神健康的最好方式。所以，专业养老服务机构的照料是不可能完全替代家庭成员的非正式照料，子女对老年人的关爱不仅仅要体现在物质生活的照料，更重要的是要体现在老年人的精神活动中。

3. 鼓励家庭成员的非正式照料

虽然非正式照料会对家庭中照料者的就业产生显著的影响（Carmichael et al. , 2003）②，如果非正式照料的机会成本越大，家庭成员提供非正式照料的可能性就越小。但是，如果对非正式照料的照料者或家庭进行激励的话，家庭成员参与到对老年人的非正式照料就可以在一定程度上减少老年人正式照料服务的费用，政府应采取政策对非正式照料进行有效

① Stabile. M. , Laporte, A. , Coyte, P. C. Household Responses to Public Home Care Programs. *Journal of Health Economics*, 2006, 25. 674 - 710.

② Carmichael, F. , Charles S. The Opportunity Costs of Informal Care: Does Gender Matter [J]. *Journal of Health Economics*. 2003, 22: 781 - 803.

激励（*Kerwin*，2005）①。新加坡政府采取政策对与父母同住的家庭进行补贴和激励家庭的非正式照料服务。当家庭申请住房时，对希望与老年人同住或在父母附近居住的申请者给予一定的优先权。对雇佣外佣全职照顾老年人的家庭，新加坡政府向其提供每位老年人每月120新元的补贴，相当于雇佣一名菲佣开支的两成。从居家养老照护服务的资金角度来说，提倡子女与老年人同住，子女的非正式照料在一定程度上可以节约养老成本，并且老年人大多要由子女来供养，所以政府应对与老年人同住的子女家庭在许多政策上给予优惠或倾斜。比如说可以在保障住房的申请上或个人所得税的减免等政策上给予支持。

不少国家在对老年人的非正式照料的激励中提倡对家庭中老年人照料者的喘息服务，以缓解照料者的身体和精神双重压力。上海市也在社区的老年人日间照料中心积极开辟床位为老年人提供相应的照料服务。同时，也可以发挥老年人容易交流的优势，让低龄健康老年人为不健康或高龄老年人提供短暂的照料服务。

## 四　盘活家庭资产

在解决老年人居家养老服务资金困境的对策中，除了之前分析的跨期资金配置、家庭的非正式照料以外，还有一种方法就是将现有的家庭资产进行短期或长期的折现，从而转化为稳定的养老服务资金流。

对于较低收入而具有家庭资产的家庭来说，当家庭面临流动性约束时，可以通过在金融市场上将资产存量转化为资产流量来用于居家养老服务的资金支付。Mayhew等（2010）② 认为，如果把房产包括在家庭资产的话，家庭就可以通过房产权益来支付长期照料服务。如果房产权益在老年人年龄大的时候变现，那么它就是养老金或年金的替代品，如果家庭中失去了主要收入者的话，那么房产权益是生命保险的替代品（Davidoff，2007）③。

① Kerwin Kofi Charles et al. Can Family Caregiving Substitute for Nursing Home care? [J]. *Journal of Health Economics*. 2005, 24 : 1174 – 1190.

② Les Mayhew, Martin Karlsson and Ben Rickayzen, The Role of Private Finance in Paying for Long Term care. *The Economic Journal*, 2010, 120 (November), F478 – F504.

③ Davidoff, Thomas, Housing, Health, and Annuities. Working paper, Haas School of Business, UC Berkeley, 2007.

将家庭资产用于居家养老服务的经验中，国外不少国家采用倒按揭的方式将房产抵押用于长期老年照料费用的支付，也就是以房养老。我国也在这个方面有不少的尝试，2007 年在北京、上海、南京、杭州等地进行过试点，可惜效果不佳，并未被市场接受。随着人口老龄化导致的养老问题，2013 年 10 月，国务院出台了《关于加快发展养老服务业的若干意见》，其中明确提出，要开展老年人住房反向抵押养老保险试点，试点方案将于 2014 年第一季度拿出。反观目前我国的房地产市场，当前家庭住房的自住率不断提高，并且房地产二级市场的交易活跃，某种程度上具备住房反向抵押贷款的可行性。据调查，上海愿意以房养老和可能会以房养老的人数占调查人数的比例是 48.24%（闫春宁等，2011）①，目前在政策制定和实施上仍使得老年人对未来养老服务充满着诸多不确定性的担忧，致使大多数老年人对此项举措持观望态度。近期我国已明确要开展老年人住房反向抵押养老保险试点的意见，提出将通过“租房置换”的方式进行，即通过出租房屋获取租金，最终以租金收入来入住养老院。这是考虑到推行以房养老可以将存量资产转化为流量资产，在一定程度上解决较低收入老年人晚年的养老问题。当然，以房养老在理论上具有一定的可行性，但是在实际操作中，仍需要政府在这项金融产品的设计和推行上加强政府、房地产业和金融机构的合作，不仅要有充足的公益性老年住宅的供给，而且在金融产品的税收上给予一定的优惠政策。因此，在政策的制定上要充分考虑老年人的观念和参与意识，并给予相应的税收优惠政策，最大化家庭资金在居家养老服务上的效用。

## 第二节　构建可持续发展的居家养老服务资金保障体系

### 一　短期内重视政府资金的引导作用（2017 年以前）

1. 确保政府资金对居家养老服务的购买

从现在到未来的五年内，政府资金可以在维持现状的基础上，继续扩大居家养老服务的覆盖面。由于 2010 年上海市 60 岁以上老年人的主要生活来源中有 4% 的老年人主要依靠最低生活保障金生活，所以，政府对这

① 闫春宁、祝罗骁、张翔、张伟：《上海市以房养老意愿研究》，《价值工程》2011 年第 1 期，第 318—319 页。

部分老年人的居家养老服务是应该承担托底责任的。按照第四章的计算方法，以人均补贴水平低增长率3%，服务覆盖面方案2的14%计算，见表8－1，2013—2017年的政府对居家养老服务购买的资金规模约为4亿元至6亿元之间。以2012年上海市财政收入3743.71亿元为基年，假定财政收入增长率为10%[①]，未来五年内居家养老服务的购买资金占上海市财政收入的比例也不超过1‰，所以，政府承担4%贫困老年人的居家养老服务补贴是完全有能力的。

表8－1　　2013—2017年上海市居家养老服务资金的发展规模

单位：亿元

| 年份 | 政府资金 | | 社会资金 | 家庭资金 |
|---|---|---|---|---|
| | 服务购买 | 机构建设 | | |
| 2013 | 4.06 | 9.36 | 4.02 | 10.15 |
| 2014 | 4.44 | 3.15 | 1.35 | 11.10 |
| 2015 | 4.84 | 3.26 | 1.40 | 12.10 |
| 2016 | 5.26 | 3.37 | 3.37 | 13.14 |
| 2017 | 5.69 | 3.48 | 3.48 | 14.23 |

2. 扩大政府对居家养老服务覆盖面的机构建设资金

政府要继续扩大居家养老服务覆盖面的资金投入，目前，上海已基本形成了居家养老服务平台的信息化和网络化，为进一步满足老年人的服务需求，还应该继续扩大居家养老服务的提供能力，但政府资金投入的方向却应该更有针对性。一方面，在机构的建设资金方面，政府要逐渐改变由居家养老服务机构建设费用的直接补贴，转向以奖代补的形式改变对社会力量兴办居家养老服务机构的激励机制来增强社会资金在居家养老服务行业的作用；另一方面，在对机构的运营资金方面，政府要逐渐改变直接承担所有从业人员的薪酬，转向培养居家养老服务的人力资源队伍，提高居家养老服务的人力资本。在经济结构转型期，由于产业结构升级造成的结

① 由于上海市财政收入增长率2008年为13.3%、2009年为6.6%、2010年为13.1%、2011年为19.4%、2012年为9.2%，故而假定未来财政收入增长率为10%是较为合理的，以上数据根据《上海统计年鉴2012》和《2012年上海市国民经济和社会发展统计公报》的相关数据计算而得。

构性失业，其失业者的再就业是需要政府的引导，通过政府出资对失业者进行再就业的专业培训，可以有效减少失业者在就业市场上搜寻和匹配工作的时间。依照上一节对居家养老服务机构建设资金中假定政府资金与社会资金的投入比例分别为7∶3、1∶1和3∶7，假定在2013—2017年的前三年政府资金与社会资金的比例是7∶3，随着资金的社会化，该比例在后三年是1∶1，见表8－1，则政府的居家养老服务机构建设资金和社会资金在2013年分别为9.36亿元和4.02亿元，这个数值比2014—2017年的资金数值高的原因是一次性达到2013年国务院印发的《关于加快发展养老服务业的若干意见》中居家养老服务设施人均面积0.1平方米/人，从2014—2017年开始政府资金与社会资金随着人口数量的变化而变化。

3. 鼓励非营利组织提供有偿的居家养老服务

居家养老服务资金的社会化就是要逐渐增加提供居家养老服务的非营利组织的资金独立性。从上海的非营利组织的资金运行来看，过度依赖政府资金，常常是收支相抵，有时候还会出现亏损，其市场生存能力较差。政府在对非营利组织的扶持方面，不仅要在用地、用水、用电以及税收方面给予优惠，而且要鼓励非营利组织为政府购买以外的老年人提供有偿服务，扩充非营利组织的资金来源。借鉴西方发达国家非营利组织的资金运作方式，其资金大部分来自有偿收入，政府的资金只占据一小部分。根据美国约翰·霍普金斯大学萨拉蒙教授等人对包括发达国家和发展中国家在内的22个国家非营利部门的研究，社会捐赠占全部非营利收入的平均比例仅有11%，服务收费和销售收入占到了49%，而政府补贴和政府购买占到了40%①。对市场化程度较高的非营利组织，服务收费和销售收入在总的资金来源中的比重会更高。2013—2017年家庭资金用于居家养老服务大约在10.15亿元到14.23亿元，见表8－1，这对非营利组织而言，是有相当大的市场吸引力，那么，非营利组织能否在居家养老市场上分得一杯羹，关键在于所提供服务的质量。

4. 实现居家养老的部分服务以医疗保险支付

根据第六章对老年人消费特点的分析，老年人收入偏低并且消费倾向也比较低，尽管有潜在需求，但也不一定会形成现实的购买力。上海市现

① Jeremy Kendall, *The Voluntary Sector: Comparative Perspectives in the UK* [M], London and New York: Routledge, 2003, 32.

在已经开始将老年人居家养老的部分医疗护理服务以医疗保险的形式进行支付，这种方法可以在不减少老年人现金收入的情况下，有效解决老年人居家养老服务的需求而不增加生活压力。如今，我国城镇的基本医疗保险制度有城镇职工医疗保险制度和居民医疗保险制度，其中城镇职工医疗保险制度在1998年建立，而城镇居民医疗保险制度在2007年建立。2002—2012年上海市城镇基本医疗保险的收支基本处于盈余的状态，见表8－2，由于城镇职工医疗保险制度实行比较早，基金的结余积累好，多于城镇居民医疗保险制度的基金结余。以当年的医疗保险基金结余除以当年的参保人数来看，城镇职工医疗保险的人均基金结余从2007年的1020.69元/人上升到3437.5元/人，城镇居民医疗保险的人均基金结余2011年是49.92元/人，2012年是106.63元/人。从当前城镇基本医疗保险制度基金结余的支付能力来看，是可以考虑为老年人居家养老服务进行医疗保险支付的。由于2012年上海市居家养老服务的人均补贴水平达到了2306.1元/人，如果将全部的居家养老服务都用医疗保险来支付显然是不现实，可以将居家养老服务中的部分医疗护理服务以医疗保险形式支付，其他一些服务让老年人以现金的形式支付。并且，城镇职工医疗保险制度的基金结余积累好于居民医疗保险制度的基金结余，所以，在医疗保险支付居家养老服务时，可以对两种不同医疗保险制度的参保人采取不同的结算方法，也可以通过对两种不同医疗保险制度的基金结余进行调剂以达到对不同参保老年人采取相同的结算方法。2013年8月，上海市在全市六个街镇开展了医保支付居家养老护理费用的试点活动，在实行的4个月中有70多人享受了这项服务，但是也发现一些问题，即筛选评估机制严格导致入选的老年人少、服务时间太少不能满足实质性需求、有部分现金支付老年人仍然嫌贵①。针对以上问题，笔者认为，医疗保险支付居家养老服务费用在其资金筹措方面是一个新的尝试，也是一个进步，但是它仍然是一个过渡的政策措施。长期来看，医疗保险的制度设计并不完全与老年长期照料服务的特点吻合，所以，短期内医疗保险支付居家养老服务费用是值得推行的，同时，政府对于医疗保险支付的护理服务要有统一的评估机制和标准。

---

① 孔同、冯兰蔺：《居家养老最后100米为何难以跨越》，《新闻晚报》2013年12月11日。

表 8－2　　2002—2012 年上海市城镇基本医疗保险收支情况　　单位：亿元

| 年份 | 城镇居民医疗保险基金收入 | | | 城镇医疗保险基金支出 | | | 城镇医疗保险基金结余 | | |
|---|---|---|---|---|---|---|---|---|---|
| | 总收入 | 职工医疗保险 | 居民医疗保险 | 总支出 | 职工医疗保险 | 居民医疗保险 | 总结余 | 职工医疗保险 | 居民医疗保险 |
| 2002 | 90.41 | – | – | 72.37 | – | – | 60.68 | – | – |
| 2003 | 121.56 | – | – | 117.06 | – | – | 46.60 | – | – |
| 2004 | 134.29 | – | – | 119.45 | – | – | 61.44 | – | – |
| 2005 | 151.08 | – | – | 146.44 | – | – | 66.08 | – | – |
| 2006 | 170.57 | – | – | 156.12 | – | – | 80.52 | – | – |
| 2007 | – | 202.83 | – | – | 179.58 | – | – | 111.95 | – |
| 2008 | – | 236.49 | – | – | 212.03 | – | – | 136.40 | – |
| 2009 | – | 268.46 | – | – | 231.13 | – | – | 173.74 | |
| 2010 | – | 316.70 | – | – | 287.00 | – | – | 203.40 | – |
| 2011 | 428.95 | 406.03 | 22.92 | 335.65 | 312.83 | 22.82 | 297.88 | 296.64 | 1.25 |
| 2012 | 545.7 | 524.8 | 20.9 | 367.8 | 348.5 | 19.3 | 475.8 | 473 | 2.8 |

资料来源：2003—2013 年《中国统计年鉴》。

5. 鼓励商业护理保险险种的开发

商业护理保险市场的开发基于养老服务市场的发展。目前我国的商业护理保险的险种屈指可数，主要的原因在于养老服务市场发展不充分，养老护理服务的种类和分类不够细化，导致商业护理保险对保费的厘定定位不准确，致使我国现存的几个商业护理保险的保费高昂，限制了人们对商业护理保险的热情。还有就是人们的传统观念，认为老年人的养老归结于儿女，过去在年轻有经济实力时就没有为自己的养老做储蓄。如今家庭规模的缩小已经大大弱化了家庭的养老功能，老年人的养老问题更多的还是要靠平衡现在和未来的消费数量来解决。当然，由于人年老以后患病的风险较大，那么，最好的规避方式就是通过保险进行跨期配置经济资源，所以，政府应该大力鼓励保险公司开发多种类型的商业护理保险产品。

## 二　中期内激励社会资金的高效运作（2018—2027 年）

1. 形成规范的居家养老服务标准和流程

在这一阶段，居家养老服务的内容逐渐丰富，由之前较为单一的生活照料服务转向医药结合、康复护理的专业服务，人均居家养老服务水平开始提升，居家养老服务产业化初具规模。居家养老服务提供的规范化依赖于养老服务行业规划的统一。中期内政府资金的投入在确保贫困老年人居家养老服务购买的基础上，逐渐减少机构建设资金，让社会资金充当居家养老服务产业发展的主要力量。按照第四章的计算方法，以人均补贴水平中增长率6%和服务覆盖面14%和40%来计算，见表8－3，2018—2027年上海市居家养老服务资金规模中，由于政府只对贫困老年人进行居家养老服务的资金购买，这部分资金在6.33亿元到15.05亿元之间。社会资金开始成为居家养老服务行业的主要力量，政府用于机构建设的费用增加较为缓慢，并且这部分资金主要用于服务覆盖面的进一步扩大和政府对居家养老服务行业人力资源的培养。这一阶段的培养重点在于居家养老服务的行业规范、标准和流程，也就是形成与国外发达国家相一致的居家养老服务评估机制。像日本的老年照料体系中就有专门的评估机制，对需要照料护理的老年人由专业人士进行评估，从而确定老年人照料的等级，然后再根据照料等级组合不同的服务种类和相应的服务时间。借鉴日本的经验，这个时期政府的资金更多流向居家养老服务评估机制的建立和评估人力资源的培养，确定出我国居家养老服务的等级以及每一等级所需的服务种类、服务时间和服务流程，为未来居家养老服务的质量做好规范性的基础。

表8－3　2018—2027年上海市居家养老服务资金的发展规模　单位：亿元

| 年份 | 政府资金 | | 社会资金 | 家庭资金 | |
|---|---|---|---|---|---|
| | 服务购买 | 机构建设 | | 服务覆盖面14%情况下 | 服务覆盖面40%情况下 |
| 2018 | 6.33 | 3.59 | 8.37 | 15.82 | 56.95 |
| 2019 | 7.02 | 3.71 | 8.64 | 17.54 | 63.15 |
| 2020 | 7.77 | 3.82 | 8.91 | 19.41 | 69.89 |
| 2021 | 8.58 | 4.00 | 9.33 | 21.44 | 77.19 |
| 2022 | 9.45 | 4.14 | 9.64 | 23.64 | 85.09 |
| 2023 | 10.41 | 4.27 | 9.95 | 26.02 | 93.66 |
| 2024 | 11.44 | 4.41 | 10.27 | 28.59 | 102.92 |
| 2025 | 12.55 | 4.54 | 10.59 | 31.37 | 112.94 |

续表

| 年份 | 政府资金 | | 社会资金 | 家庭资金 | |
|---|---|---|---|---|---|
| | 服务购买 | 机构建设 | | 服务覆盖面 14% 情况下 | 服务覆盖面 40% 情况下 |
| 2026 | 13.75 | 4.68 | 10.91 | 34.38 | 123.77 |
| 2027 | 15.05 | 4.82 | 11.24 | 37.63 | 135.45 |

2. 繁荣居家养老服务行业

2018—2027 年社会资金投入居家养老服务市场的规模在 8.37 亿元到 11.24 亿元，这个规模是最保守的预测，原因是社会资金的预测中市场组织从业人员的工资是以 2000 元为标准来计算的，那么在提高了居家养老服务人均补贴水平的情况下，相应的从业人员的工资水平也会上涨。以 2012 年上海市居民服务行业的平均工资水平与上海市全部从业人员的平均工资水平的比例约为 50% 来粗略估算，2018—2027 年上海市社会资金投入居家养老服务市场的规模约在 18 亿元到 23 亿元。如果考虑到居家养老服务覆盖面进一步扩大的话，这个规模还会继续增大。2009—2012 年上海市 60 岁以上接受居家养老服务的老年人与提供居家养老服务的工作人员之比分别是 6.8∶1、7.6∶1、7.9∶1 和 8.5∶1。平均来看，一个居家养老服务工作人员可以为 8 个老年人提供服务。那么，以该比例来计算，2018—2027 年上海市所需的居家养老服务从业人员，见表 8 - 4，在 14% 的居家养老服务覆盖面下，从业人员从 2018 年的 9.79 万人增长到 2027 年的 13.78 万人；在 40% 的居家养老服务覆盖面下，从业人员从 2018 年的 27.97 万人增长到 2027 年的 39.37 万人。这一阶段居家养老服务行业所提供的就业岗位对未来产业的就业结构以及产业结构升级变迁都会有重要的影响。据日本养老服务产业从业人员的统计，仅家庭护理员就达到了 40 万，如果将在护理社会设施领域工作的人计算在内，护理从业人员将超过 100 万，超过了汽车产业的员工数。尽管日本家庭护理人员的缺口仍很巨大，但是养老服务产业对日本产业结构的转型起到了至关重要的作用①。随着居家养老服务行业的规范化，通过政府对居家养老服务质量标准和流程的制定，居家养老服务种类趋于多样化和专业化，从业人员的服务岗位也逐渐细化，有利于居家养老服务产业链的形成，有利于居家养老

① 任新建：《要把养老做成一个产业》，《东方早报》2013 年 5 月 28 日。

服务产业的发展。

表8－4　2018—2027年上海市居家养老服务从业人员数量预测

单位：万人

| 年份 | 60岁以上人口数量 | 14%服务覆盖面下的居家养老服务从业人员数量 | 40%服务覆盖面下的居家养老服务从业人员数量 |
|---|---|---|---|
| 2018 | 559.30 | 9.79 | 27.97 |
| 2019 | 585.15 | 10.24 | 29.26 |
| 2020 | 610.88 | 10.69 | 30.54 |
| 2021 | 636.49 | 11.14 | 31.82 |
| 2022 | 661.99 | 11.58 | 33.10 |
| 2023 | 687.37 | 12.03 | 34.37 |
| 2024 | 712.62 | 12.47 | 35.63 |
| 2025 | 737.72 | 12.91 | 36.89 |
| 2026 | 762.67 | 13.35 | 38.13 |
| 2027 | 787.42 | 13.78 | 39.37 |

3. 促进居家养老服务产业集聚效应的发挥

在我国，上海是一线的大型城市，所容纳的人口规模大，经济发达，人均收入水平较高，吸引着大量的劳动力流向上海寻找就业机会。在居民服务行业中，从事家政服务员的劳动者中外来人口所占比重较大，年龄偏大的再就业人员比重较大，尤其是从事养老服务行业的劳动者，这对于居家养老服务行业来讲，其从业人员的劳动力资源是比较丰富的。并且，上海市服务行业的发展水平就比较好，服务业的规范化和服务质量的标准化为居家养老服务产业的发展提供了良好基础。

此外，由于上海市的特殊地理位置，上海市与国外的交流也比较频繁，接受新鲜事物的能力也较强，上海的企业也比较能够学习西方发达国家的养老服务方式和经营管理模式。这为上海市的养老服务产业化注入了新的发展理念。比如，上海孝康乐养老服务有限公司引进的欧美和日本最先进的居家养老模式和服务理念，还有上海凯健华展老年护理有限公司是一家外资老年康复护理机构，由美国最大的养老集团 Emeritus Senior Living 及美国知名的养老及医疗投资商 Columbia Pacific Management Co. 2

（CPM）共同创建。

未来上海市的人口老龄化日趋严重，独居、空巢的现象会越来越多，这无疑会加大居家养老服务的现实需求，2018—2027 年购买居家养老服务的资金总量（政府购买资金加上家庭资金），表 8－3 在 14% 的服务覆盖面下将从 2018 年的 22.15 亿元增长到 2027 年的 52.68 亿元，在 40% 的服务覆盖面下将从 2018 年的 63.28 亿元增长到 2027 年的 150.5 亿元。这些数据是以 2012 年的人均补贴水平为基础预测而来，随着服务内容的专业化提升，购买居家养老服务的资金总量值会远高于预测数值，那么发挥上海的经济优势，促进居家养老服务产业的集聚效应，不仅能够满足老年人服务需求，而且可以为养老服务产业发展乃至于产业结构升级提供新思路。

4. 加强家庭资金支持居家养老服务支付的税收优惠政策

在前文已经讨论过政府对市场组织的税收优惠政策，在这部分主要探讨家庭资金支持居家养老服务支付的税收优惠政策。由于不同收入家庭对老年人养老服务的支付能力是不同的，前文的理论分析可以得出，贫困低收入家庭的老年人养老服务完全由政府资金来支付，而对于其他收入类型家庭的老年人，要依赖家庭的收入情况自费支付居家养老服务。在这其中就有些老年人会产生支付困境，即家庭的现金收入较低，但是有一定量的家庭资产。在这种情况下，就需要有相应的金融产品可以通过置换家庭资产，将老年人的资产存量转化为现金流量，增强居家养老服务的支付能力。在当前家庭中较为普遍存有的资产就是房屋，而且上海房屋的价值比较高，推行住房反向抵押贷款的方式来养老具有一定的可行性。国务院在 2013 年正式出台的《关于加快发展养老服务业的若干意见》中，明确提出要开展老年人住房反向抵押养老保险试点，这无疑为以房养老的实际操作提供了政策依据。目前，以房养老推行的难点在于金融保险业务割裂，缺乏统一的操作平台，对于房屋的使用年限、评估以及由于房价波动产生的风险，政府都没有主导的保险机构或市场化的保险公司来分担风险，这些都大大打击了金融机构推行的积极性。在实行以房养老的初期，政府应该对以房养老的申请人以及经营的金融机构实行税收优惠。比如，美国在推行以房养老时，老年人进行住房反向抵押贷款的房屋财产税可以免除，并且当其用住房的剩余价值归还贷款本息时，房地产交易的营业税和所得税可以适度减免。借鉴美国的税惠政策，我国推行以房养老，在税收优惠上可以结合未来实行的房产税以及房地产交易过程中的营业税等综合考虑，并且发挥政府保障房产风险的作用，激励以房养老方式增加居家养老服务资金的支付。

根据保险原理，商业护理保险是可以有效规避年老时发生巨大养老服务费用风险的金融产品。激励收入较高的老年人通过购买商业护理保险来支付居家养老服务费用，就需要政府出台税收优惠政策。美国是实行商业护理保险制度的代表性国家，它为了促进商业护理保险的发展，规定购买商业护理保险可享有一定的税收优惠政策，并在1996年出台的《联邦健康保险可转移与说明责任法案》（HIPAA）列有专门条款说明商业护理保险缴纳的保费可在税前抵扣的条件，以及商业护理保险的保险金给付不计入应税收入的条件。而目前我国的税法对保险产品没有明确的规定，对保险产品的相应税收规定仅限于在保险赔款时可免纳个人所得税，并未对商业护理保险做出专门的税收优惠规定。所以政府应该在充分调研商业护理保险市场以及与商业保险购买有关的税法上，制定更为合理、有效的税收优惠政策支持居家养老服务资金的安排。

### 三　长期内协调政府、社会和家庭的资金力量（2028年以后）

从长期来看，鉴于老年人消费的行为特点和家庭的资金约束，政府应该实行多层次的居家养老服务资金体系，最基本保障的是政府强制的社会护理保险制度，为老年人提供最基本的养老护理服务资金，然后是商业护理保险制度以满足较高收入家庭的老年人。同时，社会还要提供相当数量的具备养老功能的老年住宅，方便老年人养老服务的需求。

1. 建立普遍性质的社会护理保险制度

发达国家在解决老年长期照护问题时普遍采取了制度性的应对措施，比如，荷兰、以色列和德国是较早建立了长期照护保险制度的国家，分别在20世纪60年代、70年代和90年代，日本也是在出台多个与老年人照护相关的法律之后，在2000年建立了社会长期护理保险制度。同样也是亚洲国家，韩国是在2008年建立了社会长期护理保险制度。对于我国是否建立社会长期护理保险制度，国内很多学者都持赞成的态度，支持建立社会护理保险制度来解决老年人的养老资金问题。那么，建立社会护理保险制度是单独形成一个新的保险险种，还是在当前社会保障制度框架的某个保险险种中实现养老护理服务的功能，仍存在争议。目前，我国的社会保障制度的税负较高，如果开辟新的保险险种会对个人和家庭的经济生活造成负担。根据我国基本医疗保险基金的盈余情况来看，可以在医疗保险制度中将医疗保险基金的部分盈余化为护理保险基金，专款专用，针对老年人护理服务中涉及医疗护理的服务进行资金支付。在向老年人提供居家养老服务时，可以采取部分服务以护理保险的形式支付，部分服务以现金的形式支付。当然，现金支付所占比例要较小。像日本，在对老年人进行护理服务时，老年人只需要现金支付经评估的所有服务费用的10%，其他都是由社会护理保险来支付。在普遍性质的社会护理保险制度下，对所有老年人都是公平的，优于只提供贫困老年人的养老资金的社会救助制度，但是在人口老龄化加深的情况下不仅会加重政府的负担，还会加重在职劳动者的经济负担。所以，未来的养老资金问题可能更多要依赖个体本身，在年轻时多储蓄为未来年老做准备，那么在社会保障制度的框架下，就要求政府对社会保障制度中的个人账户要做实以增强未来的支付能力。当然，从长期来看，提高整个社会的劳动生产率才能真正解决未来人口老龄化的危机。

2. 鼓励家庭形成更适合未来养老的消费配置

人口老龄化使得未来的养老问题更加严峻，无论是依靠子女还是依靠政府，最终养老的资金都是会转嫁到子女这一代上。如果子代的劳动生产率不提高的情况下，父代的养老资金就不充足，父代就得不到较高质量的晚年生活。所以，每代人都应该规划好一生的消费计划，做好更适合未来养老的消费配置，可以在年轻时尽可能多储蓄，或者购置金融资产。当然为了规避储蓄或金融资产发生贬值风险，应该尽可能选择购买相应的商业养老护理保险产品。当然，这要以完善的金融资本市场为前提。

3. 形成集住房与养老功能为一体的养老地产

在我国，家的含义不仅仅只是一个居住的场所，更是一个心理的寄托。自从住房市场化以后，大部分的国民都会将一生收入当中的相当大的部分用于购置房产，房屋需求已经成为国民的刚性需求。结合当前我国国民的经济行为特点和养老习俗，可以开发集住房与养老功能为一体的养老地产，集约化的养老服务设施可以为老年人提供更好的居家养老服务。美国最著名的养老社区就是太阳城，这个养老社区根据老年人的不同养老条件分为六个居住社区，分别有独立家庭别墅、连体别墅、辅助照料式住宅和家庭护理机构、可以出租的独立居住公寓和辅助照料式住宅和家庭护理机构，老年人可以根据自身经济情况和养老条件进行选择。日本的养老地产有两种，一种是两代居，前面已经介绍过；还有一种是养老院，分公立和私立，老年人可以根据自身经济情况进行选择。对于我国的养老地产，可以综合借鉴美国和日本的养老地产经验，开发推广有社区养老功能的养老地产。由于我国的传统文化背景，可以借鉴日本的两代居，这在前面已经讨论过，还可以开发具有医疗护理服务功能的老年公寓。同样，政府也应该提供公益性、福利性的养老住房来保障较低收入家庭的居住，建议政府在保障房的建设上考虑养老功能的实现，方便与子女共同居住的老年人生活的适应性。同时，政府也应该为与老年人共同居住的子女在房屋购买或出租上给予政策上的优惠。

## 第三节　结语

本章着重论述了对可持续发展的居家养老服务资金体系的构想。构建居家养老服务资金体系就必定有家庭资金的参与，仅仅依靠政府资金和社会资金是不可能支撑居家养老可持续性的。笔者首先论述了家庭资金对居家养老服务的支持，最后分阶段论述了居家养老服务的资金体系，即短期内重视政府资金的引导作用、中期内激励社会资金的高效运作和长期内协调政府资金、社会资金和家庭资金的综合力量。

# 第九章　结论

## 第一节　主要结论与政策建议

### 一　居家养老是应对人口老龄化的重要举措

根据前文对上海市未来人口的预测发现，未来人口老龄化加深会加重社会的抚养负担，依赖家庭内部以子女赡养为主的养老功能已经不可持续，然而，社会化养老机构的容纳能力有限，大量的老年人只能居住在家养老。居家养老就是通过政府或社会组织向居住在家的老年人提供社会化服务以弥补家庭养老功能的缺失。居家养老不仅符合绝大多数老年人的养老意愿，并且与机构养老相比，它有着成本更为低廉的优势。居家养老充分尊重老年人的养老尊严、保障老年人晚年的生活质量。从我国的实际国情出发，推行居家养老服务是应对人口老龄化的重要举措，这项工作势在必行，但需要政府未雨绸缪、统筹规划。

### 二　建立与养老服务相关的立法是推动居家养老的前提条件

借鉴国外老年照料服务开展的经验，推动老年照料服务开展的关键一点就是政府出台了关于老年权益以及老年照料护理服务的立法，这为国家开展居家养老服务提供了政策依据。当前，居家养老是社会福利制度中的养老事业工作，就上海的居家养老服务而言，政府就居家养老服务的内容、操作流程、质量规范都有相关的规定，但是这些规定仅限于政府资金的补贴服务，并没有扩展到对整个居家养老服务行业的规范标准中，这大大限制了居家养老服务工作推广的范围。并且，目前我国的养老服务产业正处于起步阶段，对于老年照料的评估机制、照料护理服务的规范标准等都没有明确详细的界定，非常不利于养老服务市场的形成和有效竞争。因此，必须逐渐建立养老服务的立法以及养老护理服务的标准为未来居家养老服务大范围推广确立政策支持。

### 三　构建政府对居家养老服务资金投入的长效机制

政府资金在居家养老服务中有两个作用：一是保障低收入贫困老年人的居家养老服务，维护老年人权益的公平性；二是引导居家养老服务产业化的发展，推动社会经济的效率，造福全体老年人。其资金投入有两个方向，一个是为贫困老年人提供免费的居家养老服务。由于老年人经济状况的异质性，政府有责任和义务为贫困老年人提供最低生活保障服务；另一个是建立居家养老服务机构，培养养老服务行业的人力资源，积极引导养老服务产业化。通过养老服务事业的发展来带动养老服务产业的发展，当前破解居家养老服务资金困境的最重要的环节，就是要加快养老服务事业的发展，当务之急就是要形成政府资金的长效投入机制，即通过将居家养老服务资金纳入政府财政预算，形成专项资金、优化政府资金的投入结构、形成稳定的资金投入比例、建立起规范的资金转移支付制度等，来增强政府资金投入居家养老服务的稳定性。

### 四　市场化促进养老服务产业发展

解决居家养老服务的资金问题，一方面是要解决政府和家庭为老年人提供居家养老服务购买的资金，其中政府资金是为贫困低收入老年人无偿提供，而家庭资金是由老年人及其子女的家庭为老年人提供的有偿养老服务，这些家庭的经济状况是优于政府出资补贴的老年人家庭状况；另一方面是要解决居家养老服务的提供资金，也就是社会资金。最初政府推行居家养老服务时，政府充当了部分居家养老服务的资金提供者，随着政府提出社会福利社会化的政策，社会资金要不断进入养老服务行业中，加快养老服务产业化的发展。通过前文的详细分析，由于居家养老服务市场组织的公益性、产品提供的单一性和从业人员的非专业性造成了居家养老服务的市场发展困境，进而导致居家养老服务的行业发展困境，即居家养老服务行业没有形成规模、未能与其他产业形成规模和其人力资源不足以支撑行业发展。加速养老服务业的发展，就需要政府在政策导向上给予积极的支持，出台养老服务行业的规范、加强服务专业性的指导培训、培育公平竞争的市场环境以及通过对政府的税收优惠政策激励社会力量提供居家养老服务。另外，将住房和养老服务合为一体的养老地产也是可以促进养老服务产业发展的一个思路。从目前我国以扩大内需作为经济增长的战略选择看，养老服务产业的发展无疑可以为扩大内需打好现实的经济基础。

### 五　完善金融市场以稳定居家养老服务资金的长期运行

家庭资金对于居家养老服务的支持需要有完善的金融市场做支撑。人年老的风险不可避免，但是可以通过储蓄、购买商业保险等金融产品来跨期配置人一生的消费计划，以达到增强晚年养老照料资金的支付能力。所以，从规避风险的角度看，商业护理保险市场的繁荣和稳定对于老年人的养老服务资金的支付能力有着重要的作用。另外，对于想通过金融市场将家庭资产转化为现金用于支付养老服务的老年人而言，金融市场也应当提供这样的金融产品来实现，比如以房养老等。从长期看，规划好一生的消费配置是解决老年人养老服务资金短缺的最好方法，所以，完善的金融市场可以有力地保障资金支付的持续性，政府应当出台税惠政策以激励其发展。

### 六　形成可持续发展的居家养老服务资金体系

居家养老服务资金的可持续运行离不开制度安排。从今后五年看，仍是以政府救助为主的安全网体系，即政府保障最贫困老年人的养老服务资金，并相应扩大服务的覆盖面，政府资金的投入结构的优化，将积极引导社会资金在养老服务行业的投入力度，鼓励商业护理保险的发展、实现医疗保险对部分居家养老服务的支付。从未来的五年到十五年来看，政府在维持救助体系的情况下，将深化居家养老的服务内容，养老服务行业的发展得到进一步提升。从未来的十五年以后，随着国家经济实力的不断发展，居家养老服务资金的制度安排走向社会保险制度。从当前我国的社会保障制度运行情况来看，可以在医疗保险下形成护理基金，实现老年人养老护理服务的资金支付。同时，商业护理保险市场的发展也可以为老年人增加更多的选择。长期来看，以社会护理保险制度为主、商业护理保险制度为辅的居家养老服务资金制度安排可以有效稳定居家养老服务资金的支付能力。

## 第二节　不足之处与今后的研究方向

在写作过程中，笔者总感到有些力不从心，有不少不尽如人意的地方，还需要认真的思考研究。

这主要是由于居家养老服务在上海尽管已有十余年的发展，并且在近几年开始得到了政府的重视，有了快速的发展，但是能够用于定量分析的数据大多是宏观层面的数据，基于微观的老年人身体状态、居家养老服务种类以及服务质量等数据却不可得，因此只能从宏观数据来分析居家养老服务资金的情况，并根据政府出台的文件政策来推断资金的发展方向。在对居家养老服务行业的分析中，由于缺乏直观的行业数据，只能用居民服务行业数据代为分析，不能精确分析居家养老服务行业的情况，并与国外相关的数据进行对比研究，这也是笔者在本书写作中深感为难的地方。还有，本书中关于国外居家养老服务以及相关产业的文献挖掘较少，如果能够有相应的案例说明和研究，可以为本书的论证增色不少。

今后笔者会沿着本书的研究路径，着重收集微观层面上的数据，不仅是居家养老服务的直接数据，而且还包括与其有关的老龄产业的数据，以期更多从实证上分析居家养老服务资金运行的规律。扩大对国外发达国家居家养老服务具体案例的深入研究，并对相关政策推行的制度条件和效果做进一步分析，为我国开展居家养老服务提供借鉴思路。

# 参考文献


Adam Wagstaff, Magnus Lindelow. Can Insurance Increase Financial Risk? The Curious Case of Health Insurance in China [J] . *Journal of Health Economics*. 2008 (27) . 990 – 1005.

Albert Ando and Franco Modigliani. The "life cycle" Hypothesis of Saving: Aggregate Implications and Tests. *The American Economic Review*. 1963. Vol. 53, No. 1, pp. 55 – 84.

Barro, R. J. , "Are Government Bonds Net Wealth?" [J] . *Journal of Political Economy*. 1974, 82 (6) : 1095 – 1117.

Becker, G. S & R. J. Barro. A Reformulation of the Economic Theory of Fertility [J] . *Quarterly Journal of Economics*. 1988. 103: 1 – 26.

Brown, Jeffrey R. , Finkelstein, Amy. The Private Market for Long-term Care Insurance in the United States: a Review of the Evidence [J] . *Journal of Risk and Insurance*, 2009, 76 (1), 5 – 29.

Brown, Jeffrey R. , Finkelstein, Amy Why is the Market for Long-term Care Insurance so Small? [J] . *Journal of Public Economics*. 2007, 91 (10), 1967 – 1991.

Carmichael, F. , Charles, S. The Opportunity Costs of Informal Care: Does Gender Matter [J] . *Journal of Health Economics*. 2003, 22: 781 – 803.

Caroline Glendinning. Home Care in England: Markets in the Context of Underfunding [J] . *Health and Social Care in the Community*. 2012, 20 (3) . 292 – 299.

Charles Courtemanche, Daifeng He. Tax Incentives and The Decision to Purchase Long-term Care Insurance [J] . *Journal of Public Economics*. 2009 (93) . 296 – 310.

Chester, D. N. , *Central and Local Government*: *Financial and Administrative Relations* [*M*] . London: MacMillan. 1951.

Chiara Orsini. Changing the Way the Elderly Live: Evidence from the Home Health Care Market in the United States [J] . *Journal of Public Economics*. 2010 (94) . 142 – 152.

Commission of the European Communities. Long-term Care in the European Union . Brussels: Commission of the European Communities, DG Employment, Social Affairs and Equal Opportunities, 2008.

Costanzo Ranci, Emmanuele Pavolini Editors. *Reforms in Long-Term Care Policies in Europe* [M] . Springer NewYork Dordrecht Heidelberg London. 2013.

Davidoff, Thomas. Housing, Health, and Annuities [J] . *Journal of Risk and Insurance*.

Diamond. Nation Debt in Neoclassical Growth Model [J] . *American Economics Review*. 1965 (55): 1126 – 1150.

Doyle, Anne and Masland, Jean. Managed Care For the Elderly In the United States: Outcomes To-date And Potential for Future Growth [J] . *Health Policy*, 1997, 41 (S1): S145 – 162.

E. Richards, T. Wilsdon and S. Lyons. Paying for Long-term Care [J] . *Institute for Public Policy Research*. 1996.

Ettner S. L. , The Impact of Parent Care on Female Labor Supply Decisions [J] *Demography*. 1995 . Vol. 32, pp. 63 – 80.

Ferna'ndez, J. et al. How Can European States Design Efficient, Equitable and Sustainable Funding Systems for Long-term Care for Older People? [J] . *Health Evidence Network Policy Briefs*, 2009 (11) .

Fernadzez and Foeder. Reforming Long-term Care Funding Arrangments in England: International lesson [J] . *Applied Economic Perspectives and Policy*. 2012. Volume 34, Number 2, pp. 346 – 312.

Foster, C. D. , Jackman, R. A. and Perlman, M. *Local Government Finance in a Unitary State* [M], London: Allen and Unwin. 1980.

Gary S. Becker. Investment in Human Capital: A Theoretical Analysis [J] . *Journal of Political Economy*. 1962, 70 (5): 9 – 49.

Genet et. al. Home Care in Europe: A Systematic Literature Review [J]. *BMC Services Research*. 2011. 11: 207.

Gleckman H. The Role of Private Insurance in Financing Long-term Care [J]. Chestnut Hill: Center for Retirement Research at Boston College. 2007, 7: 13.

Glendinning, C., Davies, B., Pickaed, L., Comas-Herrera, A. Funding Long-term Care for Older People: Lessons from Other Countries Country Reports [J]. *Social Policy Research Unit and London: School of Economics*, Personal Social Services Research Unit. 2004.

Gopi Shah Goda. The Impact of State Tax Subsidies for Private Long-term Care Insurance on Coverage and Medicaid Expenditures [J]. *Journal of Public Economics*. 2011 (95). 744-757.

Grossman, M. On the Concept of Health Capital and the Demand for Health [J]. *Journal of Political Economy*. 1972, 80: 223-255.

Hancock, Ruth, Wittenberg, Raphael, Hu, Bo, Morciano, Marcella and Comas-Herrera, Adelina. Long-term Care Funding in England: an Analysis of the Costs and Distributional Effects of Potential Reforms [J]. PSSRU Discussion Paper series, London, UK. 2013.

Heitmueller A, Inglis K. The Earnings of Informal Carers: Wage Differentials and Opportunity Costs [J]. *Journal of Health Economics*, 2007, 26 (4): 821-841.

Helmuth Cremer, Kerstin Roeder. Long-Term Care Policy, Myopia and Redistribution [J]. *CESifo Working Paper*. No. 3843. 2012. 6.

Ian W. H. Parry. Comparing the Welfare Effects of Public and Private Health Care Subsidies in the United Kingdom [J]. *Journal of Health Economics*. 2005 (24). 1191-1209.

J. Caro and K. F. Huybrechts. Stroke Treatment Economic Model (STEM). Predicting Long-term Costs from Functional Status [J]. *Stroke*. 1999, 12. 2257.

J. Malley, A. Comas-Herrera, A. Juarez-Garcia, D. King and L. Pickard. Expenditure on Social Care for Older People to 2026 [J]. *Projected Financial Implications of the Wanless Report*. 2006.

Jasmin Hacker and Tobias Hackmann. Los (t) in Long-term Care: Empircal Evidence from German Data 2000 – 2009 [J]. *Health Economics*. 2012 (21). 1427 – 1443.

Jeremy Kendall. *The Voluntary Sector: Comparative Perspectives in the UK* [M]. London and New York: Routledge. 2003, 32.

John Creighton Campbell, Naoki Ikegami and Mary Jo Gibson. Lessons From Public Long-Term Care Insurance In Germany And Japan [J]. *Health Affairs*. 2010. 29 (1): 87 – 95.

Johnson, N.. *The Welfare in Transition: Theory and Practice of Welfare Pluralism* [M]. Amherst University Massachusetts Press. 1987.

Johnson, R. W., Uccello, C. E., Is private long-term care insurance the answer? [J]. Chestnut Hill: Center for Retirement Research at Boston College, 2005, 23.

Jose'-Luis Ferna'ndez and Julien Forder. Equity, Efficiency, and Financial Risk of Alternative Arrangements for Funding Long Term [J]. *Oxford Review of Economic Policy*, Volume 26, Number 4, 2010, 713 – 733.

Jose-Luis Fernandez and Julien Forder. Reforming Long-term Care Funding Arrangements in England: International Lessons [J]. *Applied Economic Perspectives and Policy*. 2012. Volume 34, Number 2, pp. 346 – 362.

José-Luis Fernάndez et al., How can European States Design Efficient, Equitable and Sustainable Funding Systems for Long-term Care for Older People? [J]. *WHO Regional Office for Europe*. 2009. 1 – 23.

K. Aoi, Y. Okazaki, T. Fukawa and K. Hanada. Household Projection by INAHSIM. A Comprehensive Approach [J]. *Life Span*. 1986.

Kerwin Kofi Charles et al., Can family Caregiving Substitute for Nursing Home Care? [J]. *Journal of Health Economics*. 2005, 24: 1174 – 1190.

Kuznets, Simon Smith. *Economic Growth of Nations: Total Output and Production Structure* [M]. Belknap Press of Harvard University Press, 1971.

Lee-Fay Low, Melvyn Yap and Henry Brodaty. A Systematic Review of Different Models of Home and Community Care Services for Older Persons [J]. *BMC Health Services Research*. 2011, 11: 93.

Les Mayhew, Martin Karlsson and Ben Rickayzen. The Role of Private Finance in Paying for Long Term Care [J] . *The Economic Journal*. 2010. 120 (November), F478 – F504.

Linda Wong, Tang Jun. NonState Care Homes for Older People as Third Sector Organizations in China's Transitional Welfare Economy [J] . *Journal of Social Policy*. 2006, 35 (2): 229 – 246.

M. Garber and T. E. MaCurdy. *Predicting Nursing Home Utilization Among the High-risk Elderly* [M] . University of Chicago Press, 1990.

Machin, S. and J. Wilson. Minimum Wages in A Low-wage Labour Market: Care Homes in the UK [J] . *The Economic Journal*. 2004, 114 : C102 – C109.

Mark Stabile, Audrey Laporte, Peter C. Coyte. Household Responses to Public Home Care Programs [J] . *Journal of Health Economics*. 2006 (25) . 674 – 701.

Marta Szebehely and Gun-Britt Trydegard. Home Care for Older People in Sweden: A Universal Model in Transition [J] . *Health and Social Care in the Community*. 2012. 20 (3) . 300 – 309.

Minna Halme, Markku Anttonen, Gabriele Hrauda, Jaap Kortman. Sustainability Evaluation of European Household Services [J] . *Journal of Cleaner Production*. 2006 (14) . 1529 – 1540.

Musgrave, R. A.. *The Theory of Public Finance* [M] . McGrw-Hill Book Company, Inc., 1959.

Page T. *Conservation and Economic Efficiency: An Approach to Material Policy* [M] . The Johns Hepkin University Press, 1977.

Paul A. Samuelson. An Exact Consumption-Loan Model of Interest with or without the Social Contrivance of Money [J] . *Journal of Political Economy*, 1958. Vol. 66, No. 6 (Dec., 1958), pp. 467 – 482.

Pauly M. The Rational Nonpurchase of Long-term Care Insurance [J] . *Journal of Political Economy*. 1990, 98 (1): 153 – 168.

Peneder, M. Structural Change and Aggregate Growth, WIFO working paper [J] . *Austrian Institute of Economic Research*, Vienna, 2002.

R. Y. Chung, K. Y. K. Tin, B. J. Cowling, K. P. Chan, W. M. Chan, S. V. Lo and G. M. Leung. Long-term Care Cost Drivers and Expenditure Projection to 2036 in Hong Kong [J] . *Bmc Health Services Research.* 2009, 9 (1): 1 –14.

Robert E. Lucas, Jr. The Mechanics of Economic Development [J] . *Journal of Monetary Economics.* 1988 (22) 3 –42.

Robert J. Barro, N. Gregory Mankiw, Xavier Sala-i-Martin. Capital Mobility in Neoclassical Models of Growth [J] . *The American Economic Review.* 1998. Vol. 85, No. 1, pp. 103 –115.

Robert J. Barro. Inequality and Growth in a Panel of Countries [J] . *Journal of Economic Growth.* 2000. Vol. 5, pp. 5 –32.

Roger Y. Chung, Keith Y. K. Tin, Benjamin J. Cowling, King Pan Chan, Wai Man Chan, Su Vui Lo and Gabriel M Leung. Long-term Care Cost Drivers and Expenditure Projection to 2036 in Hong Kong [J] . *BMC Health Services Research.* 2009. 9. 172.

Smith, P. C. , *Formula Funding of Public Services* [M] . London and New York: Routledge . 2007.

Stabile. M. , Laporte, A. , Coyte, P. C. . Household Responses to Public Home Care Programs [J] . *Journal of Health Economics.* 2006. 25. 674 –710.

T. Fukawa. Household Projection and Its Application to Health/Long-term Care Expenditures in Japan Using INAHSIM-II [J] . *Social Science Computer Review.* 2011, 1. 52 –56.

Terence Ng. Charlene Harrington and Martin Kitchener. Medicare And Medicaid In Long-Term Care [J] . *Health Affairs.* 2010. 29 (1) . 22 –28.

Teresa Cardoso, Mónica Duarte Oliveira, Ana Barbosa-Póvoa and Stefan Nickel. Modeling the Demand for Long-term Care Services under Uncertain Information [J] . *Health Care Manag Sci.* 2012, 15 (15): 385 –412.

Thomas Davidoff. Home Equity Commitment and Long-term Care Insurance Demand [J] . *Journal of Public Economics.* 2010 (94) . 44 –49.

W. S. Chan, S. H. Li and P. W. Fong. An Actuarial Analysis of Long-term Care Demand in Hong Kong [J] . *Geriatrics & Gerontology International.* 2004. S143 –S145.

William J. Baumol. Macroeconomics of Unbalanced Growth: The Anatomy of

Urban Crisis［J］. *The American Economic Review*, Vol. 57, No. 3 (Jun., 1967), pp. 415 –426.

Yue Zhang, Martin L. Puterman, Matthew Nelson, Derek Atkins. A Simulation Optimization Approach to Long-Term Care Capacity Planning［J］. *Operations Research*. 2012. 60 (2). 249 –261.

［丹麦］艾斯平·安德森：《福利资本主义的三个世界》，苗正民、滕玉英译，商务印书馆 2003 年版。

班晓娜、葛稣：《国外发展养老服务产业的做法及其启示》，《大连海事大学学报》（社会科学版）2013 年第 3 期。

［英］A. C. 庇古：《福利经济学》，朱泱、张胜纪、吴良建译，商务印书馆 2010 年版。

曹梅娟、陈凌玉：《城市独居老年人居家养老服务需求调查》，《护理研究》2012 年第 6 期。

曾毅、陈华帅、王正联：《21 世纪上半叶老年家庭照料需求成本变动趋势分析》，《经济研究》2012 年第 10 期。

曾智：《我国居家养老模式比较研究》，武汉科技大学，硕士学位论文，2008 年。

查建华：《中日两国老龄产业发展比较研究》，《上海金融学院学报》2011 年第 4 期。

柴效武、王峥：《以房养老：美国反向抵押贷款业务开办的政府支持》，《学习与实践》2009 年第 10 期。

陈共著：《财政学》，中国人民大学出版社 2004 年版。

陈茗：《日本老龄产业的现状及其相关政策》，《人口学刊》2002 年第 6 期。

陈志华：《政府购买服务》，厦门大学，硕士学位论文，2006 年。

崔大海：《我国财政社会保障支出与经济增长的相关关系研究》，《江淮论坛》2008 年第 6 期。

杜鹏、武超：《1994—2004 年中国老年人主要生活来源的变化》，《人口研究》2006 年第 3 期。

费孝通：《我看到的中国农村工业化和城市化道路》，《浙江社会科学》1998 年第 4 期。

干春晖、郑若谷、余典范：《中国产业结构变迁对经济增长和波动的影响》，《经济研究》2011 年第 5 期。
高秀艳、吴永恒：《城市社区居家养老产业引入竞争机制之浅见》，《现代财经—天津财经大学学报》2009 年第 2 期。
顾大男、曾毅、柳玉芝、曾宪新：《中国老年人虚弱指数及其与痛苦死亡的关系研究》，《人口研究》第 31 卷第 5 期 2007 年 9 月。
郭竞成：《居家养老模式的国际比较与借鉴》，《社会保障研究》2010 年第 1 期。
郭凯明、龚六堂：《社会保障、家庭养老与经济增长》，《金融研究》2012 年第 1 期。
何纪周：《我国老年人消费需求和老年消费品市场研究》，《人口学刊》2004 年第 3 期。
洪国栋：《让老年人“回到家庭中去”》，《社区》2007 年第 6 期。
胡光景：《地方政府购买社区居家养老服务监督机制探析》，《河北科技师范学院学报》（社会科学版）2012 年第 2 期。
贾俊雪、郭庆旺、宁静：《传统文化信念、社会保障与经济增长》，《世界经济》2011 年第 8 期。
贾康：《财政支出日益向民生倾斜》，《人民日报》2008 年 12 月 23 日。
贾晓九：《日本的老年人社会福利事业》，《社会福利》2006 年第 6 期。
姜向群、丁志宏、秦艳艳：《影响我国养老机构发展的多因素分析》，《人口与经济》2011 年第 4 期。
蒋承、顾大男、柳玉芝、曾毅：《中国老年人照料成本文——多状态生命表方法》，《人口研究》第 33 卷第 3 期 2009 年 5 月。
蒋正华：《中国老龄化现象及对策》，《求是》2005 年第 6 期。
焦亚波：《社会福利社会化背景下的上海养老机构发展研究》，华东师范大学，博士学位论文，2009 年。
金德田：《加快实现养老社会化的步伐》，《党政干部学刊》1995 年第 4 期。
金锦萍：《论我国非营利组织所得税优惠政策及其法理基础》，《求是学刊》2009 年第 1 期。
金晓彤、王贺峰：《中国老龄人口消费对经济发展的影响及对策建议》，《消费经济》2010 年第 5 期。
金晓彤、王天新：《中国老龄人口消费：现状与趋势》，《西北人口》2012

年第 3 期。

莱斯特 · M. 萨拉蒙:《全球公民社会——非营利部门视野》,社会科学文献出版社 2002 年版。

李嫦宏:《我国社区养老服务法律保障研究》,兰州大学,硕士学位论文,2008 年。

李浩:《力推老年福利工作完善福利企业税收优惠政策》,《社会福利》2007 年第 10 期。

李建民:《老年人消费需求影响因素分析及我国老年人消费需求增长预测》,《人口与经济》2001 年第 5 期。

廖敏、张蕾:《养老机构发展主要问题及对策研究——长沙市养老机构及入住老人的调查与思考》,《长沙民政职业技术学院学报》2006 年第 2 期。

刘柏霞、秦留志、张红:《论现代服务业与居家养老服务平台的融合》,《开发研究》2010 年第 1 期。

刘昌平、殷宝明:《中国基本养老保险制度财务平衡与可持续性研究——基于国发［2005］38 号文件形成的城镇基本养老保险制度》,《财经理论与实践》(双月刊) 2011 年 1 月。

刘昌平、殷宝明:《发展养老产业 助推老龄经济》,《学习与实践》2011 年第 5 期。

刘贵平、侯文若、马利敏:《社会化养老:问题在哪里?》,《人口研究》1999 年第 4 期。

刘尚希:《论民生财政》,《财政研究》2008 年第 8 期。

刘艺容、曾嘉、严科:《扩大消费需求的产业对策研究》,《汉江大学学报》(社会科学版) 2010 年第 27 卷第 4 期。

刘则杨:《护理经济学概论》,中国科学技术出版社 2002 年版。

刘长生、郭小东、简玉峰:《社会福利指数、政府支出规模及其结构优化》,《公共管理学报》2008 年 7 月。

陆铭、陈钊、万广华:《因患寡,而患不均——中国的收入差距、投资、教育和增长的相互影响》,《经济研究》2005 年第 12 期。

逯进、陈阳、郭志仪:《社会福利、经济增长与区域发展差异—基于中国省域数据的耦合实证分析》,《中国人口科学》2012 年第 3 期。

罗淳:《从老龄化到高龄化》,中国社会科学出版社 2001 年版。

罗静:《鼓励慈善捐赠的税收优惠政策建议》,《法制与经济》2008 年第 7 期。

罗晓蓉:《城市社区居家养老服务的探索与启示》,《江西行政学院院报》2008 年第 10 期。

吕梁思:《养老机构如何建立以社工为主导的评估机制》,《中国民政》2010 年第 8 期。

[英] 马歇尔:《经济学原理》,朱志泰译,商务印书馆 1997 年版

穆光宗、姚远:《探索中国特色的综合解决老龄问题的未来之路》,《人口与经济》1999 年第 2 期。

潘莉:《社会保障与经济增长相关性的理论分析》,《学术论坛》2005 年第 2 期。

潘文雨:《促进非营利组织发展的税收政策探讨》,《中国管理信息化》2009 第 8 期。

裴晓梅、房莉杰主编:《老年长期照护导论》,社会科学文献出版社 2010 年版。

彭荣:《基于马尔科夫模型的老年人口护理需求分析》,《统计与信息论坛》2009 年第 3 期。

任炽越:《城市居家养老服务发展的基本思路》,《社会福利》2005 年第 1 期。

沈瑞英、胡晓林:《浅析中国城镇养老模式——居家养老》,《前沿》2009 年第 1 期。

史探径:《世界社会保障立法的起源和发展》,《外国法译评》1999 年第 2 期。

[英] 苏珊・特斯特:《老年人社区照顾的跨国比较》,周向红、张小明译,中国社会出版社 2002 年版。

孙慧峰:《我国居家养老服务体系中政府的职责定位研究》,《兰州学刊》2010 年第 4 期。

孙泽宇:《关于我国城市社区居家养老服务问题与对策的思考》,《中国劳动关系学院学报》2007 年第 1 期。

孙仲:《人口老龄化背景下我国城市社区居家养老模式研究》,北京交通大学,硕士学位论文,2011 年。

田香兰:《养老事业与养老产业的比较研究—以日本养老事业与养老产业

为例》，《天津大学学报》（社会科学版）2010 年 1 月。
铁刚：《基于社会福利指标的我国财政支出合理化研究》，《东北大学学报》（社会科学版）2010 年 5 月。
王爱珠：《老年经济学》，复旦大学出版社 1996 年版。
王刚义、赵晶磊：《居家养老的困境与出路——探索一种适合中国国情的养老模式》，《构建和谐社会》2008 年第 3 期。
王俊、龚强、王威：《“老龄健康” 的经济学研究》，《经济研究》2012 年第 1 期。
王路佳：《中国社会福利与经济增长的面板分析》，《科技经济市场》2010 年第 5 期。
王名、董文琪：《社会组织财税政策研析》，《税务研究》2010 年第 5 期。
王跃生：《城乡养老中的家庭代际关系研究》，《开放时代》2012 年第 2 期。
韦璞：《我国老年人收入来源的城乡差异及其养老模式选择》，《重庆工学院学报》2006 年第 12 期。
[美] 维托 · 坦齐、卢德格尔 · 舒克内希特：《20 世纪的公共支出》，胡家勇译，商务印书馆 2005 年版。
魏玉：《中国养老福利服务的社会化供给模式研究》，清华大学，硕士学位论文，2002 年。
吴俊彦：《探讨我国公司慈善捐赠的税收优惠政策》，《财会研究》2010 年第 2 期。
向甜：《我国人口老龄化对养老产业发展的影响》，《劳动保障世界》2012 年第 6 期。
新华社电：《中共中央政治局召开会议分析研究 2014 年经济工作　要求扩大内需培育消费新增长点》，《青年报》2013 年 12 月 4 日。
许琳、王俊丽：《非营利组织介入社会保障的公共责任研究》，《陕西行政学院学报》2007 年第 3 期。
许晓茵、李洁明、张钟汝：《老年利益论》，复旦大学出版社 2010 年版。
阎春宁、祝罗骁、张翔、张伟：《上海市居民以房养老意愿研究》，《价值工程》2011 年第 1 期。
阎青春：《四种居家养老服务模式的利与弊》，《社会福利》2009 年第 3 期。

阎青春：《我国城市居家养老服务研究》，《新闻发布稿》2008 年 2 月 21 日。

杨宏、谭博：《西方发达国家老龄产业的发展经验及启示》，《经济纵横》2006 年第 11 期。

姚远：《从宏观角度认识我国政府对居家养老方式的选择》，《人口研究》2008 年第 2 期。

俞卫、刘柏惠：《我国老年照料服务体系构建及需求量预测———以上海为例》，《人口学刊》2012 年第 4 期。

袁友文：《以房养老：国际经验及中国前景分析》，《现代经济探讨》2006 年第 6 期。

张彪：《论政府对非营利组织发展的财务支持》，《求索》2008 年第 9 期。

张艳、金晓彤：《中国老龄人口消费行为的制约因素分析》，《学术交流》2010 年第 10 期。

张祖军、田军：《上海老年人口养老服务需求调查分析》，《社会福利》2012 年第 8 期。

章晓懿、刘帮成：《社区居家养老服务质量模型研究——以上海市为例》，《中国人口科学》2011 年第 3 期。

赵怡：《我国社会保障与经济增长关系研究》，《管理世界》2007 年第 12 期。

钟英莲：《老年人消费需求弹性分析》，《中山大学学报论丛》2006 年第 26 卷第 1 期。

周清：《促进民办养老机构发展的财税政策研究》，《税务与经济》2011 年第 3 期。

周元鹏、张抚秀：《上海市社区居家养老服务发展的背景、需求趋势及其思考》，《人口与发展》2012 年第 18 卷第 2 期。

周云、陈明灼：《我国养老机构的现状研究》，《人口学刊》2007 年第 4 期。

朱传一：《开拓互助组合养老的新模式》，《中国社会工作》1997 年第 1 期。

诸大建、徐萍：《中国政府规模、经济增长与福利》，《同济大学学报》（社会科学版）2010 年 4 月第 21 卷第 2 期。